वंदे मातरम्

वंदे मातरम्

संकलन–संपादन

मिलिंद प्रभाकर सबनीस

अनुवाद

मो.ग. तपस्वी

प्रकाशक
प्रभात प्रकाशन प्रा. लि.
4/19 आसफ अली रोड, नई दिल्ली-110002
फोन : 011-23289777 • हेल्पलाइन नं. : 7827007777
इ-मेल : prabhatbooks@gmail.com ❖ वेब ठिकाना : www.prabhatbooks.com

संस्करण
2024

पेपरबैक मूल्य
छह सौ रुपए

मुद्रक
नरुला प्रिंटर्स, दिल्ली

★

VANDE MATRAM
by Shri Milind Prabhakar Sabnes
Published by **PRABHAT PRAKASHAN PVT. LTD.**
4/19 Asaf Ali Road, New Delhi-110002
ISBN 978-93-5266-125-1

₹ 600.00 (PB)

आवश्यक साफगोई

'नदी सबको सुदूर तक पवित्र, गंदी करते उसीके पुत्र।'

इन पंक्तियों में कवि ने आनेवाली पीढ़ियों द्वारा किए गए अनादर की तथा किसी तेजस्वी अवधारणा की छीछालेदर के कारण उत्पन्न होनेवाली व्यथा का वर्णन किया है। हमारी 'वंदे मातरम्' की अवधारणा तथा उसका प्रतीक बने गीत के बारे में कुछ ऐसा ही हुआ है। बात कड़वी किंतु एकदम सत्य है, हमारा इतिहास इसका साक्षी है।

इस अप्रतिम पुस्तक में हमारी इस अवधारणा का, उसकी तेजस्विता का—उसकी जो छीछालेदर की गई और फलस्वरूप जो अनादर की भावना पैदा हुई—सबकी समीक्षा की गई है। सभी पहलुओं से इन सब बातों को देखा-परखा तथा तलाशा गया है। यह एक विलक्षण 'अन्वेषण यात्रा' ही है। बेसिर-पैर का कुछ नहीं लिखने की अपनी प्रतिज्ञा के अनुसार लेखक ने अपनी प्रत्येक बात के लिए सशक्त प्रमाण प्रस्तुत किए हैं, ठोस आधार पेश किए हैं। 'वंदे मातरम्' मातृभूमि का उत्कटता से किया गया वंदन है। वह भारत में ही विवाद का विषय क्यों बना दिया गया है ? इस प्रश्न का उत्तर खोजते समय इस पुस्तक में प्रस्तुत तथ्यों के परिशीलन की तथा सारे मामले पर पुनर्विचार करने की प्रबल इच्छा युवा पीढ़ी के अंतरतम में जाग जाए और देशवासियों के मन में पैदा हो जाए, तो लेखक का परिश्रम सार्थक होगा।

'वंदे मातरम्' मातृभूमि का स्तवन गीत है। 'भारत' जैसी प्राचीन भूमि की वंदना करने के लिए रचा और गाया गया है। हमारी इन्हीं अस्मिताओं को नष्ट करने के लिए ही आक्रांताओं ने हमें नीचा दिखानेवाला अपप्रचार किया कि 'अरे, क्यों बेकार में मिट्टी और पेड़-पत्थरों को

पूजते हो ? यह तो निरा जंगलीपन है, अनाड़ीपन है।'

किंतु भारताचार्य श्री चिंतामणराव वैद्य जैसे इतिहासकार द्वारा लिखित 'महाभारत का उपसंहार' शीर्षक सूक्ष्म अध्ययन ग्रंथ में सप्रमाण दिखाया गया है कि मातृभूमि की पूजा एक अत्यंत शास्त्र-शुद्ध संस्कार है। इसके लिए श्रीकृष्ण द्वारा इंद्र के स्थान पर गोवर्धन पर्वत की पूजा करने के प्रसंग का उन्होंने संदर्भ दिया है। तब तक इंद्र को ही 'जलदेवता' मानकर पूजा जाता था। उस परंपरा की लीक से हटकर बालक श्रीकृष्ण ने बड़ी दूरंदेशी तथा साहस के साथ गोवर्धन पर्वत की, अर्थात् 'भूमि' की पूजा करने की प्रेरणा तथा परिपाटी लोगों को दी। इसमें निहित विज्ञान का खुलासा भारताचार्य ने इस अध्ययन में किया है। यहाँ उसका केवल सारांश देना पर्याप्त होगा—

" 'पंचमहाभूतों' में 'आकाश' तत्त्व का एक ही गुण है 'शब्द'। 'वायु' तत्त्व में 'स्पर्श' के साथ दो गुण हैं। 'तेज' तत्त्व में 'रूप' सहित तीन गुण, 'जल' तत्त्व में चौथे गुण 'रस' के समेत चार गुण तथा 'पृथ्वी' तत्त्व में 'गंध' गुण के समेत पाँचों महाभूतों के सभी पाँचों गुणों का समुच्चय होता है। 'पृथ्वी' में शब्द-स्पर्श-रूप-रस-गंध आदि पाँचों गुणों के अस्तित्व के कारण 'भूमि' समूचे विश्व की प्रातिनिधिक परिपूर्ण शक्ति है। वही जीवनदायिनी है, जीवन की निर्मात्री है। इसीलिए वह पूजनीय है।" इस तरह पूर्ण वैज्ञानिक खुलासा करते हुए भारताचार्य ने श्रीकृष्ण द्वारा रखे गए भूमिपूजन के आग्रह का वैज्ञानिक स्पष्टीकरण दर्ज कर रखा है।

ऐसी परम वंदनीय मातृभूमि के भक्तिपूर्ण पूजन का विरोध भारत के इतिहास में कभी नहीं हुआ था। किंतु १९२० के बाद पहली बार प्रस्तुत 'प्रादेशिक राष्ट्रवाद' (Territorial Nationalism) के सिद्धांत के कारण यह प्रारंभ हुआ। 'यह हमारी मातृभूमि है', यह अत्यंत मनस्वी सांस्कृतिक अवधारणा है। वह अन्य देशों में भी थी—और आज भी है। प्रख्यात कवि सर वाल्टर स्कॉट ने यों ही नहीं कहा—"Breathes there the man with soul so dead, who never to himself has said, This is my motherland." 'मेरे प्यारे वतन' गीत दिलों को यों ही नहीं छू जाता। वह निरी भावुकता नहीं होती, एक गहरा रचा-बसा संस्कार होता है। किंतु इस 'प्रादेशिक राष्ट्रवाद' का अधिष्ठान केवल प्रतिक्रियात्मक ही था। 'जिस प्रदेश पर अंग्रेजों का राज्य उन दिनों था, वह भू-प्रदेश यानी हमारा राष्ट्र और उसमें रहनेवाला हर व्यक्ति 'राष्ट्रीय' यह अवधारणा जनमानस में व्याप्त करने का प्रयास किया गया। अत: अंग्रेजों के विरुद्ध स्वतंत्रता का संग्राम इस प्रदेश में रहनेवाले सभी गुटों को मिलकर लड़ना चाहिए, यह प्रामाणिक किंतु वास्तविकता से पूरी तरह से विसंगत भ्रांति इस अवधारणा की जड़ थी। इसीलिए अंग्रेजों की सत्ता के विरोध में सबको एकजुट करने के प्रयास किए जाते रहे।

इन प्रयासों में एक खामी यह रह गई कि इसपर एकजुट होने के लिए मातृभूमि की

भक्ति, एक संस्कृति, एक इतिहास, एक जैसे सुख़-दुःख, समान श्रद्धा केंद्र, एक जैसी आकांक्षाएँ और एकजुट रहने की हार्दिक इच्छा आदि किन्हीं बुनियादी बातों की आवश्यकता होती है। इस ध्रुव सत्य को ध्यान में नहीं रखा गया। परिणामत: एक प्रादेशिक राष्ट्रवाद की अवधारणा में एक ऐसा आग्रह पैदा हुआ कि 'केवल अंग्रेजों का राज जिस प्रदेश पर है, उस प्रदेश के सभी लोग, केवल इसलिए कि सबका शत्रु एक ही है, संगठित हो जाएँ। इसका स्वाभाविक परिणाम था कि ऐसे लोगों के किसी भी गुट को चोट न पहुँचे, केवल इसी विचार से अनेक बातों को, उनके अच्छी होने के बावजूद, छोड़ देने की मानसिकता बनाई जाने लगी। भीषण बाढ़ के प्रकोप में एक ही पेड़ पर सहारा लिये बैठे साँप और आदमी 'भाई' नहीं बन जाते। 'एक शत्रु' वाली भावना अस्थायी होती है और वह तात्कालिकता समाप्त होते ही समाप्त भी हो जाती है, या भुला दी जाती है। इसी मानसिकता से 'वंदे मातरम्' जैसे प्रेरणा देनेवाले गीत का विरोध किया जाने लगा और उसे राष्ट्रगीत के नाते स्वीकार करने की बात को छोड़ देने योग्य माना गया, जिसके कारण राष्ट्रीय जनमानस में एक चुभन गहरे तक चुभ गई। इन सभी घटनाओं का क्रमवार ब्योरा इस पुस्तक में अचूक, दो टूक और आँखों में अंजन डालनेवाले रूप में संकलित किया गया है।

राष्ट्रीय स्वयंसेवक संघ के द्वितीय सरसंघचालक श्री माधवराव सदाशिवराव गोलवलकर गुरुजी ने इंदौर में आयोजित एक अध्ययन-शिविर में मार्च १९६० में एक भाषण दिया था। विषय था—'क्या राष्ट्रभावना के बारे में कोई समझौता किया जाय?' श्री गुरुजी ने कहा था, 'किसी परिस्थितिवश अपने सिद्धांतों में परिवर्तन करने का विचार मन में लाने का अर्थ है अपनी हार को स्वीकार करना। इस प्रकार एक बार जिसने परिस्थिति के सामने हार मान ली, उसमें उस परिस्थिति को बदलने की क्षमता भला कैसे रह सकती है! हमारे देश में लोकतंत्र आ गया। परिणामत: अहिंदू समाजों को, वे भले ही अल्पमत में क्यों न हों, एक तरह से महत्त्व प्राप्त हो सकता है। किंतु उन्हें यों प्राप्त महत्त्व को ध्यान में रखकर और उससे लाभ उठाने के लिए क्या अपने सिद्धांतों में कोई परिवर्तन करने की आवश्यकता है?'

सन् १९५० में मैसूर तथा बैंगलूर के महाविद्यालयीन छात्रों को संबोधित करते हुए उन्होंने कहा था, 'राष्ट्रनिष्ठा एक सकारात्मक स्थायी भाव बनना चाहिए। आज राष्ट्रनिष्ठा को ब्रिटिश-विरोधी, प्रतिक्रियावादी एवं नकारात्मक स्वरूप प्राप्त हो गया है। एक महीना पहले की ही बात है, किसी भी विषय पर जी चाहे जैसे भाषण देनेवाले एक महान् उच्च पदस्थ नेता ने कहा था कि 'मैं 'राष्ट्र' शब्द का अर्थ नहीं जानता। राष्ट्रभक्ति के आधार पर संघर्ष करने के लिए अंग्रेज यहाँ थे तब तक तो ठीक था, किंतु अब उनके भारत छोड़कर चले जाने के बाद इस राष्ट्रभावना का क्या अर्थ रह जाता है?' '

ये दोनों उदाहरण प्रादेशिक राष्ट्रवाद की प्रतिक्रियात्मक एवं अप्राकृतिक अवधारणा की सुस्पष्ट कल्पना देनेवाले हैं। राष्ट्र के बारे में इसी भ्रामक विचार के कारण ही 'वंदे

मातरम्' गीत की 'बहुबलधारिणीं रिपुदलवारिणीं, तुमि विद्या तुमि धर्म, तुमि हृदि तुमि मर्म', 'त्वं हि दुर्गा दशप्रहरणधारिणीं' आदि पंक्तियों का विरोध करनेवाले अहिंदुओं का तुष्टीकरण करने के लिए गीत से उन पंक्तियों को छोड़ देने का निर्णय किया गया। यह एक कटु सत्य है। 'सुजलां सुफलां मलयजशीतलां, शस्यश्यामलां' तथा 'शुभ्र ज्योत्स्ना पुलकितयामिनीं फुल्ल कुसुमित द्रुमदलशोभिनीं, सुहासिनीं सुमधुर भाषिणीं, सुखदां-वरदां' ये गीत चरण प्रकृति रम्य विशेषणों से युक्त हैं और मात्र समझौते के लिए ही उन्हें गीत में रहने दिया गया है। अन्यथा तुष्टीकरण के लिए लालायित तत्त्वों ने तो समूचा गीत ही नियम बाह्य करार देने का आग्रह किया था और नरम पंथियों ने उसे स्वीकार भी कर लिया था। इसके काफी प्रमाण पुस्तक में दिए गए हैं। एक ऐतिहासिक सत्य यह है कि जिनके दुराग्रह पर इस मंगल गीत का अवमान किया गया, आखिर उन्हींने तीस वर्ष के अंदर ही मातृभूमि को विभाजित कर दिखाया।

निष्पक्ष रूप से यह बात कहना आवश्यक हो गया है। कभी तो यथार्थ नई पीढ़ियों के सामने आना ही चाहिए। सन् १९९० में पुणे में अखिल भारतीय मराठी साहित्य सम्मेलन हुआ था। उसमें गायक ने 'वंदे मातरम्' गीत के प्रथम दो चरण गाए। उसने तीसरा चरण प्रारंभ किया ही था कि उसका गायन रोक दिया गया। रोकनेवालों में अग्रणी थे पं. लक्ष्मण शास्त्री जोशी और उनका समर्थन कर रहे थे सर्वश्री वामनराव चोरघडे, पु.ल. देशपांडे, ग.प्र. प्रधान, मोहन धारिया आदि। लेकिन सभागार के पिछले हिस्से में उपस्थित श्रोताओं ने चिल्लाकर माँग की, 'संपूर्ण वंदे मातरम् गाइए।' अंत में विरोधियों द्वारा घी में डाली गई इस मक्खी को निकाल फेंकने के इरादे से स्वागताध्यक्ष ने समारोह समाप्ति की घोषणा कर डाली। बाद में लोग गुटों में चर्चा करते पाए गए। एक पूर्वाध्यक्ष ने कहा, 'यह भी कोई संघ का कार्यक्रम था जो संपूर्ण वंदे मातरम् गाया जाता!' एक अन्य विचारक ने उनसे पूछा, 'भरी सभा के चलते ऐसे गीत को बीच में ही रोक देना कहाँ तक उचित था?' तो पूर्वाध्यक्ष ने कहा, 'उसका अधिकार तो तर्कतीर्थजी को है ही।' शायद उन्हें लग रहा था 'जितं मया।' यह लज्जास्पद घटना इस 'आवश्यक साफगोई' में शायद अन्यथा नहीं दी जाती। किंतु भ्रमित प्रादेशिक राष्ट्रवाद की परिणति कितनी बीभत्स होती गई, यह बात ध्यान में लाने के लिए उसे यहाँ देना आवश्यक लगा। किसीको लड़ियाने की खातिर क्या हम अपनी माँ को माँ कहना छोड़ दें?

इस पुस्तक को पढ़ते समय पाठकों के ध्यान में निश्चय ही आ जाएगा कि अपनी विदेश यात्रा के बाद भारत लौटने पर पहले इस भूमि को चूमनेवाले स्वामी विवेकानंद ने 'अपनी प्रिय मातृभूमि को ही कुछ समय के लिए अपना एकमेव देवता मानकर उसके चारों ओर हम एकजुट होकर खड़े हो जाएँ', ऐसा आह्वान क्यों किया होगा? मित्रवर श्री मिलिंद प्रभाकर सबनीस ने अत्यंत परिश्रमपूर्वक इस पुस्तक द्वारा इस प्रेरणादायी मातृ-स्तवन का

अन्वेषण किया है और सारा अन्वेषण पाठकों के लिए नए सिरे से उपलब्ध कराया है। इसके लिए सभी राष्ट्रभक्तों को चाहिए कि उनके चिर ऋणी रहें और संपूर्ण 'वंदे मातरम्' गीत का भावार्थ अपने हृदय में सँजोकर रख लें।

—प्रा. उत्तम कानिटकर

संपादक 'एकता' मासिक
६२९ सदाशिव पेठ, फडतरे चौक,
पुणे-३०

भूमिका

'माताभूमिः पुत्रोऽहं पृथिव्याः।'

'यह भूमि, यह पृथ्वी मेरी माता है और मैं इसका पुत्र हूँ।'

अथर्ववेद में अथर्वन ऋषि कहते हैं, 'इस पृथ्वी माता का हृदय अमृतमय है। यह पृथ्वी माता क्षमाशील है। वह उच्च-निम्न, जाति, वर्ण, संप्रदाय आदि कोई भेदभाव नहीं करती। इसीलिए हे मातृभूमि, हे भूमाता, हे पृथ्वी माता, हे जगदात्री! तुम्हें वंदन।'

हमारे वैदिक वाङ्मय में मातृभूमि का ऐसा वर्णन करनेवाली अनेक ऋचाएँ हैं। उनकी संख्या भी काफी है। वैदिक काल से अर्वाचीन काल तक मातृभमि के प्रति हमारे अनन्य प्रेम को व्यक्त करते हैं 'वंदे मातरम्' शब्द। मातृभूमि से हमारा यह प्रेम शाश्वत है, चिरंतन है। जिस भूमि ने मुझे जन्म दिया, मुझे पाला-पोसा, मुझे समृद्धि दी और अंत में मैं जिस भूमि में मिल जाने वाला हूँ, उस भूमि माता को मेरा वंदन। 'माते, तुम्हें प्रणाम' इतना सरल अर्थ है 'वंदे मातरम्' शब्दों का।

काल जो भी हो, जैसा भी हो। सिकंदर से एकाकी जूझनेवाला पोरस राजा हो, शकों का नाश करनेवाला विक्रमादित्य हो, अलाउद्दीन खिलजी के विरुद्ध लड़नेवाला रामदेवराय हो, मुहम्मद गोरी के विरुद्ध लड़नेवाला पृथ्वीराज चौहान हो या दिल्ली की प्रबल मुगल सत्ता से लोहा लेते हुए जंगल-जंगल घूमते रहनेवाला राणा प्रताप हो—सबके मन में एक ही भाव था—मातृभूमि के प्रति समर्पण। हमारी इस मातृस्वरूपिणी जन्मभूमि पर आक्रमण करनेवाले विदेशी आक्रांताओं का निर्दलन ही उनके जीवन का एकमेव लक्ष्य था। हिंदवी स्वराज्य की स्थापना करनेवाले छत्रपति शिवाजी, जुझारू सिखों का निर्माण करनेवाले गुरु गोविंदसिंह,

पानीपत के युद्ध के बाद मराठों का वर्चस्व स्थापित करनेवाले माधवराव पेशवा अथवा ब्रिटिशों के विरुद्ध पहला बड़ा स्वतंत्रता संग्राम छेड़नेवाले १८५७ के महासमर के अनेक ज्ञात-अज्ञात वीर, सबने अपने कृतित्व तथा पराक्रम से इसी समर्पण भावना का निर्माण अपने अनुयायियों में किया।

जब भी मातृभूमि पर विदेशी आक्रांताओं ने आक्रमण किया, हमने उसीकी शरण गही। ऐसे समय 'पृथ्वीसूक्त' में अथर्वन ऋषि ने कहा, 'भूमाता की कृपा से मुझ जैसे तेजस्वी तथा वेगवान् पुत्र के हाथों शत्रु का वध हो।'

ऐसे समय यह भूमाता हमें जगदंबा के रूप में दिखाई देने लगती है। अपनी दसों भुजाओं में शस्त्र लेकर शत्रु-संहार के लिए तैयार उग्र स्वरूपिणी काली के रूप में वह हमें दर्शन देती है।

विदेशी आक्रांताओं के अत्याचारों से व्यथित हमारे संतगण भी उसीकी शरण गहते हैं। महाराष्ट्र के संत एकनाथ कहते हैं—

खोलो द्वार माते, खोलो द्वार···
दैत्य वंश में हिरण्यकशिपु पैदा हुआ
तुम्हारा भक्त त्रस्त हुआ
यह तुमसे देखा न गया
उग्र रूप धारण किया
नरसिंह रूप धारण कर तुमने क्रोध से स्तंभ तोड़कर
दैत्य का विनाश कर दिव्य पुत्र प्रह्लाद को बचा लिया।

तो प्रह्लाद जैसे भक्तों का यों रक्षण करनेवाली माते! पुनः एक बार दौड़ी चली आओ। तुम्हारे आशीर्वाद से हम युद्ध भी कर लेंगे।

बज रहे रणवाद्य भम्-भम्, दन्-दन्, कड-कड
यही जानो तुम्हारा जागर
रणस्वाद पीढा रचाया सुंदर
खोलो द्वार माते, खोलो द्वार···

संत एकनाथ द्वारा की गई इस प्रार्थना से जगदंबा प्रसन्न हुईं।

फिर जगदंबा प्रसन्न हुईं, भक्ति के किवाड़ खुले कर गईं
शंखचक्रांकित मन को भाई, रूप सुंदर साँवली
कोटि चंद्र की प्रभावाली, खोलो द्वार माते, खोलो द्वार···

संत एकनाथ ने माता का जो दर्शन किया, वही बंकिमचंद्र ने भी किया और उस दिव्य दर्शन की अनुभूति से उनकी कलम ने लिखा—'वंदे मातरम्'।

इन दो शब्दों में हमारी संस्कृति का निचोड़ है। इन शब्दों ने बड़ा इतिहास रचा है। इन्हीं शब्दों में हमारी सारी प्रेरणाएँ निहित हैं। इनके उच्चारण के बाद हमें मृत्यु का भी कोई भय नहीं रहता। इतना सामर्थ्य इन दो शब्दों में है।

एक राष्ट्र का स्वतंत्रता संग्राम जिन शब्दों में गूँथा गया है, उनके बिना तो हमारे स्वतंत्रता संग्राम का इतिहास पूरा ही नहीं हो सकता।

ऐसे जादुई शब्दों के बारे में महात्मा गांधी ने कहा है, 'जब तक यह राष्ट्र है तब तक यह गीत अवश्य रहनेवाला ही है।' योगी अरविंद कहते हैं, 'प्रदीर्घ निद्रा से अचानक जाग जाते समय बंगवासियों ने सत्य का दर्शन करने के लिए इधर-उधर देखा और उसी परम सौभाग्यशाली क्षण में किसीने 'वंदे मातरम्' कहा। बस मंत्र मिल गया और एक ही दिन में संपूर्ण राष्ट्र देशभक्ति के धर्म का अनुचर हो गया। माता ने अपना दिव्य दर्शन कराया। जिन लोगों ने यह दर्शन किया, उनमें फिर शांति और विश्राम दोनों गायब हो गए। अब शांति कैसे? विश्राम कैसे? जब तक मंदिर पूर्णतः साकार नहीं होता, उसमें मूर्ति की प्राण-प्रतिष्ठा नहीं हो पाती, उसे बलि नहीं चढ़ाई जाती तब तक फिर से निद्रा की बात सोची भी नहीं जा सकती। दिव्य दर्शन प्राप्त राष्ट्र फिर कभी भी किसी आक्रांता से पददलित हो ही नहीं सकता।' *(१७ अप्रैल, १९०७; श्रीअरविंद के लेख से।)*

इतना प्रभावशाली यह गीत हमें मंत्र के रूप में मिला है। यह 'वंदे मातरम्' एक मंत्र है। हमारी भारतीय संस्कृति का मूल स्रोत मातृपूजन ही है। उस मातृपूजन का, जननी, जन्मभूमि और जगन्माता के पूजन का 'वंदे मातरम्' मंत्र एक प्रतीक है। ऐसा मंत्र सदियों में एकाध बार ही उत्पन्न होता है। बंकिमचंद्र तो केवल निमित्त मात्र होते हैं।

कार्तिक सुदी नवमी शक संवत् १७१७, अर्थात् ७ नवंबर, १८७५ के दिन बंकिमचंद्रजी की कलम से यह मंत्र अवतीर्ण हुआ। १९०५ के बंगभंग विरोधी आंदोलन में यह रण-गर्जना बन गया, स्वतंत्रता का प्रतीक हो गया। अंग्रेजों के हृदय में 'वंदे मातरम्' का डर समा गया। इस मंत्र की यही विशेषता है कि बच्चों से बूढ़ों तक, महिलाओं से निःशस्त्र सत्याग्रहियों और सशस्त्र संग्राम खड़ा करनेवाले क्रांतिकारियों तक—सभी के लिए उसने विदेशी सत्ता के विरुद्ध लड़ने की प्रेरणा दी। दुनिया के विविध देशों में भी स्वतंत्रता के संग्राम हुए हैं। किंतु उनके इतिहास में 'वंदे मातरम्' सा उदाहरण कहीं नहीं मिलता। इन दो शब्दों ने किसी जादुई मंत्र की भाँति समूचे देश में जो क्रांति कर दी, वह अभूतपूर्व तथा अपवादात्मक ही कहलाएगी।

हमारे देश में प्रांत-भिन्नता, भाषा-भिन्नता, वेश-भिन्नता और आचार-भिन्नता भी है। भौगोलिक दृष्टि से देखें तो हमारा भारत समूचे यूरोप के आधे हिस्से जितना है। पृथ्वी पर

जितने प्रकार की जलवायु तथा जितने प्रकार के मौसम पाए जाते हैं, उनके आधार पर जितने कटिबंध बने हैं, वे सब भारत में पाए जाते हैं। कड़ाके की सर्दी, भीषण गरमी, अतिवृष्टि, सूखा, हिमवर्षा—सब भारत में कहीं-न-कहीं होते ही हैं। इस प्रकार प्राकृतिक भिन्नताओं, मौसम की भिन्नताओं व भाषा की भिन्नताओं के बावजूद रहन-सहन तथा बौद्धिक क्षमता की विभिन्नताओं में भी मातृभूमि के प्रति अनन्य भक्ति के आधार पर सारे भारतवासी एक होते हैं। माता और पुत्र में पाए जानेवाले प्रेम-बंधन की भाँति यह हमारी भूमि माता और हम उसके पुत्र, ऐसा हमारा नाता रहा है और आज भी है।

हमारे संत विट्ठल को 'विठाई' कहते हैं। संत ज्ञानेश्वर को वारकरी संप्रदाय के लोग 'ज्ञानोबा भैया' कहते हैं, या विनोबा जैसे राष्ट्रसंत गीता को 'गीताई मैया' कहते हैं। रामायण में पिता द्वारा माता को दिए गए वचन की पूर्ति के लिए राम वनवास में जाना स्वीकार करते हैं। महाभारत में भी मातृभक्ति के अनेक उदाहरण मिलते हैं।

इसीलिए हमारा राष्ट्रवाद मातृप्रेम से जुड़ा हुआ है। भौगोलिक दृष्टि से हमारी मातृभूमि चाहे जैसी भी हो, किंतु हमें तो वह हमेशा परमप्रिय ही लगती है। मरुभूमि राजस्थान को वहाँ के कवि अपनी रचनाओं में सर्वोत्तम प्रदेश कहते हैं। बंगाल का उल्लेख 'आमार शोनार बांगला' किया जाता है। मराठी भाषी—'राकट देशा कणखर देशा दगडांच्या देशा, तुला प्रभाती प्रसन्न हृदये प्रणाम परमेशा।' ऐसा महाराष्ट्र का वर्णन करते हैं। फिर भी इन सभी प्रांतों एवं भाषा-भाषियों तथा भिन्न आचारोंवाले लोगों को जोड़नेवाली एक राष्ट्रीय संस्कृति यहाँ वैदिक काल से ही चली आ रही है। उसके सामने प्रादेशिकता के सारे बंधन टूट जाते हैं। एक नया राष्ट्रवाद उदित होता है। हम सब अपने आपको 'भारतीय' कहते हैं, इसमें भी यही एकता-सूत्र निहित है। १८५७ के स्वतंत्रता संग्राम में उत्तर से दक्षिण तक सभी प्रांतों और पंथों के लोग कंधे से कंधा लगाकर अंग्रेजों के विरुद्ध लड़े थे। उन्हें हमारी इसी राष्ट्रीय संस्कृति ने एकसूत्र में बाँधा था। यह राष्ट्रीय संस्कृति ही भारतीय संस्कृति है।

कुछ धार्मिक संगठनों ने इस भारतीय संस्कृति से सर्वथा विसंगत भूमिका ली। यहाँ कई विदेशी आए। उत्तर-पश्चिम सीमा पर आक्रमण करने आए ग्रीक समय बीतते-न-बीतते यहीं बस गए और यहाँ की संस्कृति में एकरूप भी हो गए। किंतु सभी विदेशियों के बारे में ऐसा नहीं हुआ। हमारी संस्कृति यद्यपि सबको अपने अंदर समा लेनेवाली रही; तथापि कट्टर धार्मिकता के कारण ये विदेशी यहाँ की भूमि के साथ एकरूप नहीं हो सके। ऐसा क्यों नहीं हो पाया? इसके कारण ऐतिहासिक तथा भौगोलिक भले ही रहे हों, किंतु इनकी इसी मानसिकता के कारण 'वंदे मातरम्' गीत की भी बलि चढ़ा दी गई। 'वंदे मातरम्' पर धार्मिकता का ठप्पा लगा दिया गया। इस गीत में मूर्तिपूजक पंक्तियों की आलोचना की गई। पं. नेहरू, महात्मा गांधी जैसे नेताओं ने भी तुष्टीकरण की भूमिका को पल्लवित करते हुए 'वंदे मातरम्' गीत में आलोचना खोजी और उसके दो चरणों को ही

मान्यता दी। इसमें भी उनकी कोई तो भूमिका अवश्य रही होगी। लगता है, उनका उद्देश्य यही था कि यद्यपि हिंदू और मुसलमानों के धार्मिक आचार-विचार स्वतंत्र हैं, दोनों को अंग्रेजों के विरुद्ध एकजुट होकर लड़ने के लिए अपने आपसी विवादों को सुलझाते हुए सौहार्दपूर्ण भूमिका अपनानी चाहिए। अपने राज्य को सुचारु रूप से चलाते रहने के लिए अंग्रेजों ने इस धार्मिक भिन्नता का लाभ उठाने का प्रयास किया था। बंगभंग विरोधी आंदोलन के समय सभी भारतीयों ने अंग्रेजों के इस प्रयास को विफल बनाया था। फिर भी हिंदू और मुसलमानों में दूरी बढ़ाने का एक भी अवसर ब्रिटिश सरकार हाथ से जाने नहीं दे रही थी। 'वंदे मातरम्' गीत को तोड़ना-मरोड़ना यद्यपि राष्ट्रीय सभा (कांग्रेस) ने स्वीकार कर लिया, तथापि गांधीजी तथा राष्ट्रीय सभा ने इन दो शब्दों तथा गीत पर संपूर्ण प्रतिबंध लगाने की मुसलिम लीग की माँग को साफ ठुकरा दिया।

मुसलिम लीग का यह राष्ट्रवाद उनके धार्मिक ढाँचे पर ही खड़ा था। शायद इसीलिए 'वंदे मातरम्' शब्दों में उन्हें हिंदुत्व दिखाई दिया हो। किंतु हमारी भारतीय संस्कृति, हमारा राष्ट्रवाद यों सीमित स्वरूप का कभी नहीं था और आज भी वैसा नहीं है। इसीलिए आज 'वंदे मातरम्' पर लगाया जानेवाला हिंदुत्व का ठप्पा सर्वथा अनुचित है।

'वंदे मातरम्' शब्दों में विश्वात्मक भावना है, जो हमारे वैदिक साहित्य से परिवर्तित है। संत साहित्य से वह प्रसारित हुई है। संत ज्ञानेश्वर ने अपनी ज्ञानेश्वरी के अंत में 'विश्वात्मक ईश' से ही पसाउदान माँगा है। ज्ञानेश्वर द्वारा माँगा गया पसाउदान विश्व शांति और विश्व कल्याण के लिए रचा गया एक आध्यात्मिक राष्ट्रगीत ही है। भारत के सभी संतों ने अपने-अपने प्रदेशों में सुलतानशाही के अत्याचारों से उबरने के लिए राष्ट्र-हित और समाज-कल्याण के लिए बलोपासना की ही भिक्षा माँगी है। वह परिस्थिति समाप्त हो गई तो हर्षोल्लास के गीत गाए हैं।

महाराष्ट्र में छत्रपति शिवाजी ने स्वराज की स्थापना की। उनके बाद मराठों के झंडे पेशवाओं ने अटक पार जाकर लहराए। किंतु फिर एक बार विदेशी सत्ता ने आक्रमण किया। आहिस्ता-आहिस्ता अंग्रेजों ने सारे देश पर कब्जा जमा लिया। अतः फिर से ऐसे संतों के उपदेश की आवश्यकता अनुभव हो गई, जो देश में नई चेतना और राष्ट्रभक्ति के नए प्राण फूँक सके। इसी भावना से बंकिमचंद्रजी की प्रतिभा की सुंदर अभिव्यक्ति 'वंदे मातरम्' के रूप में प्रस्फुटित हुई। बंकिमचंद्रजी ने 'वंदे मातरम्' ही लिखा, 'वंदे भारतम्' नहीं; क्योंकि हमारी संस्कृति में राष्ट्रवाद का सूत्र मातृपूजन में ही निहित है। विश्वात्मक संस्कृति की वह काव्यात्मक अभिव्यक्ति है। तभी तो ये दो शब्द हर भारतीय के अंतरतम में भलीभाँति रच-बस गए हैं। इनकी जबरदस्ती नहीं करनी पड़ती। उसकी आवश्यकता ही नहीं पड़ती। आवश्यकता इस बात की है कि 'वंदे मातरम्' को धार्मिक मोड़ देनेवाले मुट्ठी भर धार्मिक नेताओं तथा उनका राजनीतिक उपयोग कर लेनेवाले राजनीतिज्ञों द्वारा 'वंदे

मातरम्' के विरुद्ध जो अभियान चलाया जा रहा है उसे समाप्त करें।

इसके लिए पहला काम यह करना होगा कि यह गीत केवल हिंदुत्ववादी संगठनों का है, स्वतंत्रता के बाद में फैलाई गई इस धारणा को पूरी तरह से उखाड़ फेंकना चाहिए। इन दो शब्दों को क्रांतिकारियों एवं स्वतंत्रता सैनिकों के बलिदानों का अधिष्ठान प्राप्त है। आज भी संसद् में इस गीत को लेकर विवाद खड़ा किया जाता है, बखेड़े पैदा किए जाते हैं। न्यायालयों में याचिका दायर कर 'वंदे मातरम्' के गायन पर आपत्ति उठाई जाती है। इस देश का इससे बड़ा दुर्भाग्य और क्या हो सकता है!

राजनीतिक लाभ के लिए 'वंदे मातरम्' का दुरुपयोग नहीं होना चाहिए। आसेतुहिमाचल प्रायद्वीप-सी विस्तृत मातृभूमि के प्रति भक्ति-भावना ही 'वंदे मातरम्' शब्दों का अर्थ है। आज यही भावना निरंतर कम होती चली जा रही है। मातृभूमि के लिए अपना सर्वस्व बलिदान कर देने की भावना क्या केवल भारतीय सैनिकों के ही मन में होनी चाहिए? 'वंदे मातरम्' के रूप में वह भावना प्रत्येक के मन में क्यों नहीं जागती रहनी चाहिए? 'वंदे मातरम्' उसी भावना का शब्द रूप है। आज हमारी परम पावन मातृभूमि को, इस हिंदुस्थान को एक समर्थ और चैतन्यपूर्ण राष्ट्र के रूप में संसार के समक्ष सीना तानकर खड़ा करना है तो इसी मंत्र के पुनराह्वान की आवश्यकता है। आज के जमाने में भ्रष्टाचार, महँगाई, हिंसाचार, गिरते जीवन-मूल्यों आदि के कारण मैं अपनी इस मातृभूमि के लिए कुछ कर सकता हूँ, यह प्रवृत्ति ही कम होने लगी है। आज की राजनीति के गंदे रूप के कारण आम आदमी इन मूल्यों के प्रति उदासीन होता जा रहा है।

ऐसे में मातृभूमि के प्रति इस भावना के पुनर्जागरण की नितांत आवश्यकता है। वैसे तो मातृभूमि के प्रति प्रेम हर व्यक्ति में सहज होता है। जन्म देनेवाली जननी के प्रति हर हृदय में जितना प्रेम होता है उतना ही अपनी मातृभूमि के प्रति भी सहज होता है, स्वाभाविक होता है। वह प्रेम भावना प्रत्येक हृदय में आज भी है। केवल उसपर जमी निराशा की काई को हटाना होगा। 'वंदे मातरम्' के उच्चारण से ऐसा निश्चय ही किया जा सकता है।

स्वतंत्रता-प्राप्ति से पहले जनजागरण का अद्भुत कार्य करनेवाले 'वंदे मातरम्' को राष्ट्रगीत का अधिकृत स्थान नहीं मिला है। आज भी शासनकर्ता एक खास मानसिकता के कारण 'वंदे मातरम्' का संपूर्ण गायन करने में हिचकते हैं। इसके पीछे शायद वोटों की राजनीति होगी अथवा अन्य दूसरे कारण होंगे; किंतु 'वंदे मातरम्' की इस तरह उपेक्षा करना गुलाम मानसिकता का ही लक्षण है। ब्रिटिशों की दासता से मुक्त हुए आधी सदी से अधिक काल बीत चुका है, फिर भी हमारी मानसिक दासता अभी समाप्त नहीं हुई है। आज भी साहित्यिक सम्मेलनों, सभाओं, परिसंवादों, गोष्ठियों में संपूर्ण 'वंदे मातरम्' गाने पर आपत्ति उठाई जाती है। हिंदुत्ववादी संगठनों ने शुरू से ही संपूर्ण 'वंदे मातरम्' गाना यद्यपि जारी रखा है। इस गीत में दूसरों की धार्मिक भावनाओं को ठेस पहुँचानेवाला

आपत्तिजनक कुछ भी नहीं है। कथित समाजवादी शासनकर्ताओं ने 'वंदे मातरम्' के संपूर्ण गायन के पीछे हिंदुत्ववाद ही है, ऐसी गलतफहमी जानबूझकर फैलाई है। वास्तव में इस गीत में तो 'वसुधैव कुटुंबकम्' की विश्वात्मक भावना है। उसकी शब्द-रचना ओजस्वी है। उसके भाव भी ओजस्विता से भरे हैं। हमारी भारतीय संस्कृति का सारा अध्यात्म उसमें समाया हुआ है। संपूर्ण गीत गायन से उत्पन्न होनेवाला नाद तरंग और वातावरण तो शब्दातीत है। अपनी मातृभूमि का यथार्थ दर्शन कराने का सामर्थ्य उसके शब्दों में है।

इस गीत के मंत्र-सामर्थ्य को आज हमने भुला दिया है। इसीलिए 'भारत मेरा देश है' जैसी प्रतिज्ञा जानकर लेने की आवश्यकता प्रतीत होती है। भारत मेरी मातृभूमि है। उसके लिए मैं स्वयं तो सर्वस्वार्पण करूँगा ही, इसी तरह की मानसिक तैयारी रखनेवाले हजारों तरुण मैं तैयार करूँगा। यह वज्र संकल्प 'वंदे मातरम्' के प्रत्येक शब्द के उच्चारण से मन में पैदा होगा। आवश्यकता है आज की ओछी राजनीति की ओर न देखते हुए इतिहास का सम्यक् अवलोकन करने की। 'वंदे मातरम्' का घोष करते हुए फाँसी का फंदा चूमनेवाले देशभक्तों के जीवन से ऐसी प्रेरणा हमें सहज ही प्राप्त होती है। आज वैसी क्रांति या आत्मबलिदान की आवश्यकता शायद न भी हो; किंतु कालचक्र का परिवेश तथा परिप्रेक्ष्य सर्वथा भिन्न होने पर भी 'वंदे मातरम्' शब्दों का महत्त्व कम नहीं हुआ है।

बंकिमचंद्रजी द्वारा रचित इस गीत को अब लगभग सवा सौ वर्ष पूरे हो चुके हैं। हमारे देश में ऋषियों-मनीषियों एवं महापुरुषों की जयंती या पुण्यतिथि मनाने की परंपरा है। ऐसे कार्यक्रमों का उद्देश्य यही होता है कि उन महापुरुषों के चरित्र से हमें प्रेरणा मिले।

सन् १९७५-७६ में वाराणसी में 'वंदे मातरम्' गीत का शताब्दी समारोह मनाया गया। उस अवसर पर हिंदी में काफी अन्वेषण के पश्चात् एक स्मरणिका प्रकाशित की गई थी। 'वंदे मातरम्' गीत का इतने विविध कोणों से अध्ययन किया जा सकता है, यह बात अपने आपमें ही आश्चर्यजनक थी। श्री विश्वनाथ मुखर्जी तथा श्री भानुशंकर मेहता के संपादन-परिश्रम के कारण ही वह स्मारिका प्रकाशित की जा सकी थी। मराठी में श्री अमरेंद्र गाडगिल लिखित 'वंदे मातरम्' के अलावा इस विषय को पूर्णत: समर्पित कोई अन्य पुस्तक नहीं है। इसीलिए सन् १९९९-२००० में 'वंदे मातरम्' की शतकोत्तर रजत जयंती के उपलक्ष्य में उस गीत के बारे में अधिकतम जानकारी संकलित करने के उद्देश्य से ही यह पुस्तक लिखी गई है। 'वंदे मातरम्' गीत का जन्म, इतिहास, संगीत आदि के बारे में अनेक ग्रंथों तथा जीवनियों में कुछ-कुछ जानकारी मिलती तो है, किंतु वह अपर्याप्त तथा बिखरी हुई है। इस पुस्तक के द्वारा वह सारी जानकारी एकत्रित तथा संकलित रूप में उपलब्ध कराने का प्रयास किया गया है।

इसे प्रस्तुत कर मैं ऐसा कोई दावा नहीं कर रहा कि यह मेरा अपना स्वतंत्र अन्वेषण है अथवा बोधपूर्वक अपनी विद्वत्ता जतानेवाला कुछ काम मैंने किया है। हाँ, 'वंदे मातरम्' के

विषय में अधिकतम ऐतिहासिक संदर्भ इकट्ठा कर उनकी सत्यासत्यता की पड़ताल करते हुए उन्हें संकलित करने का विनम्र प्रयास मैंने अवश्य किया है। इसके लिए विगत पाँच वर्षों में अनेक पुस्तकों, स्मरणिकाओं, अनुबोध पटों, 'वंदे मातरम्' की ध्वनि मुद्रिकाओं को पढ़ा और सुना। इसके अलावा पश्चिम बंगाल में नैहाटी, काँटालपाडा—जो 'वंदे मातरम्' के जन्म-स्थान हैं—जाकर अनेक संदर्भ प्राप्त किए। अत: 'वंदे मातरम्' के बारे में अधिकतम जानकारी प्राप्त करने का पूरा प्रयास किया है। फिर भी यह अन्वेषण यहाँ पूरा नहीं होगा। हो सकता है, और भी अधिक नए संदर्भ उपलब्ध होंगे। उसमें भी परिपूर्णता शायद नहीं आएगी। अत: पाठकों से विनम्र निवेदन है, विनय है कि ऐसी कोई जानकारी आपके पास हो तो उसे हम तक पहुँचाने का कष्ट करें। हमारे लिए यह सामग्री उपयोगी ही होगी। हो सकता है, आनेवाले समय में 'वंदे मातरम्' के बारे में एक स्वतंत्र कोश तैयार किया जा सके। उस दिशा में यह पुस्तक पहला कदम है।

इस सारे संकल्प प्रयास में 'वंदे मातरम्' गीत की अनेक दुर्लभ ध्वनि मुद्रिकाएँ सुनने तथा अध्ययन करने को मिलीं। १९०६ में रवींद्रनाथ ठाकुर की ध्वनि मुद्रिका से लेकर आज के ए.आर. रहमान, शुभा मुद्गल द्वारा गाए पॉप 'वंदे मातरम्' तक अनेक ध्वनि मुद्रणों का अध्ययन करना संभव हो पाया। इसीलिए 'वंदे मातरम्' की संगीत रचनाओं के बारे में थोड़ा अधिक विस्तारपूर्वक लिखा है।

'वंदे मातरम्' के जन्म से जुड़े तथा स्वयं बंकिमचंद्रजी द्वारा लिखे 'आमार दुर्गोत्सव' तथा 'एक टी गीत' लेखों का हिंदी अनुवाद तथा पूर्णचंद्र चटर्जी का लेख 'एसो एगो बंधु एसो' भी हिंदी अनुवाद के रूप में दिया है। 'विविधा' में ये तीनों लेख, 'वंदे मातरम्' के विषय से संबंधित गीत तथा 'वंदे मातरम्' के चंद भाषाओं में किए गए अनुवाद भी पुस्तक में प्रस्तुत किए गए हैं।

बंकिमचंद्र की शताब्दी के उपलक्ष्य में सन् १९९४ से प्रारंभ 'वंदे मातरम्' की यह अन्वेषण यात्रा 'वंदे मातरम्' से हार्दिकता से प्रेम करनेवाले अनेक मित्रों के सहयोग के बल पर ही संपन्न हो सकी है। सबसे बड़ी सहायता वाराणसी में हुए शताब्दी समारोह के अवसर पर प्रकाशित दुर्लभ स्मरणिका से मिली। यह स्मरणिका श्री राजाभाऊ फुलंब्रीकर ने उपलब्ध कराई। इसके अलावा उनके पिता मास्टर कृष्णराव फुलंब्रीकर ने 'वंदे मातरम्' राष्ट्रगीत हो, इसलिए तत्कालीन शासनकर्ताओं से जो सांगीतिक टकराव लिया था, उससे संबंधित सभी दस्तावेज, पत्राचार तथा छायाचित्र भी उपलब्ध कराए हैं।

मास्टर कृष्णराव की भाँति 'वंदे मातरम्' को राष्ट्रगीत के रूप में स्वीकार करने की सांगीतिक लड़ाई लड़नेवाले संगीतकार श्री विनायकराव अभ्यंकरजी ने भी मूल दस्तावेज तथा दुर्लभ ध्वनि मुद्रण हमें दिए। उन्होंने महात्मा गांधी तथा पं. नेहरू के 'वंदे मातरम्' विषयक दृष्टिकोणों के बारे में विस्तार से हमें बताया। उनसे हुई भेंटवार्त्ता भी इस पुस्तक के

लिए बहुत उपयोगी रही।

मास्टर कृष्णराव के दिल्ली प्रवास के दौरान उनके भतीजे श्री विनायकराव फुलंब्रीकर उनके सचिव के नाते काम करते थे। मास्टरजी ने जो सांगीतिक लड़ाई 'वंदे मातरम्' के लिए लड़ी, उसके वे साक्षी हैं। वार्त्तालाप के दौरान उनसे हमें महत्त्वपूर्ण जानकारी मिली।

नैहाटी स्थित बंकिमचंद्र स्मृति स्मारक एवं संग्रहालय के व्यवस्थापक वरिष्ठ बँगला लेखक श्री गोपालचंद्र सेन तथा एक सामाजिक कार्यकर्ता श्री अजय मजूमदार ने भी इस काम में हमारी बहुत सहायता की। नैहाटी में 'वंदे मातरम्' से जुड़े अनेक दुर्लभ ध्वनि मुद्रणों के संग्रहकर्ता प्राध्यापक अनंतकुमार चटर्जी ने वे ध्वनि मुद्रण हमें उपलब्ध कराए। संगीतकार तिमिर बरन के सुपुत्र श्री इंद्रनील भट्टाचार्य ने आजाद हिंद सेना के लिए बनाई संगीत रचना की भरपूर जानकारी दी। बँगला कविताओं का भावार्थ तथा शब्दार्थ स्पष्ट करने में बँगला भाषा की विशेषज्ञ प्रो. मृणालिनी गडकरी का मार्गदर्शन भी हमें मिला।

इसके अलावा ध्वनि मुद्रिकाओं के संग्रहकर्ता श्री सुरेश चाँदवणकर, प्रो. जयंतकुमार त्रिभुवन, वडोदरा के श्री बा.जोशी, सर्वश्री आनंद हर्डीकर, डॉ. प्रदीप आगाशे, आनंद बोंद्रे, डॉ. एस.वी. गोखले, गो. के. केलकर (मुंबई), स्वरूप वर्धिनी के मिलिंद जोगलेकर, ज्ञानदा प्रतिष्ठान के पदाधिकारी मोहनराव अळवणी, ज्ञान प्रबोधिनी (पुणे) के महेंद्र सेठिया, 'सुगम' संस्था के संजय पंडित आदि ने भी काफी मार्गदर्शन किया।

स्व. जि.भि. दीक्षित द्वारा बनाया गया भारत माता का चित्र राजा दिनकर केलकर संग्रहालय के श्री रानडे, श्री निसल तथा श्री राकेश धावडे के सहयोग के कारण उपलब्ध हो सका। स्व. पं. श्रीपाद सातवळेकर द्वारा १९१७ में बनाया गया भारत माता का मूल तैलचित्र श्री वसंतराव सातवळेकर तथा श्री माधवराव किर्लोस्कर की अनुमति के कारण ही इस पुस्तक के लिए उपलब्ध हो सका। मुखपृष्ठ पर बने चित्र के चित्रकार श्री सचिन जोशी ने तो सारी अन्वेषण यात्रा में मेरे साथ-साथ काम किया। उनके सहयोग के बिना तो यह यात्रा सफल हो ही नहीं सकती थी।

पुणे की 'एकता' मासिक पत्रिका के संपादक श्री उत्तमराव कानिटकर ने पुस्तक के संकलन के हर मोड़ पर सामग्री को पढ़कर अनेक नए संदर्भ तथा सूचनाएँ दीं। प्रत्येक जानकारी अचूक हो, परिपूर्ण हो—इस हेतु उन्होंने अनुपम मार्गदर्शन किया। उनके जैसे वरिष्ठ तथा अनुभव प्राप्त व्यक्ति के प्रोत्साहन के कारण ही यह पुस्तक पूरी हो सकी है।

इस 'वंदे मातरम्' प्रकल्प में महाराष्ट्र, गुजरात से लेकर बंगाल तक अनेक लोगों तथा संस्थाओं की भरसक सहायता प्राप्त हुई है। सबकी यही भावना रही कि इस प्रकल्प की सहायता करना एक राष्ट्रीय कार्य है। इन सबका तथा जिन अन्य मित्रों ने 'वंदे मातरम्' के प्रति अथाह प्रेम के कारण ही इस संकलन-संपादन कार्य में सहयोग दिया, उनका मैं आभार प्रकट करता हूँ।

इस पुस्तक में प्रकाशित छायाचित्रों का पुन:छायाचित्रण श्री विजय केलकर ने किया है। सबके प्रति कितने धन्यवाद प्रकट करूँ?

'बार्हस्पत्य शास्त्र' में भारत का वर्णन आता है—

हिमालयं समारभ्य यावत् इन्दु सरोवरम्।
तं देवनिर्मितं देशं हिन्दुस्थानं प्रचक्षते॥

इस वर्णन के अनुसार यथार्थ में देवभूमि बनी अपनी मातृभूमि को फिर एक बार परम वैभव के शिखर पर पहुँचाने के लिए कटिबद्ध हो जाएँ। इसके लिए यह नितांत आवश्यक है कि हमारी सनातन भारत माता की प्रतिष्ठा एवं गौरव के लिए तथा उसके सभी शत्रुओं का नाश करने के लिए समर्पण भाव से उसीकी शरण गहें।

कारावास का दंड मिलने के कारण अदन जाने के लिए प्रस्थान करते समय आद्य क्रांतिकारी वासुदेव बलवंत फड़के ने इस मातृभूमि की मुट्ठी भर माटी अपनी गाँठ में बाँध ली थी। भले ही उनकी जिह्वा पर उस समय 'वंदे मातरम्' शब्द रूढ़ार्थ में न आए हों, किंतु भावना तो वही थी। उसी भावना को अपने हृदय में सँजोए 'वंदे मातरम्' मंत्र का स्मरण करते हुए आइए, मातृभूमि के सामने उपस्थित नई चुनौतियों का सामना करें।

—मिलिंद प्रभाकर सबनीस

वंदे मातरम्

(मूल)

—श्री बंकिमचंद्र चट्टोपाध्याय

सुजलां सुफलां मलयजशीतलाम्
शस्य श्यामलां मातरम्।
शुभ्रज्योत्स्नापुलकितयामिनीम्
फुल्लकुसमितद्रुमदलशोभिनीम्,
सुहासिनीं सुमधुर भाषिणीम्
सुखदां वरदां मातरम्॥ १॥
कोटि-कोटि[1] कंठ कलकल-निनाद-कराले,
कोटि-कोटि भुजैर्धृत-खरकरवाले,
अबला केन मा एत बले[2]।
बहुबलधारिणीं नमामि तारिणीम्
रिपुदलवारिणीं मातरम्॥ २॥
तुमि विद्या तुमि धर्म्म
तुमि हृदि तुमि मर्म्म
त्वं हि प्राणा: शरीरे
बाहुते तुमि मा शक्ति,
हृदये तुमि मा भक्ति,
तोमारई प्रतिमा गड़ि मंदिरे-मंदिरे मातरम्॥ ३॥
त्वं हि दुर्गा दशप्रहरणधारिणीं
कमला कमलदल विहारिणीं
वाणी विद्यादायिनी, नमामि त्वाम्

नमामि कमलां अमलां अतुलाम्
सुजलां सुफलां मातरम्॥ ४॥
वंदे मातरम्
श्यामलां सरलां सुस्मितां भूषिताम्
धरणीं भरणीं मातरम्॥ ५॥
॥ वंदे मातरम्॥

□

१. मूल गीत में 'सप्तकोटि-द्विसप्तकोटि' शब्द थे। १९३७ के संशोधन के अनुसार उन्हें 'त्रिशत कोटि-द्वित्रिशत कोटि' किया गया। १९५० से उन्हें भी बदलकर 'कोटि-कोटि' किया गया है।
२. 'अबला केन मा एत बले' पंक्ति के स्थान पर 'के बोले माँ तुमि अबले' ऐसा भी गाया जाता है।

अनुक्रम

'वंदे मातरम्' : एक अन्वेषण

वंदे मातरम्

कलकत्ता शहर के पास ही नैहाटी नामक एक छोटा सा गाँव है। काँटालपाडा बस्ती है। शाम हो चुकी है। गाँव के एक तरफ बनी एक दोमंजिली इमारत के एक कमरे में अधेड़ उम्र का एक व्यक्ति शांतचित्त से कुछ लिख रहा है। पूरा पन्ना लिखा गया। उस व्यक्ति के चेहरे पर प्रसन्नता खिल गई। विलक्षण संतोष उभर आया। अधपके बाल और गौर वर्णीय काया लालटेन के प्रकाश में निखर रही थी, मानो उस कवि को मन-ही-मन विश्वास हो गया कि हाल ही में पूरी लिखी उसकी उस कविता के कारण समूची मानव जाति को एक तेजोवलय प्राप्त होने वाला है।

तभी एक और सज्जन शीघ्रतापूर्वक कमरे में आए। 'बंग दर्शन' साप्ताहिक पत्रिका का ताजा अंक लगभग अंतिम चरण में कंपोज होता आया था। थोड़ी सी ही जगह खाली थी। 'उस रिक्त स्थान को भरने के लिए कुछ मजमून लिखकर दो', यह माँग करने 'बंग दर्शन' के व्यवस्थापक रामचंद्र बंदोपाध्याय संपादक के यानी बंकिमचंद्रजी के पास आए थे। अचानक उनकी नजर संपादक की मेज पर रखे कागज पर लिखी कविता पर पड़ी। उन्होंने कहा, 'इस कविता से इस समय की आवश्यकता तो पूरी हो जाएगी। वैसे गीत है भी बहुत बढ़िया! क्या इसे छाप दें?' उनकी बात से नाराज बंकिमचंद्रजी उठे। उन्होंने उस कविता को अपनी दराज में रख दिया और कहा, 'यह कविता अच्छी है या बुरी, यह तो शायद आज समझ में नहीं आएगा; किंतु कुछ काल बाद इस कविता का महत्त्व जब लोगों के ध्यान में आएगा तब शायद मैं जीवित नहीं होऊँगा। किंतु

आप अवश्य होंगे। एक दिन ऐसा आएगा कि सारा देश और देशवासी इस गीत के महत्त्व को समझेंगे।'*

बंकिमचंद्र द्वारा लिखा गया वह काव्य था 'वंदे मातरम्'। एक राष्ट्रमंत्र ने जन्म लिया था। वह गीत नहीं, वरन् समूचे राष्ट्र को जाग्रत् करनेवाला सिद्धमंत्र बन गया। बंकिमचंद्र जैसे द्रष्टा कवि ने उसे लिखते समय ही उसके महत्त्व तथा प्रभाव को भलीभाँति पहचान लिया था।

उसी जमाने की एक और घटना बंकिमचंद्र के मित्र महामहोपाध्याय हरप्रसाद शास्त्री ने लिख रखी है। बंकिमचंद्र के घर पर उनके अनेक लेखक मित्र नई रचनाओं पर चर्चा करने इकट्ठा हुआ करते थे। इस मित्र मंडली की बैठक में 'वंदे मातरम्' का वाचन हुआ; किंतु पता नहीं क्यों, वह गीत किसीको भी बहुत रास नहीं आया। किसीने कहा, 'इसमें कर्ण-मधुरता नहीं है। 'शस्यश्यामलाम्, त्रिसप्तकोटि भुजैर्धृत-खरकरवाले' जैसी शब्द-रचना कर्णकटु लगती है।' दूसरे महाशय ने कहा, 'इसमें व्याकरण भी गड़बड़ है।' किसी अन्य ने कहा, 'इतना अच्छा गीत आधा बँगला और आधा संस्कृत में रचकर सारा मजा किरकिरा कर दिया है।'

तब बंकिमचंद्र ने कहा, 'आपको रास न आया हो तो आप इसे मत पढ़िए। मुझे जो अच्छा लगा, जो मन को भाया वही मैंने लिखा है। लोगों को क्या पसंद आएगा—क्या इसका विचार करते हुए ही मैं अपनी रचना करूँ?'

इन शब्दों में आत्मश्लाघा नहीं थी, न ही अपनी रचना के प्रति अहं भाव था। उन शब्दों में निहित था उनका द्रष्टापन, दूरदर्शिता!

यह ठीक है कि 'वंदे मातरम्' की रचना सहज रूप से एक ही बैठक में हो गई, किंतु उसका बीज उनके मन में अनेक दिनों से पड़ गया था। विविध घटनाओं के कारण इस काव्य लेखन की पृष्ठभूमि तैयार हो रही थी।

उन्नीसवीं सदी के मध्यकाल में उत्तर तथा मध्य भारत में स्वतंत्रता की समराग्नि सुलग चुकी थी और पूरे देश में खलबली जैसी मची हुई थी। ब्रिटिश शासकों के विरुद्ध सशस्त्र क्रांति का आरंभ हो चुका था। बंगाल उसमें बड़े पैमाने पर सहभागी तो नहीं हुआ था, किंतु इस घटना के सौ वर्ष पूर्व ही अंग्रेजों ने भारत का जो सबसे बड़ा प्रदेश जीता वह बंगाल ही था। १८५७ के स्वतंत्रता युद्ध ने अंग्रेजों को जबरदस्त आघात पहुँचाया। बहादुरशाह जफर, वृद्ध कुँवरसिंह से लेकर नानासाहब पेशवा, तात्या टोपे और रानी लक्ष्मीबाई तक सभी आयु तथा धर्मों के विविध प्रांतों के लोग, राजा-महाराजा और सामान्य सैनिक इसमें सहभागी हुए थे; किंतु सबका कोई एक केंद्रीय नेतृत्व नहीं था, अनुशासन नहीं था। और इनके साथ अन्य

* यह प्रसंग बंकिमचंद्रजी के मित्र नाटककार दीनबंधु मित्र के सुपुत्र श्री ललित कुमार मित्र ने लिखकर रखा है।

भी कई कारण थे जिनकी वजह से वह स्वतंत्रता संग्राम असफल रहा था। किंतु उसके द्वारा प्रज्वलित अग्नि आगे भी धधकती रही। वीर सावरकर के शब्दों में, 'हिंदुस्थान की १८५७ की क्रांति एकता, स्वतंत्रता और जाग्रत् जनशक्ति की दिशा में हुई प्रगति को पड़तालने की एक कसौटी ही थी।'

उन्नीस वर्षीय बंकिमचंद्र १८५७ के इस संग्राम को देख रहे थे। उसका परिणाम और प्रभाव उनके मन पर हो रहा था। स्वतंत्रता की ऊर्मि मन में उठ रही थी। अंग्रेजी शासन के प्रति कोई ममत्व न होने पर भी अपनी शिक्षा-दीक्षा पूरी कर लेने के बाद उन्होंने अंग्रेजों की नौकरी कर ली। बाह्यत: उनका ऐसा करना विसंगतियों से भरा लगता हो; किंतु बंकिमचंद्र ने सब बातों का पूरा विचार करते हुए मन-ही-मन एक निश्चय अवश्य ही किया होगा। अपनी उच्च शिक्षा तथा सरकारी नौकरी में प्राप्त उच्च पद का उपयोग अपने देशवासियों तथा बँगला जनों के लिए अवश्य ही किया जा सकता है, यही संभवत: उनका विचार रहा होगा। सरकारी नौकरी में रहते हुए उन्हें कई समझौते भी करने पड़े थे। किंतु इन समझौतों के कारण ही उनका देशप्रेम की भावना को जगानेवाला साहित्य लोगों तक पहुँच सका और अल्पावधि में ही लोकप्रिय भी हो सका। उनका 'आनंदमठ' जैसा उपन्यास जब्त किया जाने से बच गया और वह उपन्यास तथा उसमें लिखा गया 'वंदे मातरम्' गीत अहिंसावादी देशभक्तों से लेकर सशस्त्र क्रांतिकारियों तक सभी के लिए मार्गदर्शक 'गीता' ही बन गया।

□

बंकिमचंद्र चट्टोपाध्याय और साहित्य

ऋषि बंकिमचंद्र

आधुनिक भारतीय साहित्य के इतिहास में बंकिमचंद्र चट्टोपाध्याय को उच्च स्थान प्राप्त है। सन् १८६० के आसपास देश में सामाजिक बदलाव के साथ-साथ साहित्यिक क्षेत्र में भी बदलाव आ रहे थे। पुरानी पांडित्यपूर्ण दुर्बोध भाषा के स्थान पर बंकिमचंद्र ने आसान, सरल, शुद्ध और पुराने साहित्यिक संस्कारों को बनाए रखनेवाली भाषा को प्रयोग करना आरंभ किया था। 'वंदे मातरम्' गीत के कारण उन्हें कवि के रूप में ख्याति मिली थी; किंतु मूलत: वे श्रेष्ठ उपन्यासकार थे। इसीलिए उनके काल को 'बंकिम युग' के नाम से जाना जाता है। उन्होंने अपना साहित्य-सृजन मुख्यत: बँगला भाषा में किया था; किंतु उसकी अभिजातता के कारण भाषाओं की सीमाओं को लाँघकर अंग्रेजी के साथ अनेक भाषाओं में उनकी पुस्तकों के रूपांतरण प्रकाशित हुए।

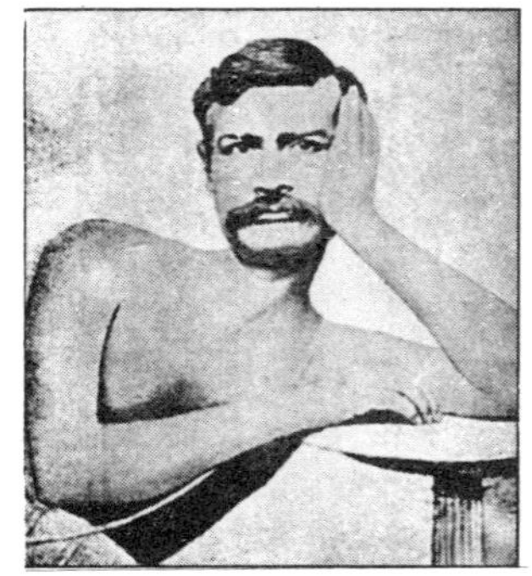

बड़े बंधु संजीवचंद्र

कलकत्ता के समीप नैहाटी भाग के काँटालपाडा गाँव में २५ जून, १८३८ को बंकिमचंद्र का जन्म हुआ। उनके पिता जादोवचंद्र (यादवचंद्र)

मिदनापुर के डिप्टी कलक्टर थे। जादोवचंद्र के समाचारोल तथा संजीवचंद्र नामक दो बेटे थे, जो बंकिमचंद्र से बड़े थे। पूर्णचंद्र बंकिमचंद्र के छोटे भाई थे। बड़े भाई संजीवचंद्र बंकिमचंद्र की भाँति बड़े साहित्यिक थे। कुछ समय तक वे तत्कालीन 'बंग दर्शन' नामक प्रसिद्ध पत्रिका के संपादक भी रहे। उन्होंने ही १८८० से '८२ तक के अपने संपादकीय कार्यकाल में बंकिमचंद्र का 'आनंदमठ' उपन्यास 'बंग दर्शन' में क्रमश: प्रकाशित किया था। इसी उपन्यास में 'वंदे मातरम्' गीत का बहुत ही सुंदरता से उपयोग किया गया था।

काँटालपाडा पश्चिम बंगाल के चौबीस परगना क्षेत्र में पड़ता है। सारे परिसर में बंकिमचंद्र के पिता जादोवचंद्र एक विद्वान् तथा गण्यमान्य हस्ती माने जाते थे। सामाजिक तथा राजनीतिक परिस्थितियों में आ रहे बदलाव का अनुमान उन्होंने अच्छी तरह से लगा लिया था। इसीलिए उन्होंने अंग्रेजी शिक्षा के साथ ही संस्कृत साहित्य का संस्कार भी अपने बेटों को दिया था। इस संस्कृत साहित्य के ज्ञान भंडार की अमिट छाप बंकिमचंद्र पर अंकित हो गई थी। उनके लेखन में वैदिक साहित्य, गीता तथा हिंदू संस्कृति के प्रति नितांत श्रद्धा की भावना परिलक्षित होती थी।

बचपन से ही बंकिमचंद्र बुद्धिमान तथा होनहार थे। बचपन से ही उनमें खेलकूद की अपेक्षा पढ़ने-लिखने के प्रति अधिक रुचि थी। १८८५ से कलकत्ता के प्रख्यात हिंदू कॉलेज को 'प्रेसिडेंसी कॉलेज' कहा जाने लगा था। १८५६ में बंकिमचंद्र ने इस कॉलेज में दाखिला लिया। १८५७ में भारत में तीन प्रमुख विश्वविद्यालयों की स्थापना हुई। उनमें से एक, कलकत्ता विश्वविद्यालय, के बंकिमचंद्र प्रथम स्नातक हुए। बी.ए. पास करते ही उन्हें डिप्टी मजिस्ट्रेट नियुक्त किया गया।

डिप्टी मजिस्ट्रेट से पदोन्नत होते-होते डिप्टी कलेक्टर के नाते उन्होंने बंगाल तथा उड़ीसा के विभिन्न जिलों में जिलाधिकारी के रूप में अल्पावधि में ही लोकप्रियता प्राप्त की। सुंदरवन के चोर-डाकुओं पर तो उन्होंने कठोर कारवाई की ही, गलती करनेवाले अंग्रेज अधिकारियों पर भी कड़ी दंडात्मक कारवाई करने में वे नहीं हिचके। अंग्रेजी शासन काल में भारतीय अधिकारियों को उचित पद तथा पदोन्नतियाँ नहीं दी जाती थीं, किंतु अंग्रेजों की नौकरी में रहकर भी बंकिमचंद्र ने अपना स्वाभिमान कभी नहीं छोड़ा। परिणामत: सेवाकाल में उनका कई बार स्थानांतरण किया गया।

उन परिस्थितियों में भी उन्होंने अपना साहित्य-सृजन जारी रखा। विद्यार्थी काल में ही १८५३ में उनके दो काव्य संग्रह—'ललिता' तथा 'मानसी'—प्रकाशित हो चुके थे। किंतु कविता रचने की अपेक्षा उनका रुझान उपन्यास लेखन की ओर अधिक था। अपना पहला उपन्यास 'राजमोहन्स वाईफ' उन्होंने अंग्रेजी में लिखा; किंतु आगे चलकर उन्होंने अपना संपूर्ण साहित्य-सृजन बँगला भाषा में ही किया। १८६५ में उनका पहला बँगला उपन्यास 'दुर्गेशनंदिनी' प्रकाशित हुआ। उसके बाद लगभग लगातार उनके उपन्यास 'कपालकुंडला',

'मृणालिनी', 'विष वृक्ष', 'इंदिरा', 'चंद्रशेखर' तथा 'कृष्णकांतेर वील' प्रकाशित होते गए।

सरकारी नौकरी में बारंबार होनेवाले स्थानांतरणों के कारण उनका विविध प्रांतों के लोगों से संपर्क हुआ। उन प्रांतों तथा परिस्थितियों में रहनेवाले लोगों का चित्रण उनके उपन्यासों में पाया जाता है। कुछ उपन्यास 'बंग दर्शन' पत्रिका में धारावाहिक भी छपते रहे। ईश्वरचंद्र गुप्त उनके साहित्यिक गुरु थे। अपने जमाने में वे प्रख्यात साहित्यकार थे। अत: उनके देशभक्ति भरे विचारों और कविताओं का बंकिमचंद्र के साहित्य निर्माण में बहुत योगदान रहा है। इन्हीं ईश्वरचंद्र गुप्त ने भारत का उल्लेख 'जननी मातृभूमि' किया था।

सन् १८५७ के बाद का काल भारत में राजनीतिक और सामाजिक परिवर्तन का रहा। ईश्वरचंद्र विद्यासागर तथा राजा राममोहन राय के विचारों के कारण बंगाल में नवजागरण की लहर दौड़ने लगी थी। विविध सांस्कृतिक प्रवाह तेजी से आने लगे थे। उसी समय बंगाल की भाँति महाराष्ट्र में महात्मा ज्योतिबा फुले व आगरकर आदि नेता पुरानी रूढ़ियों और परंपराओं से मुक्त होकर समाज सुधार का प्रयास कर रहे थे।

सामाजिक सुधारों के साथ ही देशभक्ति का वातावरण भी फिर से बढ़ने लगा था। १८५७ के स्वतंत्रता संग्राम के असफल होने के बाद भी यह क्रांतिकारी आंदोलन दबा नहीं था। भारत के विभिन्न प्रांतों में रामसिंह कुका द्वारा स्थापित कुका पंथ, लाचित बढकुकन, बिरसा मुंडा, वासुदेव बलवंत फड़के अपने-अपने क्षेत्र में अकेले पड़ते हुए भी सशस्त्र लड़ाई लड़ रहे थे; किंतु समाज के सभी स्तरों के लोगों का समर्थन उन्हें नहीं मिल रहा था। यह १८८५ में राष्ट्रीय सभा (कांग्रेस) की स्थापना से पहले का समय था।

उन्हीं दिनों सिद्धहस्त लेखक के नाते बंकिमचंद्र का नाम और यश सर्वत्र फैलने और बढ़ने लगा था। उनके मन में विचार आया कि अपनी कलम तथा प्रतिभा का उपयोग लोगों के मन में देशभक्ति की भावना जाग्रत् करने के लिए किया जा सकता है। उनके प्रारंभिक उपन्यासों में सपनों की दुनिया में खोई हुई व्यक्ति रेखाओं तथा पारिवारिक तनावों का प्रभावी चित्रण हुआ करता था। किंतु बाद के उपन्यासों में प्राचीन संस्कृति का विचार, धन तथा वैज्ञानिक एवं तर्कसंगत दृष्टिकोण का समन्वय मिलता है। जीवन-दर्शन भी उनमें प्रचुर मात्रा में दिखाई देता है। उनके अंतिम कालखंड में 'आनंदमठ' अथवा 'कृष्णचरित' जैसी रचनाएँ तो ऐसे जीवन-दर्शन की चारों ओर गूँथी सी लगती हैं।

सरकारी नौकरी में होने के कारण उन्हें कई पुराने दस्तावेजों तथा गजेटियर आदि देखने-पड़तालने को मिलते थे। १७६३ के बाद १७८० तक के काल में ढाका, उत्तरी बंगाल, नेपाल का तराई प्रदेश, दिनाजपुर, रंगपुर, पूर्णिया क्षेत्रों में हुए संन्यासियों के विद्रोह से संबंधित कागजातों एवं दस्तावेजों के आधार पर 'आनंदमठ' उपन्यास का जन्म हुआ। 'मृणालिनी' उपन्यास (१८६९) में पहली बार उन्होंने दासता के बारे में विचार प्रस्तुत किए। 'संन्यासियों का विद्रोह' की व्यक्ति रेखाओं—भवानी पाठक तथा देवी चौधुरानी—पर देशभक्ति

एवं आशीर्वाद का पुट चढ़ाकर उन्होंने 'देवी चौधुरानी' उपन्यास लिखा।

इतिहास की अनेक घटनाएँ साक्षी हैं कि लेखकों तथा साहित्यिकों ने अपने काव्य तथा साहित्य के माध्यम से राजनीतिक या सामाजिक क्रांति करने का प्रयास किया है। छत्रपति शिवाजी के जमाने में पराधीनता के लगभग आदी बन चुके लोगों के मनों में समर्थ रामदास स्वामी ने अपनी वाणी तथा लेखनी से स्वतंत्रता के लिए लड़ने की प्रेरणा पैदा की। आधुनिक महाराष्ट्र में लोकहितवादी के शतपत्रों, लोकमान्य तिलक तथा आगरकर के अग्रलेखों ने स्वतंत्रता की भाषा जनसाधारण तक पहुँचाई। महात्मा फुले ने प्रत्यक्षत: समाज-जागरण का काम करते हुए भी अभंग की तरह का, वास्तव में काव्य छंद का आधार लेते हुए, एक नया छंद 'अखंड' साहित्य जगत् को दिया।

बंकिमचंद्र स्वयं स्वतंत्रता संग्राम में भले ही न कूदे हों, उन्होंने सभा-सम्मेलनों में भाषण न दिए हों, किंतु लाखों-करोड़ों जनों के मनों में स्वतंत्रता की आशा-आकांक्षाओं को पल्लवित करने का काम उनकी कलम ने किया, उन्हें स्वतंत्रता संग्राम में कूद पड़ने की प्रेरणा दी। उनकी कलम से उपजे 'वंदे मातरम्' मंत्र ने देशभक्त क्रांतिकारियों को हँसते-हँसते फाँसी चढ़ने की शक्ति प्रदान की। यह मंत्र हर देशवासी के अंतर्मन में बसकर एक अविभाज्य घटक बन गया। 'वंदे मातरम्' का उद्घोष बंकिमचंद्र के 'आनंदमठ' उपन्यास के ताने-बाने में गुँथकर पाठकों के सामने आया।

बंकिमचंद्रजी का यह कार्य यथार्थ में भारतीय जनता के सामने श्रीअरविंद लेकर आए। महान् योगी होने के साथ-साथ श्रीअरविंद स्वयं साहित्यिक, पत्रकार तथा क्रांतिकारी भी थे। उन्हीं दिनों उन्होंने बंकिमचंद्र को 'राष्ट्र-निर्माता' कहा। वैदिक काल में ऋषि-मुनियों को प्राप्त स्थान बंकिमचंद्र को देते हुए श्रीअरविंद ने उनके लिए 'ऋषि बंकिम' का संबोधन प्रचलित किया। १९०७ में बंकिमचंद्र पर लिखे एक महत्त्वपूर्ण लेख में श्रीअरविंद लिखते हैं—'वे (बंकिमचंद्र) एक महान् कवि थे। अत्यंत सुंदर भाषा के प्रभु थे, आचार्य थे। कल्पना विश्व के लावण्यमयी सपनों तथा प्रतिभा सृष्टि के वे निर्माता थे। आज बंगाल उन्हें कवि या शैलीकार उपन्यासकार के रूप में गौरवान्वित नहीं कर रहा; किंतु मुझे पूरा विश्वास है कि आनेवाले साहित्य-समीक्षक उनके 'कपालकुंडला', 'विष वृक्ष', 'कृष्णकांतेर वील' उपन्यासों को उत्कृष्ट साहित्यिक रचनाओं का सम्मान तो देंगे ही, 'देवी चौधुरानी', 'आनंदमठ', 'कृष्णचरित' और 'धर्मतत्त्व' की विशेष प्रशंसा भी करेंगे। इसलिए बंकिमचंद्र को उनकी उत्कृष्ट साहित्यिक रचनाओं के कारण आधुनिक भारत के निर्माताओं की श्रेणी में निश्चय ही स्थान मिलेगा।

'जीवन के पूर्वार्द्ध में बंकिम केवल कवि या साहित्यिक थे; किंतु उत्तरार्द्ध में वे केवल ऋषि या राष्ट्र-निर्माता माने जाएँगे। शैलीकार या कवि के नाते बंकिमचंद्र ने जो महान् कार्य किया, वह बंगाल के लिए ही नहीं, समूचे भारत के लिए है। इसीलिए नियति ने उन्हें

ाष्ट्रीय विकास के पुरोधा की भूमिका प्रदान की। उनकी भाषा पांडित्यपूर्ण नहीं थी; न ही गह पूर्णत: लोकभाषा थी। वह तो एक मिली-जुली लोकभाषा थी, ऐसा आरोप किया जाता है। किंतु मूल उद्‌देश्य की सफलता के लिए हमें एक ऐसी भाषा की आवश्यकता थी, जिसमें संस्कृत भाषा की शक्ति, सौंदर्य, ओजस्विता और उत्साह हो और हमारी अपनी भाषा की गतिशीलता भी हो। अत: बंकिमचंद्र ने हमें एक ऐसा माध्यम दिया जो बंगाल की आत्मा की अभिव्यक्ति कर सकता है। किसी परिकथा की भाँति उन्होंने राजनीतिक आवश्यकताओं के आकृतिबंध तैयार किए। ऐसे महान् विधिवेत्ता ने तत्कालीन राजनीतिक आंदोलन की व्यर्थता तथा निरुपयोगिता को पहचानकर 'लोक रहस्य', 'कमलाकांतेर दप्तर' जैसी साहित्यिक रचना में उनपर भाष्य भी किया था।'

१८८२ तक बंकिमचंद्र के अनेक उपन्यास प्रकाशित हुए। उसके पश्चात् उनका रुझान धार्मिक विचारों की ओर मुड़ गया। नौकरी के कारण लेखन-कार्य में कठिनाइयाँ आने लगीं। अंतत: लेखन-कार्य जारी रखने के लिए उन्होंने नौकरी से अवधि से पूर्व ही निवृत्ति ले ली।

आज के जमाने में बंकिमचंद्र की शैली कुछ कृत्रिम लग सकती है। उसमें अद्‌भुतता तथा रोमांचक घटनाएँ अवश्य हैं; फिर भी वजनदार प्रतीत होती है। उसमें संस्कृत का लालित्यपूर्ण उपयोग भी पाया जाता है। इन सभी गुणों का संगम बंकिमचंद्र के अंतिम वर्षों की रचनाओं में पाया जाता है। 'आनंदमठ' (१८८२), 'देवी चौधुरानी' (१८८४) और 'सीताराम' (१८८७) उपन्यास, 'कृष्णचरित' (१८८६), 'धर्मतत्त्व' (१८८८), 'श्रीमद्‌भगवद्‌गीता' का अनुवाद और भाष्य (अपूर्ण) में उन्होंने धर्म विषयक चिंतन प्रस्तुत किया है।

इसका कारण यह है कि उन अंतिम वर्षों में दर्शनशास्त्र के आकर्षण से कुछ विरागी बने बंकिमचंद्र ने स्वदेश, धर्म, संस्कृति जैसे विषयों पर निबंधात्मक लेखन किया है। 'कृष्णचरित' में वर्णित उनका कृष्ण अवतारी देवता नहीं, नरोत्तम है, पुरुषोत्तम है। संस्कृति का साक्षात्कार महाभारत के श्रीकृष्ण के जीवन से होता है, ऐसा विचार भी बंकिमचंद्र ने प्रस्तुत किया है। इन सभी लेखों में उनकी प्रतिभा के दर्शन होते हैं।

उपन्यासकार के नाते तो बंकिमचंद्र श्रेष्ठ थे ही, निबंधकार, दार्शनिक, आदर्श संपादक और कवि के नाते भी उनकी महानता कम नहीं। उन्हें अपने जीते जी लेखक के नाते लोक-मान्यता मिल गई। उनके ग्रंथों के अन्य भाषाओं में अनुवाद भी हुए। अनेक उपन्यासों के चार-चार संस्करण भी उनके जीवनकाल में ही निकले। अपने अंतिम दिनों में धर्म-विषयक लेखों में उन्होंने नए सांस्कृतिक-धार्मिक समीकरण प्रस्तुत किए। उनकी छप्पन वर्ष की आयु में यद्यपि उनकी साहित्य संपदा संख्या की दृष्टि से बहुत विशाल नहीं है। चौदह-पंद्रह उपन्यास, गद्य लेखन के कुछ ग्रंथ और प्रारंभिक कविता संग्रह आदि के कारण

ही उन्हें भारतीय साहित्य की प्रथम श्रेणी के साहित्यकारों में समाविष्ट किया गया।

सेवानिवृत्ति के पश्चात् उनका स्वास्थ्य गिरता गया और ८ अप्रैल, १८९४ को छप्पन वर्ष की अल्पायु में ही उनका निधन हो गया। श्रीअरविंद कहते हैं, 'बंकिमचंद्र ने एक नई भाषा, एक नया साहित्य तथा राष्ट्र में नई चेतना का निर्माण किया। उन्नीसवीं सदी के सबसे अधिक प्रज्ञावान् साहित्यकार के नाते बंकिमचंद्र का उल्लेख सदैव होता रहेगा। अपने साहित्य द्वारा उन्होंने लोगों को निर्देश दिया कि 'श्वान वृत्ति के आंदोलनों' का त्याग कर 'सिंह वृत्ति' वाला आचरण करो।

आज 'वंदे मातरम्' के निमित्त बंकिमचंद्र के जीवन तथा साहित्य का विचार करने पर लगता है कि समय से काफी आगे की सोचकर राष्ट्र-निर्माण के विषय में उनके द्वारा प्रस्तुत चिंतन, समाज-जागरण के लिए साहित्य के माध्यम से उनके द्वारा किए गए प्रयास हमारी प्राचीन संस्कृति तथा उसमें निहित जीवन-मूल्यों को अपने लेखन में किया सृजन आज भी हमारे लिए मार्गदर्शक हो सकता है। बंकिमचंद्र की संपूर्ण प्रतिभा 'वंदे मातरम्' गीत में प्रकट हो जाती है। 'उत्तिष्ठत जागत्'—यही संदेश उन्होंने इस गीत के माध्यम से दिया है।

बंकिमचंद्र के साहित्य ने लोगों के मन में राष्ट्रभक्ति की भावना जगाई। भारतीय जनता ने ब्रिटिश सत्ता के विरुद्ध 'वंदे मातरम्' मंत्र का शस्त्र चलाया। इस गीत के द्वारा उन्होंने देश को भक्ति-मार्ग दिखाया, देशभक्ति का धर्म सिखाया और इसी चेतना ने राष्ट्र को स्वतंत्रता के लक्ष्य की ओर अग्रसर किया।

अपने लेखन से राष्ट्रीयता का अर्थ समझानेवाले, स्वतंत्रता आंदोलन की प्रेरणा देनेवाले, मातृभूमि के लिए प्राणार्पण करने का धैर्य देनेवाले, महामंत्र के स्रष्टा बंकिमचंद्र क्या भारत के राष्ट्र-निर्माता नहीं हैं?

□

वैदिक वाङ्मय और 'वंदे मातरम्'

बंकिमचंद्र ने दुर्गा तथा काली माता को भारत माता के स्वरूप में देखा। अपनी जन्मभूमि को मातृपूजा से जोड़ा, जन्मभूमि को मातृस्वरूप में देखा। उस अवधारणा की मूल परिकल्पना प्राचीन वैदिक वाङ्मय में पाई जाती है। वे स्वयं वैदिक वाङ्मय के अध्ययनकर्ता थे। अत: वैदिक वाङ्मय की परिकल्पनाओं का उनके मन-मस्तिष्क पर प्रभाव पड़ना अवश्यंभावी था। इस प्राचीन वाङ्मय के आधार पर ही उन्होंने 'वंदे मातरम्' गीत के माध्यम से मातृभूमि तथा उसके पूजन की अवधारणा अधिक दृढ़ की। 'वंदे मातरम्' इसीलिए वेदमंत्र जैसा स्थापित हो गया।

हमारा प्राचीन वाङ्मय हमारी उन्नत संस्कृति का पुष्ट प्रमाण ही है। वेदकालीन ऋषि-मुनियों का जीवन-दृष्टिकोण उसमें पाया जाता है। भारतीय संस्कृति, विचारधारा तथा मूल स्रोत के उद्गम में मातृ-वंदना पर भाष्य मिलता है। विभिन्न भारतीय प्रदेशों में किए गए उत्खननों में प्राप्त वस्तुओं में देवी मूर्तियों की संख्या काफी अधिक है। अश्मयुगीन सभ्यता से लेकर सिंधु सभ्यता तक के प्रागैतिहासिक समय में मौर्य सभ्यता से प्रारंभ इतिहास काल में देवी मूर्तियों का विशेष स्थान था। आज भी वनवासी, आदिवासी बंधुओं की जीवन-सभ्यता में मातृपूजन परंपरा के चिह्न पाए जाते हैं।

'वंदे मातरम्' के वरिष्ठ अध्ययनकर्ता श्री भानुशंकर मेहता ने अपने लेख में वैदिक वाङ्मय में पाई जानेवाली मातृ-वंदना की चर्चा की है। वे लिखते हैं, 'एक बात तो सबसे पहले समझ लेनी चाहिए कि भारतीय धर्म और संस्कृति अत्यंत उदार हैं। वह कूल-किनारों से बँधी नदी नहीं, ओर-छोरहीन सागर है। भारतीय ऋषि-मुनियों ने कभी किसी सीमाबद्ध

राज्य का संकीर्ण जयघोष नहीं किया। उनकी स्तुतियों में समूची पृथ्वी ही नहीं, सारे विश्व की, मानवमात्र के कल्याण की बात ध्वनित होती है। केवल भारतीय प्रज्ञा ने ही 'वसुधैव कुटुंबकम्' की कल्पना की है। अतः स्वाभाविक है कि उसके वाङ्मय में 'भारत माता की जय' का नारा नहीं मिलता। उस प्राचीन युग में देश, राज्य, कबीले सबकुछ था; किंतु वह सब पृथ्वी माता के अंक में ही था।

अयं निजः परोवेति गणना लघुचेतसां।
उदारचरितानां तु वसुधैव कुटुम्बकम्॥

वेदों में इसी पृथ्वी माता की स्तुति की गई है। उसके अन्य स्तवन की, यथा घरों की, सुख-सपंत्ति की कामना, रोग से मुक्ति, दीर्घायु की कामना, प्रभात का स्वागत आदि सभी ऋचाएँ सार्वभौमिक एवं सर्वदेशीय हैं। उसमें कहीं भी यह ध्वनित नहीं होता कि केवल भारत देश के आर्यों को ही यह सब उपलब्ध हो। वहाँ तो मानवमात्र के योगक्षेम की प्रार्थना है। भारतीय वाङ्मय की दृष्टि से 'वंदे मातरम्' का अर्थ है—पृथ्वी माता, भूमाता का वंदन। और इस अर्थ में 'वंदे मातरम्' केवल भारत का ही नहीं, विश्व के प्राणिमात्र का नारा है, जयघोष है। वह किसीके विरुद्ध नहीं है, बल्कि धरती के हर बेटे को, जो कहीं भी हो, किसी भी देश, धर्म या संप्रदाय का हो, पूरी भक्ति-भावना से माटी का वंदन शीश पर धारण कर मुक्त कंठ, भक्तिभाव से आत्मविभोर हो कहना चाहिए, 'वंदे मातरम्—माँ, हम तेरे अंक में पैदा हुए हैं और अंत में तुझी में समा जाएँगे। माँ, तेरी जय हो! वंदे मातरम्!'

'वंदे मातरम्' शब्दों में भारतीयों की प्राचीन विश्वात्म संस्कृति का दर्शन ही प्रकट होता है। हमने जिस भूमि पर, जिस धरती पर जन्म पाया है वह हमारे लिए माता समान ही है। इस जन्मभूमि को माता की ही उपमा क्यों दी? वेदों में इसके अनेक उदाहरण मिलते हैं—

'मातृ तोऽन्याने देवोऽस्ति तस्मात्पूज्या सदा सुतैः।'

(—अर्थात् माता पुत्रों के लिए परम पूज्य है, माता के होते दूसरे देवता की आवश्यकता ही नहीं।) 'त्वमाद्ये जगतां माता' (अर्थात् माँ को जगन्माता आद्यशक्ति समझकर उसकी सेवा करो।) 'माता समं नास्ति शरीर पोषणम्।' (यानी माँ के समान और कौन पालन कर सकता है।) 'आयुः पुमान यशः स्वर्गकीर्ति पुण्यबलंश्रियम्। पशुं सुखं धनं धान्यं प्राप्नुयात् मातृवन्दनात्॥' (माँ की सेवा करनेवाले को आयु, पुमान, यश, स्वर्ग, कीर्ति, पुण्य, बल, श्री, पशु, धन-धान्य सभी कुछ प्राप्त होता है।)

किंतु यह मातृभक्ति केवल जन्म देनेवाली माता तक सीमित नहीं रही। अध्यात्म और सत्य के शोध ने जब ब्रह्म को जानना चाहा तो पाया कि यही आद्याशक्ति जगन्माता के रूप

में सर्वत्र पूजित है। 'या देवी सर्वभूतेषु मातृरूपेण संस्थिता' यही है। यह विश्वजननी, भुवनमोहिनी माँ है, शव को शिव बनानेवाली शिवा है। यह नारायण की 'श्री' है। शक्ति का यह मातृ-उपासना रूप अत्यंत प्राचीन है। केवल हिंदू धर्म में ही नहीं, बौद्धों की आदिमाता, ईसा की माता मेरी आईसिस, इश्तर आदि के मातृ रूपों में यही विश्व मातृका सर्वत्र पूजित है। इसी मातृशक्ति को अनुभव करने के लिए हमारे यहाँ सरस्वती-पूजन प्रचलित है। विश्वजननी का यही रूप भूदेवी के रूप में प्रकट होता है। पृथ्वी देवी का मंत्र है—'ॐ ह्रीं श्री वसुधाये स्वाहा।' इस पृथ्वी माता की स्तुति में कहा है—

मङ्गले मङ्गलाधारे माङ्गल्ये मङ्गलप्रदे
मङ्गलार्थ मङ्गलेश मङ्गलं दोहिमे भव॥
सर्वशस्यालये सर्वशस्याढ्ये सर्वशस्यदे
सर्वशस्य हरे कालं सर्वशस्यात्मिकि भवे॥
भूमं भूमिपकर्वस्वे भूमिपाल परायणे
भूमिपानां सुखकरे भूमिदेहिश्च भूमि दे॥

भारतीय साधकों ने इस विश्व को विश्वजननी, विश्वरूपिणी, महाशक्ति, सौंदर्यमयी (रूपवान् नारी का रूप) और परम कल्याणकारी माँ के रूप में देखा है। ऋग्वेद में पृथ्वी को माता ही कहा गया है—

'द्योर्मे पिता नाभिस्त्र **बन्ध** मे माता पृथिवी महीयम्।'

पृथ्वी का चिन्मय, चेतन स्वरूप ही भूदेवी है। भारतीय संस्कृति में प्रात: जागते ही इस भूमि को पद-स्पर्श करने से पूर्व उससे क्षमा माँगी जाती है—

समुद्रवसने देवि पर्वतस्तनमण्डले।
विष्णुपत्नि: नमस्तुभ्यं पादस्पर्शं क्षमस्व मे॥

इस प्रकार यह मुझे स्वर्ग से भी प्रिय भूमि मेरी माता और मैं इस पृथ्वी माता का पुत्र, यही भावना हमारे वैदिक वाङ्मय में सर्वत्र पाई जाती है—'माताभूमि: पुत्रोऽहं पृथिव्या:।'

'वंदे मातरम्' का ही भाव प्रकट करनेवाली अनेक ऋचाएँ ऋग्वेद में हैं।

'अथर्ववेद' के द्वादश मंडल में 'पृथिवी सूक्त' नाम से प्रख्यात कविता की कोई तिरसठ ऋचाओं में पृथ्वी माता से संबंधित अन्य वेदों में निहित विचारों का समावेश है। इस सूक्त में अतीव कल्पकता से जननी तथा उसकी संतानों के बीच मानव जीवन से जुड़े संबंध मातृभूमि के संदर्भ में विस्तारपूर्वक दिए हैं। माता अपने पुत्रों पर सुसंस्कार करती है। उन सबको समत्व बुद्धि से देखती है। उनकी बुद्धि का विकास उत्तम हो, इसके लिए प्रयास

करती है। स्वयं अथर्वन ऋषि इस सूक्त के रचयिता हैं। उनके नाम से एक संपूर्ण वेद 'अथर्ववेद' के नाम से जाना जाता है। उन्होंने ऐसी सभी कल्पनाओं का आधार लेते हुए इस कविता में जननी और जन्मभूमि की समधर्मिता प्रकट की है। समधर्मिता की यह भावना चिरंतन है। उसीकी अर्वाचीन एवं प्रभावशाली अभिव्यक्ति हमारे 'वंदे मातरम्' राष्ट्रगीत में हुई है।' ('जन्मदा', खंड ३, माताभूमिः, लेखक—श्रीधर वासुदेव सोहोनी।)

इसी 'अथर्ववेद' के एक उत्तरात्मक सूक्त में मातृभूमि अपने पराक्रमी पुत्रों से कहती है, 'मैं राष्ट्रभक्ति हूँ। मैं धन का संग्रह करती हूँ। पूजनीयों में मैं पूज्य हूँ। अपनी इच्छा के अनुसार जिसको चाहूँ, उग्र वीर बना सकती हूँ। उसे ब्रह्मर्षि अथवा बुद्धिमान ऋषि बना सकती हूँ। मेरा अपमान करनेवालों का सर्वनाश होता है। हे श्रद्धालु मानव, तुम इसे ठीक से सुनो। मैं स्वयं ही यह बता रही हूँ। राष्ट्र का पालन करनेवाले को ही मैं राष्ट्र के अधिकार पद पर नियुक्त करती हूँ।'

इस पृथिवी सूक्त में प्रारंभ में भारतीय संस्कृति के आधारभूत सिद्धांत आ गए हैं। उसके बाद पृथ्वीपुत्रों द्वारा भूमाता के चरणों में की गई प्रार्थनाएँ हैं और अंत में माता के आशीर्वाद माँगे गए हैं। 'वंदे मातरम्' की ही भाँति इन ऋचाओं में पृथ्वी माता की भौगोलिक विशेषताओं का आलंकारिक वर्णन किया गया है।

इन वेदों की भाँति अन्य संस्कृत वाङ्मय में भी मातृ-मंगलता का गुणगान किया गया है। वाल्मीकि से कालिदास तक सभी इससे प्रभावित हुए हैं। वाल्मीकि रामायण में रावण-वध के पश्चात् ऐश्वर्यपूर्ण लंका पर श्रीराम राज्य करें, ऐसा जब लक्ष्मण सुझाव देते हैं तो श्रीराम कहते हैं, 'लक्ष्मण, इस सोने की लंका का मुझे कोई आकर्षण नहीं है। जननी जन्मभूमि स्वर्ग से भी महान् है।'

अपि स्वर्णमयी लंका न मे लक्ष्मण रोचते।
जननी जन्मभूमिश्चस्वर्गादपि गरीयसी॥

यह पृथ्वी, यह मातृभूमि ही जगत् में श्रेष्ठ क्यों है? इसलिए, क्योंकि यह भूमि सर्वकालीन है। उसका अस्तित्व चिरस्थायी है। कालानुरूप इसकी प्रजा बदलेगी, किंतु भूमि सनातन ही रहेगी। यही कारण है कि सिकंदर से लेकर धर्मांध मुसलमानों के आक्रमण तक, अथवा व्यापारी का स्वाँग रचाकर यहाँ सत्ता स्थापित करने के उद्देश्य से आए चालाक अंग्रेजों के कितने ही आक्रमण यहाँ हुए, फिर भी यहाँ की संस्कृति, वैदिक सीख का स्थान अक्षुण्ण रहा है। इसी प्रेरणा से इस भूमि पर अपने प्राण न्योछावर करनेवाले लाखों वीर यहाँ जनमे। तब मातृभूमि को हमने आद्याशक्ति जगदंबा के रूप में देखा। हमने इस भूमि पर आक्रमण करने आए आक्रांताओं को इस रणरागिणी महिषासुरमर्दिनी के पाँवों तले कुचले जानेवाले असुरों के रूप में देखा। ऐसी मातृभूमि को जगदंबा के रूप में देखने के कारण

दानवों का दमन करने की शक्ति उसके केवल स्मरण मात्र से देशभक्तों को प्राप्त होने लगी। श्रीअरविंद ने लिखा है, 'करोड़ों मनुष्यों की आश्रयदायिनी, शक्तिस्वरूपिणी, बहुभुजान्विता, बहुबलधारिणी यह भारत जननी एक दैवी शक्ति है। यही माता है, यही देवी है, यही जगज्जननी काली है। जिस दिन हम इस मातृभूमि का उसके अखंड रूप में दर्शन करेंगे, उसी दिन भारत की एकता का मार्ग प्रशस्त होगा। जहाँ एक देश है, एक माँ है वहाँ एक दिन एकता अवश्य स्थापित होकर रहेगी। फिर यहाँ अनेक जाति-पंथों से मिलकर एकजुट, अत्यंत बलशाली और अजेय नई जाति पैदा होगी। उसे जोड़नेवाली भावना यही होगी कि इस एक ही माता के गर्भ से हमारा जन्म हुआ है। इसी एक माता की कोख में हम पलते हैं। इसी माता के पंचतत्त्व में अंत में हम सबको मिल जाना है।'

'वंदे मातरम्' में बंकिमचंद्र ने इसी जगन्माता, देशमाता की स्तुति की है। उन्होंने इस देश का जहाँ हरा-भरा समृद्ध स्वरूप देखा था वहीं अकाल, प्राकृतिक विपदाओं तथा विदेशी दासता से पीड़ित स्वरूप को भी देखा था। इसी अवस्था में उन्होंने मानो एक शक्तिशाली भूदेवी का दर्शन किया। उन्हें वह देवी दु:खी दिखाई दी और उस दर्शन से जन्मी आर्तता से उनके मुख से शब्द फूट पड़े—'वंदे मातरम्'।

नाम कितने भी हों, संबोधन जगद्धात्री, जन्मभूमि, जगन्माता, जगज्जननी जैसे चाहे जितने क्यों न हों, सबमें वही एक माता है। इसीलिए तो महर्षि व्यास ने भी कहा है, 'हे माते, तुम्हारी प्रज्वलित प्रेमाग्नि में मैं अपने अहंकार की आहुति चढ़ाता हूँ।' रामकृष्ण परमहंस ने कहा है, 'माँ, मैं एक यंत्र हूँ और तुम इस यंत्र को चलानेवाली शक्ति हो।'

अपनी जन्मभूमि के पूजन को, उसके प्रति भक्ति को मातृभक्ति का अनन्य साधारण महत्त्व देनेवाली संस्कृति और परंपरा केवल भारतवर्ष में ही हो सकती है। इसलिए हे माते, तुम्हें शत-शत प्रणाम! 'वंदे मातरम्!'

□

'वंदे मातरम्' : निर्मिति पूर्व पृष्ठभूमि

प्राचीन ऋषि-मुनियों द्वारा निर्मित वैदिक वाङ्मय में उनकी तपस्या एवं तेजस्वी चिंतन का प्रभाव परिलक्षित होता है। 'वंदे मातरम्' का मंत्र संसार को देनेवाले बंकिमचंद्र उसी ऋषि-परंपरा में जनमे थे, ऐसा श्रीअरविंद ने कहा था। उन्होंने लिखा था, 'अनेक लोग सोचते हैं कि हमारी गौरवशाली परंपरा के प्रतीक प्राचीन ऋषि-मुनियों का आज के हमारे विपन्न वर्तमान में पुनरागमन संभव नहीं; किंतु ऐसा मानना एक भूल होगी। कारण, हमारा देश शाश्वत है। यहाँ का धर्म शाश्वत है। उनकी शक्ति, महानता तथा पवित्रता कुछ धूसर भले ही हो जाएँ, किंतु एक क्षण के लिए भी वह नष्ट नहीं हो सकती। यहाँ के जननायक, ऋषि, संत हमारी भारतभूमि के अविभाज्य घटक हैं। ऐसा कोई युग नहीं है, जिसमें ऐसे महामानवों का जन्म नहीं हुआ हो। इसीलिए उत्तरकाल के ऋषि तुल्य व्यक्तियों में बंकिमचंद्र का नाम अवश्य लिया जाएगा। उन्होंने भारत को जगानेवाला संजीवन मंत्र 'वंदे मातरम्' हमें प्रदान किया है।

'वंदे मातरम्' के प्रसारक श्रीअरविंद

'ऋषि संतों से भिन्न होते हैं। उनका जीवन पवित्रता या सिद्धांतवाद से परिपूर्ण न भी रहा हो, किंतु उससे अधिक महत्त्वपूर्ण बात यह है कि उनकी वाणी ने एक राष्ट्र को, सारी मानवता को संजीवन-संदेश दिया और विधाता ने उस संदेश को सर्वत्र प्रचारित किया। उन्हें वह दिव्य संदेश सर्वप्रथम एक दिव्य दर्शन की अनुभूति से मिला और उन्होंने उस संदेश को सारे विश्व के सम्मुख उद्घोषित किया, जिसके उच्चारण मात्र से मानव के अंतर्मन के स्पंदन संवेदनक्षम होते हैं, मन शुद्ध होता है, जी भर आता है। जो संदेश विलक्षण कर्तृत्व करने की प्रेरणा देता है, वह 'वंदे मातरम्' का संदेश देने के लिए ही जिनका जन्म हुआ, वे ही ऋषि हैं—बंकिमचंद्र।'

यह भी एक संयोग है कि बंकिमचंद्रजी का ऋषि रूप विश्व के सामने स्पष्ट शब्दों में रखनेवाला व्यक्ति भी—योगी अरविंद—ऋषि तुल्य ही था। उन्होंने 'वंदे मातरम्' तथा बंकिमचंद्र की महानता को अपने लेखों में सतत उद्घाटित किया।

जब यह गीत लिखा गया तब तक बंकिमचंद्र ने एक उपन्यासकार के रूप में जनमानस में अपनी जगह बना ली थी। नौकरी के दौरान भी उनमें एक सर्जनशील लेखक बराबर जाग्रत् था। अपने आसपास की घटनाओं तथा व्यक्तियों का असर उनके लेखन पर हो रहा था।

'वंदे मातरम्' का सृजन अंत:प्रेरणा से भले ही हुआ हो, तथापि वह केवल एक गीत नहीं, एक बेजोड़ कलाकृति है। उसके सृजन से पूर्व घटी अनेक घटनाओं का प्रभाव उसपर अवश्य पड़ा है। बंगाल के एक साहित्यकार ईश्वरचंद्र गुप्त को बंकिमचंद्र ने अपना गुरु माना था। बंकिमचंद्र का कुछ प्रारंभिक साहित्य प्रकाशित कर उन्होंने ही उन्हें प्रोत्साहित किया था। इन्हीं ईश्वरचंद्र गुप्त ने सन् १८६६ में अपनी एक कविता में भारत को 'जननी भारतभूमि' कहा था—

जननी भारत भूमि, आर केन थाक तुमि
धर्मरूप भूषाहीन हये, तोमार कुमार यत
सकलेई ज्ञान हत, मिछे केन मर भार बये।

बंगाल में राष्ट्रीय भावना को जगानेवाले 'हिंदू मेला' का प्रारंभ १८६७ में हुआ। यह 'हिंदू मेला' इंडियन नेशनल कांग्रेस का पूर्व अवतार था। अरविंद घोष के नाना श्री राजनारायण बोस एवं श्री नवगोपाल मित्र इस मेले के प्रमुख थे। जन्मभूमि की स्तुति करनेवाली कविताओं तथा गीतों का गायन करना, कला व उद्योग की प्रदर्शनियाँ लगाना, प्रतिभा और कुशलता को प्रोत्साहन देना इस मेले का उद्देश्य था। इस मेले का दूसरा अधिवेशन ११ अप्रैल, १८६८ को हुआ। उसमें रवींद्रनाथ ठाकुर के बड़े भाई सत्येंद्रनाथ ठाकुर द्वारा रचित 'गाओ भारतेर जय' गीत गाया गया था। बंकिमचंद्र उस गीत से बहुत प्रभावित हुए थे। इसी गीत के प्रभाव के कारण शिशिर घोष ने 'भारत माता' शीर्षक कविता और किरणचंद्र बंद्योपाध्याय ने

अंग्रेजों द्वारा भारतीयों पर किए जा रहे अमानुष अत्याचारों की कहानी दरशानेवाला नाटक लिखा है, जो आगे चलकर बहुचर्चित हुआ। 'जय भारतेर' गीत इस प्रकार था—

(रागिणी खमाज—आडा ताल)
मिले सबै भारत संतान
एकतान मनप्राण
गाओ भारतेर यशोगान॥
भारतभूमिर तुल्य आछं कौन स्थान?
कौन अद्रि हिमाद्रि समान?
फलवती, वसुमती, स्रोतवती, पुण्यवती
शतखनि रत्नेर निधान॥
होक भारतेर जय,
गाओ भारतेर जय,
कि भय कि भय,
गाओ भारतेर जय॥
(गीत का अंतिम चरण है)
केनो डर, भीरु, कर साहस आश्रय,
यतो धर्मस्ततो जय॥
छिन्न-भिन्न हीनबल, ऐक्येते पाइबे बल,
मायेर मुख उज्ज्वल करिते कि भय?
होक भारतेर जय,
गाओ भारतेर जय,
कि भय, कि भय,
गाओ भारतेर जय॥

यह गीत सुनकर बंकिमचंद्र ने अपनी 'बंग दर्शन' मासिक पत्रिका में लिखा, 'यह महागीत अखिल राष्ट्र का गीत बने। हिमालय की पहाड़ियों तथा तलहटी में सर्वत्र इस गीत की प्रतिध्वनि गूँजे। गंगा, यमुना, सिंधु, गोदावरी, नर्मदा के कूल-किनारे तथा तटवर्ती इलाकों की वनराइयों में यह गीत मर्मरित हो। पूरब तथा पश्चिम के महासागरों की लहरों के घन-गर्जन में इसका सतत जयघोष होता रहे।' इस कविता का इन शब्दों में गौरव करनेवाले बंकिमचंद्र ने केवल सात वर्ष बाद उससे भी श्रेष्ठ महामंत्र 'वंदे मातरम्' को जन्म दिया। ('रवींद्रनाथ' : लेखक—गंगाधर द. खानोलकर)

'गाओ भारतेर जय' कविता की भाँति कुछ अन्य घटनाओं के कारण भी बंकिमचंद्र के

मन में 'वंदे मातरम्' गीत के बीज पड़ते रहे, अंकुरित होते रहे। गंगातट पर चेचुंडा गाँव में हुए एक हादसे का 'वंदे मातरम्' के सृजन से बड़ा निकट संबंध है। वह हादसा स्वयं बंकिमचंद्र ने लिख रखा है।

बारिश के दिनों में गंगा किनारे एक मकान की सेहन में वे बैठे थे। शाम हो चुकी थी। चाँद निकल आया था। उस चंद्र प्रकाश में गंगा का विस्तीर्ण पाट चाँदनी में नहा रहा था। लहरों पर चाँदनी थिरक रही थी। काव्य रचना के लिए बढ़िया समय था। कालिदास, भवभूति जैसे प्राचीन कवियों एवं मधुसूदन, हेमचंद्र, नवीनचंद्र जैसे आधुनिक कवियों की रचनाओं से संतोष नहीं मिल पा रहा था। बंकिमचंद्रजी की प्रतिभा शब्द खोज रही थी। तभी अचानक गंगा में मछली पकड़ रहे मछुआरों की नौका से स्वर सुनाई दिए—

'साधो आंछे, मा, मने।
दुर्गाबले प्राण त्यजिव जान्हवी जीवने॥'

गीत का आशय था—'गंगा की धारा को दुर्गा मानकर उसके लिए हम अपना सर्वस्व प्राण भी अर्पण कर देंगे।' इस लोकगीत के शब्दों तथा स्वरों से बंकिमचंद्र के मन की बेचैनी एकदम समाप्त हो गई और उन्हें 'सुर' मिल गया।

बंगाल देवी दुर्गा को पूजनेवाला, उसकी पूजा को बहुत महत्त्व देनेवाला प्रांत है। दुर्गा माता पर वहाँ के लोगों की बड़ी श्रद्धा है। रणचंडी का अवतार धारण कर शत्रु का नाश करनेवाली दुर्गा उन्हें पूजनीय लगती है। उसकी दसों भुजाओं में शस्त्र हैं। उसका वाहन सिंह है। अपने पैरों तले रौंदे गए शत्रु को वह शस्त्र से विदीर्ण कर रही है। दुर्गा के इसी रूप में बंकिमचंद्र ने भारत माता का दर्शन किया। वे १८७३ से १८७६ तक 'बंग दर्शन' के संपादक थे। उसका मुद्रणालय काँटालपाडा में ही था, ऐसा जानकारों का कहना है। 'वंदे मातरम्' लिखने की प्रेरणा बंकिमचंद्र को कैसे मिली, इसपर प्रकाश डालनेवाला 'आमार दुर्गोत्सव' लेख उन्होंने सन् १८७५ के कार्तिक मास में लिखा। 'वंदे मातरम्' लिखने के बाद १८७५ में ही उन्होंने 'एक टी गीत' लेख लिखा। बंकिमचंद्र के छोटे भाई पूर्णचंद्र चट्टोपाध्याय ने 'कमलाकांतेर एगो एगो बंधु' लेख में 'वंदे मातरम्', 'आमार दुर्गोत्सव' तथा 'एक टी गीत' लिखने से पूर्व बंकिमचंद्र की भावावस्था का वर्णन किया है।

बंकिमचंद्र की बड़ी हवेली में दुर्गोत्सव बड़ी धूमधाम से मनाया जाता था। सारा गाँव पूजा में शामिल होता था। हवेली से सटे राधाजीऊ मंदिर में भी अलग-अलग उत्सव मनाए जाते थे। इस हवेली में एक दुर्गोत्सव में किसी गायक द्वारा गाए 'एसो एसो बंधु' गीत ने बंकिमचंद्र को अंतर्मुख किया। 'एक टी गीत' लेख में बंकिमचंद्र ने उस गीत को उद्धृत किया है।

'कमलाकांतेर दप्तर' शीर्षक उनकी प्रख्यात पुस्तक में 'आमार दुर्गोत्सव' लेख है।

कमलाकांत बंकिमचंद्र के साहित्य में उनके मानसपुत्र हैं। उनके बारे में बंकिमचंद्र के चरित्रकार सुबोधचंद्र सेनगुप्ता ने लिखा है, 'कमलाकांत पक्का अफीमची है। उसके निबंध अफीम के नशे में निकाले प्रलाप हैं। अफीम की लत लगा चंडुल, किंतु दूध और दूध से बने पदार्थों का छककर जायका लेनेवाला खवैया, चुलबुला, चैतन्यमय कमलाकांत—यानी आनंद का गुलाल मुट्ठी भर-भरकर उछालनेवाला अलमस्त जीवन था। ये लेख कल्पनालोक में भरी उत्तुंग उड़ानें हैं, वास्तविकता में खोदी गई सुदृढ़ नींव हैं। काव्यधर्मी प्रतिमा-विलास और तीखा उपहास-उपरोध तथा उदात्त अलिप्तता का उनमें अद्‌भुत मिश्रण है। साहित्य के प्रांगण में ऐसा लेखन शायद ही मिलता है।' ('श्रीबंकिमचंद्र', लेखक—श्री वा. जोशी)। इस कमलाकांत को नदी के प्रवाह में देवी का दर्शन होता है। 'वंदे मातरम्' में आया देवी के रूप में मातृभूमि का वर्णन मूलत: इस 'आमार दुर्गोत्सव' लेख में तेजस्वी और संस्कृत प्रचुर भाषा में आ चुका है। इस लेख में बंकिमचंद्र अपने आपको कमलाकांत के रूप में देखते हैं। चचुंडा में हुए हादसे का प्रभाव भी इस लेख में सर्वत्र पाया जाता है। लेख में आया वर्णन अत्यंत प्रवाही तथा प्रभावी है। बंकिम साहित्य के सर्वोत्तम लेखों में इसे गिना जाता है। इस प्रवाह में यात्रा करते समय कमलाकांत के मन की अकुलाहट, प्रत्यक्ष दुर्गा दर्शन के बाद अचंभित तथा अत्यंत भक्तिभाव से उसके चरणों में लीन कमलाकांत को बंकिमचंद्र ने बहुत ही सशक्तता से चित्रित किया है। इस लेख के अंत में उन्होंने निम्न स्तवन लिखा है—

जय जय जय जय जगद्धात्री।
जय जय जय बंग जगद्धात्री।
जय जय जय सुखदे अन्नदे।
जय जय जय वरदे शमर्मदे।
जय जय जय शुभे शुभंकरी।
जय जय जय शांति क्षेमकरी।

जैसाकि कहा जा चुका है, यह लेख सन् १८७५ के कार्तिक मास में पहले 'बंग दर्शन' में प्रकाशित हुआ, इसीलिए 'वंदे मातरम्' गीत, 'आमार दुर्गोत्सव' तथा 'एक टी गीत'—तीनों साहित्य कलाकृतियाँ परस्पर काफी मेल खाती हैं। 'वंदे मातरम्' जैसी बेजोड़ कृति के प्रारंभ में दिया लेख उस गीत के समान ही तेजस्विता प्रकट करता है। श्री शचींद्रनाथ चटर्जी ने लिखा है, 'मुझे पूरा विश्वास है कि यह गीत एकदम से नहीं लिखा गया होगा। लेखक अंतर्मुख एवं आत्ममग्न नहीं होता और अपनी रचना के साथ पूरी तरह से तादात्म्यता नहीं प्राप्त करता, तब तक ऐसी रचना कर ही नहीं सकता। आम लेखकों की तरह बंकिमचंद्र अपने साहित्य को शीघ्र प्रकाशित करवाने के लिए उत्सुक नहीं रहते थे। 'वंदे मातरम्' लिखने से पहले ही बंकिमचंद्र का सारा चिंतन 'आमार दुर्गोत्सव' में प्रकट हुआ है। ('आमार दुर्गोत्सव', 'एक

टी गीत' और 'कमलाकांतेर एसो एसो बंधु'—ये तीनों लेख, जिनका अनुवाद विश्वनाथ मुखर्जी ने किया है, 'विविधा' अध्याय में दिए हैं। पाठक उन्हें कृपया देखें।)

प्रदीर्घ चिंतन के बाद मातृभूमि का एक सुस्पष्ट स्वरूप उनके मानस पर उभरा था। लंबी तपस्या के बाद किसी ऋषि-मुनि सदृश महात्मा को ईश्वर का दर्शन हो साक्षात्कार द्वारा ज्ञान की प्राप्ति होती है; कुछ वैसी ही अवस्था बंकिमचंद्र की इस गीत के बारे में हुई। सगुण आकार रूप में यह दर्शन करने के बाद बंकिमचंद्र ने एक ही बार में 'वंदे मातरम्' गीत रच डाला और ऐतिहासिक स्वतंत्रता संग्राम के लिए एक पैना शस्त्र प्रदान करनेवाले मंत्र ने जन्म ले लिया। इस गीत के जन्मदिन को लेकर पहले काफी विवाद चले थे; किंतु 'आमार दुर्गोत्सव' लेख के तुरंत बाद इस गीत की रचना की गई, यह अब साफ हो गया है। (कुछ लोगों का मानना था कि 'वंदे मातरम्' १८७२ में, तो कुछ के अनुसार १८७५-७६ के बीच कभी लिखा गया।) 'आमार दुर्गोत्सव' में छह करोड़ संतान का उल्लेख है। 'वंदे मातरम्' में 'सप्तकोटि कंठ'—ऐसा उल्लेख है, जो इस बात का प्रमाण है कि गीत उस लेख के बाद ही लिखा गया है। श्रीअरविंद का लेख स्पष्ट करता है कि 'वंदे मातरम्' बत्तीस वर्ष पूर्व लिखा गया। यह लेख १९०७ का है। सर्वश्री ललितकुमार मित्र, पूर्णचंद्र चटर्जी और भवतोष दत्त के लेखों में भी 'वंदे मातरम्' के जन्म से जुड़ी घटनाओं का उल्लेख मिलता है। इन सभी प्रमाणों के आधार पर हमने 'वंदे मातरम्' का जन्मदिन निश्चित किया है—

बुधवार, ७ अक्तूबर, १८७५, शक संवत् १७९७, आश्विन शु. अष्टमी के दिन बंकिमचंद्र को मातृदर्शन हुआ।

रविवार, ७ नवंबर, १८७५, शक संवत् १७९७, कार्तिक सुदी नवमी को उन्होंने गीत-रचना की। इसी नवमी को 'अक्षय नवमी' भी कहा जाता है।

चूँकि इस गीत का जन्म एक साक्षात्कार से, एक विलक्षण अनुभूति से हुआ है, उसे महान् स्थान प्राप्त होगा, इसका बंकिमचंद्रजी को पूरा विश्वास था। १८९० में उन्होंने अपनी बड़ी बेटी शदकुमारी के साथ जो संवाद किया था, उनके भानजे शचींद्रनाथ ने लिखा है—

'बंकिमचंद्र के जीते जी 'वंदे मातरम्' का महत्त्व आम जनता की समझ में नहीं आया था। उनकी पुत्री ने पूछा, 'बाबा, 'वंदे मातरम्' गीत को लोग पसंद क्यों नहीं कर रहे हैं?' बंकिमचंद्र ने उलटे पुत्री से ही प्रश्न किया, 'क्या तुम्हें भी 'वंदे मातरम्' गीत नहीं भाया?' उसने उत्तर दिया, 'जी, उतना अच्छा नहीं लगा।' इसपर बंकिमचंद्र गंभीर होकर बोले, 'तुम एक दिन देखोगी कि दस-बीस वर्ष में ही इस गीत के कारण सारा बंगाल सुलग उठेगा और सारे देशवासी इसके प्रभाव में आ जाएँगे।' वास्तव में हुआ भी वैसा ही। केवल दस-बारह वर्षों में ही बंकिमचंद्र की भविष्यवाणी सच साबित हो गई। १९०५ में बारिसाल की उस घटना के कारण 'वंदे मातरम्' राष्ट्रमंत्र हो गया।

□

'वंदे मातरम्' : निर्मिति के बाद की यात्रा

१८७५ के कार्तिक मास में बंकिमचंद्र की कलम से प्रस्फुटित हुआ गीत 'वंदे मातरम्' साहित्यिक क्षेत्रों में पहुँच भी गया; किंतु यथार्थ में वह लोगों के सामने आया उनके उपन्यास 'आनंदमठ' के माध्यम से। १८८० से '८२ के बीच यह उपन्यास 'बंग दर्शन' में धारावाहिक रूप में प्रकाशित होने लगा। बँगला साहित्य जगत् में उसने तहलका मचा दिया, क्योंकि 'आनंदमठ' देश के लिए जीने-मरनेवाले क्रांतिकारी संन्यासियों की कहानी है। 'वंदे मातरम्' काव्य को 'आनंदमठ' उपन्यास में केंद्रीय स्थान प्राप्त हो गया। 'आनंदमठ' के प्रकाशन के बाद 'वंदे मातरम्' को भी अधिक मान्यता मिली। इस वास्तविकता के बावजूद 'वंदे मातरम्' गीत का अपना स्वतंत्र अस्तित्व था ही। यह गीत उपन्यास की कथावस्तु में इतनी सहजता से घुल-मिल गया है कि उसकी रचना स्वतंत्र रूप से पहले की गई होगी, ऐसा लगता ही नहीं। १८७५ के बाद पहली बार 'वंदे मातरम्' की चर्चा बँगला साहित्य में होने लगी थी।

'एकसूत्र बाँधियाछी सहस्रटी मन, एककार्य संपियाछी सहस्रजीवन। वंदे मातरम्।' रवींद्रनाथ की इस कविता का शीर्षक था—'स्वदेश'। उसकी हर दो पंक्तियों के बाद 'वंदे मातरम्' शब्द आते हैं। रवींद्र साहित्य के कुछ अध्येताओं की राय में यह कविता रवींद्रनाथ की नहीं, दिनेंद्रनाथ ठाकुर की थी और रवींद्रनाथजी ने उसकी स्वर-लिपि तैयार की थी। जो भी हो, इस कविता की रचना १८७७ में हुई, यह निर्विवाद है।

इन दस वर्षों में (१८७५-१८८५) अनेक बँगला कवियों ने अपनी कविताओं में 'वंदे मातरम्' शब्द किसी-न-किसी ढंग से जोड़ने का

'वंदे मातरम्' शब्द चित्रांकित किया। भारत का राष्ट्रध्वज विदेश में फहरातीं मादाम कामा।

मोह प्रदर्शित किया। अनेक संगीतकारों ने 'वंदे मातरम्' को अपने-अपने ढंग से संगीतबद्ध किया। 'आनंदमठ' उपन्यास पर आधारित एक नाटक १८८३ में मंचित किया गया। उस नाटक के प्रमुख पात्रों के रूप में रंगमंच पर पहली बार 'वंदे मातरम्' का जाहीर गायन हुआ।

राष्ट्रीय सभा की स्थापना

२५ दिसंबर, १८८५ को राष्ट्रीय सभा (कांग्रेस) की स्थापना हुई और भारतीय स्वतंत्रता के इतिहास का नया चरण प्रारंभ हुआ। मुंबई में हुए सभा के अधिवेशन के अध्यक्ष थे व्योमेशचंद्र बैनर्जी। भारतीयों की माँग को शासन तक पहुँचाना तो राष्ट्रीय सभा का उद्देश्य था ही, किंतु केवल 'सुशिक्षित लोगों की सभा' की अपनी पहचान राष्ट्रीय सभा ने शीघ्र ही त्याग दी और आम जनता को भी अपनी ओर आकर्षित कर लिया। 'वंदे मातरम्' का सभाओं में पहला संपूर्ण गायन १८९६ में राष्ट्रीय सभा के सभामंच पर ही हुआ, यह बात ध्यान देने योग्य है।

'वंदे मातरम्' चित्रांकित भारत का पहला ध्वज तैयार करनेवाली स्वामी विवेकानंद की शिष्या भगिनी निवेदिता

१८८६ में दादाभाई नौरोजी की अध्यक्षता में कलकत्ता में राष्ट्रीय सभा का दूसरा अधिवेशन हुआ। एक मजे की बात यह है कि इस अधिवेशन में प्रतिनिधियों के लिए तत्कालीन वाइसराय लॉर्ड डफरिन ने गवर्नमेंट हाउस में विशेष भोज का आयोजन किया था।

अधिवेशन का प्रारंभ रवींद्रनाथ ठाकुर के 'आमरा मिले छी आज मायेर डाके' (माता की पुकार सुनकर हम सब यहाँ इकट्ठा हुए हैं) गीत से हुआ। इसी अधिवेशन में प्रख्यात बँगला कवि हेमचंद्र बंद्योपाध्याय ने अपना गीत उसके अंत में 'वंदे मातरम्' काव्य की कुछ पंक्तियाँ जोड़कर गाया था—

कि आनंद आज भारत भुवने भारत जननी जागिल
आहा कि मधुर नवीन सुहासि
मायेर अधरे रयेछे प्रकाशि

जेनो बा प्रभातेर किरणेर राशि
उषार कपोले ज्वलिल। भारत जननी जागिल॥
मरि चि सुषमा फुटेछे बदने
किंवा ज्योती ज्वले उजल नयने
कि आनंदे दिक पूरिल। भारत जननी जागिल॥
पूरब बांगला, मगध, बिहार
देरा इस्माईल हिमाद्रिर धार
कराची, मद्रास शहर बंबई
सुरटि, गुजराती, माराट्टी,
भाई, चौदिके मायेर घेरिल। भारत जननी जागिल॥
प्रेम अलिंगने करे राखी-कर
खुले दिछे हृदि, हृदि परस्पर
एक प्राण सबे एक कंठ स्वर
मुखे जयध्वनि करिल। भारत जननी जागिल॥
प्रणय विव्हले धरे गले गले
गाहिल सकले मधुर काकले गाहिल 'वंदे मातरम्'
सुजलां सुफलां मलयजशीतलाम्
शस्यश्यामलां मातरम्
शुभ्रज्योत्स्नापुलकितयामिनीम्
फुल्लकुसमितद्रुमदलशोभिनीम्
सुहासिनीं सुमधुरभाषिणीं सुखदां वरदां मातरम्।
बहुबलधारिणीं नमामि तारिणीं रिपुदलवारिणीं मातरम्।
उठिल से ध्वनि नगरे नगरे
तीर्थ देवालय पूर्ण जयस्वरे
भारत जगत मातिल। भारत जननी जागिल॥

उन्हीं दिनों ठाकुर परिवार की ओर से उनकी पत्नी ज्ञानदानंदिनी देवी बच्चों के लिए 'बालक पत्रिका' नामक एक मासिक पत्रिका चलाती थीं। इसकी सहायक संपादिका श्रीमती प्रतिभासुंदरी देवी ने 'वंदे मातरम्' की रागिणी 'देस ताल कव्वाली' शीर्षक से उसकी स्वर-लिपि प्रकाशित की थी। बहुत संभव है कि यह स्वर रचना रवींद्रनाथ की ही थी और उन्होंने उसे उपनाम से प्रकाशित किया था। उसमें उन्होंने लिखा था, 'बंकिम बाबू के 'वंदे मातरम्' की संपूर्ण स्वर-लिपि हम प्रकाशित नहीं कर सकते, क्योंकि इस गीत के सुर अत्यंत कठिन

हैं। पूरे रूप में उन्हें सीखना मुश्किल का काम है। 'वंदे मातरम्' की रचना संगीत की दृष्टि से अधिक आलंकारिक है।'

१८८६ में 'बालक पत्रिका' में प्रकाशित इस लेख में 'वंदे मातरम्' का उल्लेख प्रसिद्ध गीत (विख्यात गान) ऐसा किया गया था। स्पष्ट है कि 'आनंदमठ' उपन्यास के लेखन से पूर्व ही इस गीत की कीर्ति फैल चुकी थी।

फिर भी स्वयं बंकिमचंद्रजी को इस गीत के कारण जनसाधारण के मन में जो जागृति अपेक्षित थी, उनके जीवन में पूरी नहीं हुई। 'वंदे मातरम्' रचते समय बंकिम बाबू को ऐसी कोई अपेक्षा नहीं थी कि यह गीत प्रसिद्ध हो और गीतकार एवं साहित्यिक के नाते उन्हें अधिक नाम, यश तथा कीर्ति प्राप्त हो। उनमें जीवन के उत्तरार्द्ध में जो दार्शनिक और अस्मिता को बनाए रखनेवाला देशभक्त कवि जागा था, उस कवि मानस का हुंकार था 'वंदे मातरम्'।

हाँ, समाज में इस गीत के प्रति जो ठंडी प्रतिक्रिया दिखाई दी उसके कारण उनके मन में विषाद अवश्य था। 'वंदे मातरम्' तथा 'आनंदमठ' यद्यपि साहित्यिक दृष्टि से प्रसिद्धि के शिखर पर पहुँच चुके थे; बंकिमचंद्र के जीते जी 'आनंदमठ' में वर्णित क्रांति के बीज जनमानस में बोए नहीं जा सके थे। पुस्तक लिखी और तुरंत क्रांति हो जाएगी—ऐसी अपेक्षा तो स्वयं बंकिम बाबू की भी नहीं होगी। इसीलिए समाज की अकर्मण्यता के प्रति वे निराशा प्रकट करते थे।

उनके मित्र श्री कालिप्रसन्न घोष ने 'आनंदमठेर मूलमंत्र' शीर्षक लेख लिखने की इच्छा प्रदर्शित की तो बंकिम बाबू ने उन्हें उत्तर में लिखा, 'आनंदमठ लिखकर मैंने क्या किया? और उसका मूलमंत्र लोगों को बताकर आप क्या कर लेंगे? आज तो 'वंदे मातरम्' के बजाय 'वंदे उदरम्' कहने की नौबत आ गई है।'

८ अप्रैल, १८९४ को बंकिमचंद्र का निधन हो गया। जीवन के अंतिम चरण में उन्होंने गीता और वेदों पर भाष्य लिखना प्रारंभ किया था। वह कार्य अधूरा ही रह गया। किंतु समाज में उनके 'वंदे मातरम्' को वेदों के समान ऊँचा स्थान प्राप्त हुआ। उसे मंत्र जैसा सम्मान मिला। उसके दो साल बाद १८९६ के राष्ट्रीय सभा के अधिवेशन में 'वंदे मातरम्' मूल तथा संपूर्ण रूप में पहली बार गाया गया। जिस महाकवि ने भारतीय कविता एवं साहित्य की कीर्ति सारी दुनिया में पहुँचाई, उस रवींद्रनाथ जैसे प्रतिभावान् महाकवि द्वारा 'वंदे मातरम्' का पहला जाहीर गायन किया गया। वह बहुत ही रोमांचकारी क्षण था। रवींद्रनाथ की प्रारंभिक साहित्यिक रचनाओं पर बंकिमचंद्र के लेखन का प्रभाव था। इसके अलावा रवींद्रनाथ स्वयं संगीतकार भी थे। २८ दिसंबर, १८९६ को कलकत्ता के बिडन उद्यान (आज का रवींद्र कानन) में राष्ट्रीय सभा के बारहवें अधिवेशन में रवींद्रनाथ ने स्वयं अपनी स्वर रचना में 'वंदे मातरम्' गाया।

१९०१ में पुन: कलकत्ता में ही राष्ट्रीय सभा के अधिवेशन में दिनशा वाच्छा की अध्यक्षता में दक्षिणारंजन सेन द्वारा तैयार की गई संगीत रचना के अनुसार 'वंदे मातरम्' गाया गया और उस वर्ष से प्रत्येक अधिवेशन का प्रारंभ 'वंदे मातरम्' के गायन से होने की परिपाटी बन गई। इसी १९०१ के अधिवेशन में गांधीजी पहली बार कांग्रेस अधिवेशन में पधारे थे।

धीरे-धीरे 'वंदे मातरम्' शब्द बँगला जनमानस में रचने-बसने लग गए। गीत का प्रचार-प्रसार सारे बंगाल में होने लगा। किंतु इन शब्दों को केवल बंगाल तक ही सीमित न रखते हुए सारे देश में पहुँचाने के लिए एक चिनगारी की आवश्यकता थी।

वर्ष १९०५ 'वंदे मातरम्' के लिए सभी तरह से निराला वर्ष बन गया। 'वंदे मातरम्' की दृष्टि से अनेक महत्त्वपूर्ण घटनाएँ इसी वर्ष में हुईं। 'वंदे मातरम्' के शब्द वैसे भी बंगाल में ही सिमटकर कहाँ रहनेवाले थे! ऐसा होना असंभव था। जिन शब्दों की आग ने आगे चलकर समूची अंग्रेज सत्ता को भस्म करना था, उस आग का, उन शब्दों का सारे भारत में पहुँचना स्वाभाविक भी था और आवश्यक भी। बंगाल के विभाजन की घोषणा का विरोध करने के लिए एकत्रित जनसमुदाय के मुख से अनायास उद्घोष निकला—'वंदे मातरम्'।

बंग-भंग और 'वंदे मातरम्'

सन् १९०५ के बाद स्वतंत्रता-प्राप्ति तक हिंदुस्थान के इतिहास की सभी घटनाएँ—आंदोलन, अभियान, सशस्त्र विद्रोह—'वंदे मातरम्' शब्दों से जुड़ी हैं। बंग-भंग तो इस इतिहास में आया एक महत्त्वपूर्ण मोड़ है। बंग-भंग के शासकीय निर्णय के कारण ही 'वंदे मातरम्' का नारा संपूर्ण हिंदुस्थान में पहुँच गया। उन्नीसवीं सदी के अंत में कलकत्ता ही अंग्रेजों की राजधानी थी। अंग्रेजों के शासन के काले कारनामों की आहट पहले यहीं मिल जाती थी। सन् १८९९ में लॉर्ड कर्जन को वाइसराय नियुक्त किया गया और जुल्मों तथा अत्याचारों की सीमा चरम पर पहुँच गई।

पूर्व परंपरा से रियासतदार बने चले आ रहे राजाओं, भारत के रियासती नरेशों तथा कारखानेदारों को, यानी उच्च वर्गों को खुश रखने का प्रयास अंग्रेज किया करते थे। भारतीय शिक्षा प्रणाली पर अंग्रेजों का नियंत्रण होने लगा था। राष्ट्र के स्वाभिमान तथा संस्कृति को नष्ट करने के लिए विदेशी शासक अपनी शिक्षा प्रणाली उनपर लादते थे। किंतु कर्जन ने सोचा, अंग्रेजों का शासन यहाँ सुस्थिर करने के लिए इतना ही पर्याप्त नहीं है। अत: उसने एक विष-वृक्ष का सहारा लिया। 'फूट डालो और राज करो' वाली कूटनीति प्रारंभ हो गई। लोगों में बढ़ती राष्ट्रभावना को नष्ट करने के लिए हिंदू-मुसलमानों में फूट डालने के प्रयास शुरू हो गए। उन दिनों बंगाल एक समृद्ध, सुंदर और बड़ा प्रांत था।

राजकाज की सुविधा के लिए कर्जन ने २० जुलाई, १९०५ को बंगाल के विभाजन की घोषणा की। पूर्वी बंगाल के राजशाही, ढाका तथा चटगाँव जिलों को जोड़कर असम तथा पूर्वी बंगाल नामक स्वतंत्र प्रांत बनाकर उसकी राजधानी ढाका में स्थापित करने की उसकी योजना थी। भाषा, संस्कृति तथा धर्म के आधार पर मुसलमानों को अलग करने का ही कर्जन का यह प्रयास था। बंगाल में धनवान् मुसलमानों की संख्या अधिक थी। ऊपरी तौर पर देखने में ऐसा लग रहा था कि शासन-सुविधा के लिए ही यह विभाजन किया गया है; किंतु पूर्णत: धर्मभेद के आधार पर हिंदू-मुसलमानों में फूट डालने का कर्जन का उद्देश्य स्पष्ट हो रहा था। इंग्लैंड के शासन ने कर्जन की बंग-भंग योजना को बहुमत से स्वीकार कर उसपर अमल करने के आदेश भेजे। यकायक किए गए इस बंग-भंग के आघात से सभी बंगालवासी चकित हो गए। किंतु आश्चर्य का परदा हटते ही सभी के मन में क्रोध की प्रचंड लहर उत्ताल कर उठी। सभाओं, सम्मेलनों, प्रस्तावों, अर्जियों, अनुनयों तथा विरोध का अंग्रेजी सरकार एवं कर्जन पर कोई प्रभाव पड़ने वाला नहीं था। बंग-भंग योजना में कोई परिवर्तन न करने की कर्जन की घोषणा से समूचे बंगाल में जन-आक्रोश का ज्वार-सा आ गया। नरमपंथी भी बौखला उठे। लंदन से स्वीकृति प्राप्त होते ही कर्जन ने घोषणा की कि आगामी १६ अक्तूबर, १९०५ को नया प्रांत बना दिया जाएगा और लेफ्टिनेंट बैंफिल्ड फुल्लर उसका नया गवर्नर होगा। बंगाल के पढ़े-लिखे लोगों का अनुमान था कि उन्हें ऐसा कोई जन आंदोलन इस निर्णय के विरोध में नहीं करना पड़ेगा; किंतु कर्जन की इस घोषणा के बाद शिक्षित-अशिक्षित सारी बंगाली जनता ने इस निर्णय का जोरदार विरोध करने की तैयारियाँ शुरू कर दीं।

७ अगस्त, १९०५ को कलकत्ता के कॉलेज चौक में हजारों छात्रों की सभा हुई। इतनी भीड़ उमड़ी कि पहले टाउन हॉल में तय सभा को चार स्थानों में आयोजित करना पड़ा। उसी गरमाए वातावरण में किसीने जोर से नारा दिया—'वंदे मातरम्'। चमत्कार हो गया! सबको एक संजीवन मंत्र मिल गया। हजारों तरुणों ने जवाब में जयघोष के साथ नारा लगाया—'वंदे मातरम्'। सागर पर एक के बाद एक लगातार लहरें जिस तरह उठती हैं वैसे ही जनसागर में लहरों की तरह नारा गूँजने लगा—'वंदे मातरम्'। श्रीअरविंद ने इस घटना के बारे में लिख रखा है कि 'वंदे मातरम्' भारतीय स्वतंत्रता संग्राम का पहला युद्धमंत्र बुलंदी के साथ कैसे जाहीर हो गया!

१३ अक्तूबर, १९०५ को कलकत्ता में 'वंदे मातरम् संप्रदाय' का प्रकाशन प्रारंभ हो गया। पं. ईश्वरचंद्र विद्यासागर के पौत्र और 'साहित्य' पत्रिका के संपादक श्री सुरेश समाजपति इसके प्रमुख थे। अब तो 'वंदे मातरम्' बंग-भंग विरोधी समूचे आंदोलन का बीजमंत्र बन गया, प्राणमंत्र हो गया। इन शब्दों के कारण बंग-भंग विरोधी आंदोलन में तथा उस आंदोलन के कारण सारे हिंदुस्थान में राष्ट्रीय जनजागरण की लहर दौड़ गई। इन्हीं दिनों पूर्वी बंगाल

के नियोजित गवर्नर फुल्लर ने अत्यंत भड़काऊ भाषण देकर जन-आक्रोश की आग में घी डालने का काम कर दिया। अपने भाषण में फुल्लर ने पूरी तरह अहंकार-रस घोलकर कहा, 'हिंदू और मुसलमान मेरी दो बीवियाँ हैं और दूसरी बीवी मुझे अधिक प्रिय है।'

एक बंकिमचंद्र थे, जिन्होंने मातृभूमि को माँ का स्थान दिया था और एक यह शोख फुल्लर था, जो धर्मभेद के आधार पर देश को पत्नी की उपमा दे रहा था। इस तरह का पागलपन और बेवकूफी भरी उपमाओं के कारण लोगों ने दृढ़ संकल्प कर लिया कि इन अंग्रेज अधिकारियों को अच्छा सबक सिखाया जाए। उन्होंने योजना बनाई कि जिस दिन विभाजन पर अमल होना है उसी दिन संगठित रूप में भारी जन-विरोध का प्रदर्शन किया जाए। रवींद्रनाथ ठाकुर ने लोगों का आह्वान किया कि दोनों बंगालों की एकता कायम रखने के लिए बंधु भावना की प्रतीक राखी सब लोग एक-दूसरे को बाँधें।

१६ अक्तूबर, १९०५ को मुँहअँधेरे ही लोग गंगास्नान कर सड़कों पर जमा होते हुए एक-दूसरे को राखी बाँधने लगे। साथ ही यह प्रार्थना भी गाने लगे—

सात कोटी लोकेर करुण क्रंदन। सुने ना सुनिल कुर्ज्जन दुर्ज्जन।
ताइ निते प्रतिशोध मनेर मतन। करिलाम राखी बंधन।
नगरे नगरे ज्वाला रे आगुन। हृदये हृदये प्रतिज्ञा दारूण।
विदेशी वाणिज्ये कर पदाघात। मायेर दुर्दशा घुचाबे भाई॥

(—अर्थात् सात करोड़ लोगों का करुण रुदन सुनकर भी दुर्जन कर्जन ने कोई ध्यान नहीं दिया। अत: उसका बदला लेने का व्रत हमने लिया है। उसके प्रतीक के नाते रक्षाबंधन हम कर रहे हैं। यह रक्षाबंधन व्रत है। नगर-नगर में जनजागरण करते हुए हम प्रतिज्ञा करें कि विदेशी वस्तुओं को लात मारकर मातृभूमि की दुर्दशा का अंत करेंगे।)

'वंदे मातरम्' का जयघोष करता हुआ प्रचंड जनसमूह बिडन स्क्वेयर की दिशा की ओर निकला। रवींद्रनाथ सबका नेतृत्व कर रहे थे। वहीं बंग-भंग विरोधी एक विशाल जनसभा हुई, जिसमें रवींद्रनाथजी ने एक नया गीत जनता को समर्पित किया। सरल शब्दों में लिखा यह गीत प्रार्थना के रूप में सभा में गाया गया—

बाँगलार माटि, बाँगलार जल, बाँगलार वायु, बाँगलार फल,
पुण्य होउक, पुण्य होउक, पुण्य होउक, हे भगवान॥
बाँगलार घर, बाँगलार माठ, बाँगलार बन, बाँगलार हाट,
पूर्ण होउक, पूर्ण होउक, पूर्ण होउक, हे भगवान॥
बाँगलीर पण, बाँगलीर आशा, बाँगलीर काज, बाँगलीर भाषा,
सत्य होउक, सत्य होउक, सत्य होउक, हे भगवान॥

बाँगलीर प्राण, बाँगलीर मन, बाँगलीर घरे जत भाई बोन
एक होउक, एक होउक, एक होउक, हे भगवान॥

बंग-भंग विरोधी आंदोलन को रवींद्रनाथ, सुरेंद्रनाथ, अरविंद, विपिनचंद्र पाल आदि के नेतृत्व में और भी बल मिला। 'वंदे मातरम्' का नारा बंगाल के बाहर पहुँच गया। वह बंग-भंग विरोधी आंदोलन के साथ ही स्वतंत्रता संग्राम के लिए भी वरदान बन गया। बंग-भंग विरोधी आंदोलन से पहले 'वंदे मातरम्' केवल एक गीत के रूप में प्रसिद्ध था; किंतु इस आंदोलन से 'वंदे मातरम्' को एक मंत्र का स्थान प्राप्त हो गया।

इस आंदोलन के समय में श्रीअरविंद कवि, लेखक, पत्रकार और क्रांतिकारी के रूप में काफी प्रख्यात हो चुके थे। उन्होंने लिखा कि ' 'वंदे मातरम्' एक संजीवन मंत्र है। हमारे स्वतंत्रता संग्राम का एक प्रभावशाली हथियार है। यह कोई सामान्य गीत नहीं, मातृभूमि को वंदन करने का संदेश देनेवाला महामंत्र है।'

श्रीअरविंद के वक्तव्यों के कारण बंग-भंग विरोधी आंदोलनकारियों तथा समकालीन क्रांतिकारियों के लिए 'वंदे मातरम्' बीजमंत्र बन गया। अनेक बँगला कवियों की रचनाओं में 'वंदे मातरम्' शब्द गूँथे जाने लगे। सतीशचंद्र ने लिखा—

'स्वदेशी संग्रामे चाई आत्मदान, वंदे मातरम् गाओ रे भाई।'

कालीप्रसन्न सिन्हा लिखते हैं—

'मा गो जाय जेन जीवन चले
शुधु जगत माझे तोमार काजे
वंदे मातरम् बले।'

बनारस अधिवेशन

१९०५ में बनारस (वाराणसी) में राष्ट्रीय सभा का इक्कीसवाँ अधिवेशन गोपाल कृष्ण गोखले की अध्यक्षता में हुआ। अधिवेशन में रवींद्रनाथ ठाकुर की बड़ी बहन स्वर्णकुमारी की पुत्री सरला देवी चौधुरानी और उनके पति रामभुज दत्त उपस्थित थे। सरला देवी कवयित्री थीं और गायिका भी। अत: श्रोताओं ने माँग की कि वे 'वंदे मातरम्' गाएँ। श्री गोखले नरमपंथी माने जाते थे। उन्हें चिंता हुई कि 'वंदे मातरम्' के गायन से अधिवेशन पर पाबंदी लगा दी जाएगी या पुलिस हस्तक्षेप करेगी। अत: उन्होंने 'वंदे मातरम्' गाने की अनुमति नहीं दी। किंतु श्रोताओं ने जबरदस्त आग्रह किया। अत: विवश होकर गीत की चंद पंक्तियाँ गाने की अनुमति उन्हें देनी पड़ी। सरला देवी ने अपनी मधुर आवाज में 'वंदे मातरम्' का गायन शुरू किया—और संपूर्ण गीत गाकर ही वे रुकीं। 'वंदे मातरम्' के

जयनाद से सारा अधिवेशन गुंजायमान हो गया था।

जैसे-जैसे 'वंदे मातरम्' शब्दों का महत्त्व और सामर्थ्य आम जनता की समझ में आने लगा, अंग्रेज सरकार को उसकी शक्ति का बोध होता गया। सरकारी जगहों पर 'वंदे मातरम्' के उच्चारण पर भी प्रतिबंध लगा दिया गया। उसके गायन पर पाबंदी लगा दी गई। किंतु 'वंदे मातरम्' का प्रभाव बढ़ता ही गया। 'वंदे मातरम्' के नारों, स्वदेशी की पुकार तथा विदेशी माल के बहिष्कार से बंग-भंग विरोधी आंदोलन को और भी बल मिला।

एक तानाशाह की तरह शासन चलानेवाले लॉर्ड कर्जन को बंगाल के विभाजन में मुँह की खानी पड़ी और त्यागपत्र देकर इंग्लैंड भागना पड़ा। उसके बाद लॉर्ड मिंटो वाइसराय बनकर आया। उसने २० दिसंबर, १९०५ को भारत मंत्री मॉर्ले को पत्र लिखा कि 'मैं कर्जन की योग्यता की प्रशंसा करता हूँ। किंतु बंगाल का विभाजन घोषित कर तथा उस विषय पर प्रक्षोभक भाषण देकर उन्होंने लोगों में कटुता पैदा करने का काम किया है।' लॉर्ड मिंटो के कार्यकाल में तानाशाही और भी बढ़ गई। १९०५ से प्रारंभ इस दमनचक्र के कारण स्वतंत्रता आंदोलन का इतिहास और भी तेजस्वी बनता गया।

उन्हीं दिनों बारिसाल में कांग्रेस के युवकों का एक प्रांतीय अधिवेशन आयोजित किया गया था। यह बारिसाल, जो अब बँगलादेश में है, उस समय पूर्वी बंगाल में था। इस अधिवेशन के लिए १४ अप्रैल, १९०६ का दिन निश्चित किया गया। अश्विनीकुमार दत्त ने इस काम में पहल की। फुल्लर नामक अधिकारी ने इस अधिवेशन में 'वंदे मातरम्' के उच्चारण पर पाबंदी लगाने के आदेश दिए। जिला मजिस्ट्रेट इमर्सन की आज्ञा से जुलूसों में या सार्वजनिक स्थानों पर 'वंदे मातरम्' के उच्चारण पर पाबंदी के आदेश जारी कर दिए गए। अधिवेशन के लिए 'अमृतबाजार' पत्रिका के संपादक मोतीलाल घोष तथा प्रसिद्ध नेता सुरेंद्रनाथ बैनर्जी को आमंत्रित किया गया था। दोनों ने स्थानीय युवक प्रतिनिधियों से विचार-विनिमय किया। अधिवेशन के दिन 'वंदे मातरम्' के तमगे धारण कर युवकों का जुलूस निकला। जुलूस अभी अपने मार्ग पर बढ़ा ही था कि पुलिस ने उसपर लाठीचार्ज कर दिया। इस हमले के लिए पुलिस ने जिस छह फीट लंबी लाठी का प्रयोग किया वह आगे चलकर 'रेग्यूलेशन' लाठी के नाम से काफी बदनाम हुई। लाठी के हर प्रहार के साथ 'वंदे मातरम्' का जयघोष और भी बुलंदी से गूँजता गया। पुलिस की लाठी की मार से अरविंद बाबू, मोतीलाल घोष, सुरेंद्रनाथ, भूपेंद्रनाथ दत्त—कोई नहीं बचा। सभी लोग लहूलुहान हो गए।

सुरेंद्रनाथजी को पुलिस ने गिरफ्तार कर लिया। उस दिन कोर्ट की छुट्टी थी, अतः उन्हें मजिस्ट्रेट के घर ले जाया गया। वहाँ सुरेंद्रनाथजी ने पुलिस के दमन चक्र की कड़े शब्दों में निंदा की। इससे गुस्से में आए मजिस्ट्रेट इमर्सन ने चिढ़कर सुरेंद्रनाथ को अदालत की अवमानना करने के अपराध के लिए दो सौ रुपए जुर्माना कर किया। जुलूस में सहभागी

होने के लिए उनपर और दो सौ रुपए जुर्माना किया गया था सो अलग। वकील देने तथा सबूत पेश करने की माँग को भी इमर्सन ने अस्वीकार कर दिया। सुरेंद्रनाथजी ने तुरंत जुर्माना अदा किया और सीधे सम्मेलन में उपस्थित होने के लिए दौड़े। 'वंदे मातरम्' शब्दों पर पाबंदी लगाना, सुरेंद्रनाथ की गिरफ्तारी, उनपर किया गया जुर्माना, लाठीचार्ज आदि सभी सरकारी कारनामे अवैध थे। ऐसी स्थिति में भी दूसरे दिन अधिवेशन का प्रारंभ 'वंदे मातरम्' के जयघोष से ही हुआ।

अधिवेशन के दूसरे दिन की काररवाई प्रारंभ होने ही वाली थी कि कैंप नामक एक पुलिस अधिकारी ने सभाबंदी का आदेश दिखाया और सभास्थल से जाते समय कोई भी प्रतिनिधि 'वंदे मातरम्' का नारा नहीं लगाएगा—ऐसा आश्वासन माँगा। अध्यक्ष ने सारी परिस्थिति पर विचार किया। अधिक विरोध करने पर परिस्थिति अधिक बिगड़ेगी, यह जानकर सर्वानुमति से अधिवेशन स्थगित कर दिया गया; किंतु 'वंदे मातरम्' के बारे में कोई भी आश्वासन देने से इनकार कर दिया। क्रोध से भरे कार्यकर्ता सड़कों पर उतर आए और पहले से अधिक जोश-खरोश के साथ 'वंदे मातरम्' का जयघोष करते रहे। खाली मंडप में बचे थे केवल सशस्त्र सैनिक।

अधिवेशन से लौटते प्रतिनिधियों का प्रत्येक स्टेशन पर 'वंदे मातरम्' के जयघोष से ही स्वागत होता गया। अधिवेशन से लौटते समय रेल में भगिनी निवेदिता ने सुरेंद्रनाथजी से कहा, 'आपको कारा के सीखचों में बंद करने का सरकारी षड्यंत्र हम लोगों ने विफल कर दिया है। सरकार अपने ही जाल में फँसी है। नैतिक विजय तो हमारी ही हुई है।' भगिनी निवेदिता की यह बात आगे चलकर सच साबित हुई। बारिसाल की इस घटना का अंग्रेजों की सत्ता पर दूरगामी परिणाम हुआ। निःशस्त्र भीड़ पर ऐसा निर्मम लाठी-प्रहार पहली बार हुआ था। जलियाँवाला बाग में हुए हत्याकांड से अंग्रेजों के शासन पर शैतानशाही की मुहर लग गई।

बारिसाल की इस घटना पर सारे देश के समाचार-पत्रों ने अत्यंत तीखे शब्दों में प्रतिक्रियाएँ लिखीं। सरकार की जमकर खिंचाई की गई। 'टाइम्स ऑफ इंडिया' तो सरकार का ही पत्र माना जाता था; किंतु उसने भी २० अप्रैल, १९०६ के अपने अंक में लिखा, 'बारिसाल की इस घटना ने स्वतंत्रता संग्राम पर दूरगामी प्रभाव डाला है। पुलिस के अत्याचारों ने न केवल बंगाल को, बल्कि सारी दुनिया को झकझोरकर रख दिया है।'

बारिसाल हादसे के पाँचवें दिन 'अमृत बाजार पत्रिका' ने अंग्रेजों को चेतावनी दी कि 'ऐसी (बारिसाल की) घटना को दोहराया गया तो लोग प्राणों की परवाह न करते हुए प्रतिकार करेंगे।' 'द बंगाली' ने लिखा, 'लोगों के धीरज की भी एक सीमा होती है। पश्चिम बंगाल के लोगों पर चलाई गई लाठी अंग्रेजों के ही मत्थे आ गिरेगी।'

वारींद्र घोष ने 'युगांतर' में साफ शब्दों में लिखा, 'इन अत्याचारों के विरुद्ध भारत के

तीस करोड़ लोगों के हाथ बल का प्रतिकार बल से ही करने के लिए उठने चाहिए।'

बारिसाल अधिवेशन से चार दिन पहले 'इंडियन एंपायर' ने लिखा, 'समय आ गया है कि नेतागण अब निश्चित करें कि इस तरह माँगों की भीख माँगते रहना है या सच्ची राष्ट्रीय आकांक्षाओं को पूरा करने के लिए कमर कसनी है? भीख माँगने से क्रूर शासकों की तिरस्कारपूर्ण दया शायद मिल भी जाएगी; किंतु प्रतिष्ठा हरगिज नहीं मिल पाएगी।'

बारिसाल की इस घटना के कारण अंग्रेजों की रही-सही छवि धूल में मिल गई। अनेक जुल्मी आदेश अंग्रेजों को वापस लेने पड़े। सरकार आपसी सहयोग से परिस्थिति सँभालने का प्रयास करने लगी। बारिसाल कांड ब्रिटिश पार्लियामेंट में भी चर्चा के लिए रखा गया। वाइसराय मिंटो तथा भारत मंत्री मॉर्ले को बोध हुआ कि 'वंदे मातरम्' पर प्रतिबंध लगाने के कारण ही उस आंदोलन में तीव्रता आई है और इस पाबंदी से सरकार का ही अधिक नुकसान हुआ है। फिर एक बार 'मॉर्ले-मिंटो सुधारों' के रूप में कुछ प्रलोभन भारतीय नेताओं के सामने लाए गए। किंतु ऐसी हरकतों से कोई परिवर्तन आनेवाला नहीं था। 'वंदे मातरम्' का प्रभाव संपूर्ण भारत पर छा गया था। 'वंदे मातरम्' की चिनगारी ने आग तो सुलगा ही दी थी, अब उसमें समिधाएँ भी चढ़ाई जाने लगीं।

वंदे मातरम् और राष्ट्रध्वज

सन् १९०६ का प्रारंभ बारिसाल कांड और उसपर प्रकट तीव्र प्रतिक्रियाओं से हुआ। १९०६ के अधिवेशन के लिए स्वामी विवेकानंद की शिष्या भगिनी निवेदिता ने एक ध्वज तैयार किया था। बंगाल के अनेक राष्ट्रवादी संगठन भगिनी निवेदिता का बहुत आदर करते थे। उन्होंने जो ध्वज बनाया था, उसपर रेशम से वज्र का चित्र कढ़ा था। 'वंदे मातरम्' के अक्षर भी उसपर चित्रित किए गए थे। भारत के पहले चंद अधिकृत राष्ट्रध्वजों में यह ध्वज भी है। इस संबंध में कुछ संदर्भ सामग्री पढ़ने को मिलती है; किंतु मूल ध्वज के छायाचित्र या रेखाचित्र उपलब्ध न होने के कारण प्रामाणिक जानकारी नहीं दी जा सकती। स्वयं भगिनी निवेदिता द्वारा किए गए वर्णन के अनुसार, वह ध्वज सिंदूरी रंग का था और उसपर पीले रंग से आकृतियाँ बनाई गई थीं।

ध्वज हिंदू अस्मिता का प्रतीक है। भारतीय संस्कृति में ध्वज का महत्त्वपूर्ण स्थान है। प्राचीन, अर्वाचीन और मध्ययुगीन भारतीय युद्धों में ध्वज की प्रतिष्ठा की सर्वाधिक सुरक्षा की गई। अंग्रेजों के विरुद्ध छेड़ी गई यह लड़ाई यद्यपि प्रत्यक्ष रणभूमि में आमने-सामने नहीं हो रही थी, फिर भी अंग्रेजों के 'यूनियन जैक' को चुनौती देने के लिए ऐसे ध्वज की आवश्यकता तो थी ही। सबसे महत्त्वपूर्ण बात यह है कि बीसवीं सदी के पहले दशक में तैयार किए इन ध्वजों पर 'वंदे मातरम्' शब्दों को अग्रस्थान दिया गया था। आगे चलकर सन् १९०७ में जर्मनी स्थित स्टुटगार्ट में हुए एक अंतरराष्ट्रीय अधिवेशन में मादाम कामा ने

जो ध्वज फहराया था, उसपर भी 'वंदे मातरम्' शब्द ही अंकित थे।

'वंदे मातरम्' समाचार-पत्र

श्रीअरविंद क्रांतिकारी तथा लोकमान्य तिलक गरमपंथी पत्रकार के नाते तब तक प्रख्यात हो चुके थे। वडोदरा की नौकरी छोड़कर श्रीअरविंद कलकत्ता आ गए और उन्होंने सक्रिय राजनीति में भाग लेना प्रारंभ किया। ब्रह्मबांधव उपाध्याय के प्रयास से ६ अगस्त, १९०६ को 'वंदे मातरम्' नामक एक अंग्रेजी समाचार-पत्र प्रारंभ हुआ। देशभक्त विपिनचंद्र पाल उसके संपादक थे। आगे चलकर किसी कारणवश वे संपादक के पद से अलग हो गए और श्रीअरविंद 'वंदे मातरम्' के संपादक बने। 'वंदे मातरम्' में छपनेवाली विस्फोटक खबरें पढ़कर बंगाली तरुणों को क्रांति की प्रेरणा मिलने लगी। उनकी ओजस्वी भाषा और प्रखर लेख भारत-भारती की एक अनमोल धरोहर हैं। 'वंदे मातरम्' के संपादन काल में अरविंदजी पर एक मुकदमा दायर किया गया था; किंतु श्रीअरविंद ही 'वंदे मातरम्' के संपादक हैं, इसका कोई प्रमाण नहीं मिला। इस मुकदमे के कारण श्रीअरविंद को देश भर में ख्याति प्राप्त हुई। 'वंदे मातरम्' की प्रसार संख्या में भारी वृद्धि हो गई।

२ मई, १९०८ को अलीपुर बम कांड के सिलसिले में श्रीअरविंद को गिरफ्तार किया गया और फिर से विपिनचंद्र पाल 'वंदे मातरम्' के संपादक बने। श्रीअरविंद के मन में बंकिम बाबू, उनके साहित्य तथा 'वंदे मातरम्' काव्य के प्रति अतीव आदर था। 'वंदे मातरम्' गीत के दो अनुवाद उन्होंने स्वयं किए। एक गद्य में था और दूसरा पद्य में। (दोनों अनुवाद इस पुस्तक में अलग से दिए गए हैं।)

अब बँगला भाषा में भी 'वंदे मातरम्' नामक समाचार-पत्र शुरू किया गया। १९१४ में लाला हरदयाल ने स्विट्जरलैंड से तो मादाम कामा ने यूरोप से अंग्रेजी में 'वंदे मातरम्' पत्र निकालने शुरू किए। १९२० में दिल्ली से लाला लाजपतराय ने हिंदी में 'वंदे मातरम्' पत्र प्रकाशित करना प्रारंभ किया। अन्य प्रांतीय भाषाओं में भी 'वंदे मातरम्' नामक समाचार-पत्र प्रकाशित होने शुरू हो गए।

बंगाल से प्रकाशित होनेवाली 'वंदे मातरम्', 'युगांतर', 'संध्या' जैसी साप्ताहिक पत्रिकाएँ थीं, जो भारत भर में प्रख्यात और प्रचारित हो गई थीं। कारण था उनमें आनेवाले क्रांतिकारी लेख। 'वंदे मातरम्' पत्रिका में श्रीअरविंद की उग्र, किंतु संयत भाषा में आनेवाले लेखों की भाँति मुंबई से प्रकाशित 'विहारी' जैसी छोटी पत्रिका में छपनेवाले वीर सावरकर के लेखों की लोकप्रियता बढ़ती जा रही थी। 'विहारी' पत्रिका में १९०६ के चैत्र अंक में प्रकाशित 'वंदे मातरम्' लेख देश भर में अत्यंत चर्चित रहा। महामहोपाध्याय बालशास्त्री हरदास ने भी कहा था कि 'सावरकर साहित्य में इस लेख का स्थान अनन्य है।' उन दिनों सावरकर एल-एल.बी. की परीक्षा के लिए मुंबई में रहने लगे थे। 'विहारी' पत्रिका के

स्वामी श्री फाटक थे और उन्होंने ही सावरकरजी से 'विहारी' में लिखने का अनुरोध किया था, और तब से हर अंक में सावरकरजी का लेख प्रकाशित होने लगा था। चैत्र अंक में प्रकाशित उनके लेख में मातृभूमि का सुंदर वर्णन किया गया था और लेख का शीर्षक भी 'वंदे मातरम्' ही था। 'वंदे मातरम्' गीत का प्रभाव उस लेख पर साफ नजर आता है। सावरकर की प्रतिभा, देशभक्ति तथा ओजस्वी भाषा के कारण यह लेख सावरकर साहित्य का एक गद्य काव्य कहलाया। (उस लेख के कुछ अंश इस पुस्तक में आगे दिए गए हैं।) आगे चलकर सावरकर उच्च शिक्षा प्राप्त करने लंदन गए और वहाँ के भारतीय युवकों को संगठित कर अपना क्रांतिकार्य अधिक विस्तारित किया। लंदन में प्रवास के दौरान सन् १९०८ में उन्होंने १८५७ के स्वतंत्रता संग्राम की स्वर्ण जयंती के उपलक्ष्य में आयोजित कार्यक्रम में Oh Martyrs! (शहीदो!) शीर्षक से परचे तैयार किए थे। परचे के अंत में लिखा था—'(१८५७ के) शहीदो, आपके खून का बदला अवश्य लिया जाएगा। वंदे मातरम्।' सावरकरजी के इन परचों तथा लेखों के कारण 'वंदे मातरम्' शब्द सात समंदर पार कर खुद 'साहब' की राजधानी में पहुँच गए और गूँजते रहे। बंगाल के नैहाटी-काँटालपाडा जैसे छोटे से गाँव में जनमे वे शब्द भाषाओं तथा देश की सीमाओं को लाँघकर दुनिया के दूसरे छोर तक पहुँच गए। इन शब्दों को मिला था सभी भारतीयों की अपनी मातृभूमि के प्रति भक्ति का अमित सामर्थ्य।

सन् १९०६ में नासिक के युवकों ने आंदोलन शुरू किया। उसका प्रारंभ सावरकर बंधुओं ने उससे पहले कर दिया था। इस आंदोलन को कुचलने के सरकारी प्रयास शुरू हो गए और उसीमें से 'वंदे मातरम्' प्रकरण आगे आया।

नासिक में सरकारी अधिकारियों के आवास क्षेत्र में 'वंदे मातरम्' शब्दों का उच्चारण करने पर भी प्रतिबंध लगाया गया। नासिक के युवकों ने इस प्रतिबंध को तोड़ा। पुलिस और युवकों में भिड़ंत हो गई। बाबाराव सावरकर, वामनराव खरे आदि ग्यारह लोगों पर मुकदमा दायर किया गया। आगे चलकर यही 'वंदे मातरम् मुकदमा' के नाम से प्रख्यात हुआ। इस मुकदमे के दौरान नासिक में छापे, तलाशियाँ, धर-पकड़, गोरे सैनिकों का पथ-संचलन, शस्त्र रखने के अनुमति-पत्रों का रद्द किया जाना आदि करतूतों से सरकार ने अपना शक्ति-प्रदर्शन करने की चेष्टा की। किंतु इस सबसे लोगों में प्रतिकार करने की भावना और भी प्रबल हो गई।

कलकत्ता में 'वंदे मातरम्' पत्र पर मुकदमा चल रहा था। संपादक विपिनचंद्र पाल को न्यायालय की अवमानना करने के अपराध में छह माह की कारा की सज सुनाई गई थी। विपिनचंद्र पाल के दर्शन होते ही भीड़ 'वंदे मातरम्' का जयघोष करने लगी। पुलिस को यह सब अच्छा नहीं लगा। उसने भीड़ पर हमला बोल दिया। यह घटना २६ अगस्त, १९०७ की है। पर युवक ऐसे लाठी-प्रहारों से भला कब डरनेवाले थे! उनका जोश उफान पर था।

वे 'वंदे मातरम्' का घोष और जोर से लगाने लगे। मामला एकदम निराला हो गया था। तभी निहत्थे लोगों पर ताबड़तोड़ हमला बोलनेवाले एक गोरे सार्जेंट को भीड़ में से निकलकर एक युवक ने जोर से चाँटा जड़ दिया। सार्जेंट चक्कर खाकर धरती पर लोटपोट हो गया। उस गोरे सिपाही के लिए यह एकदम अप्रत्याशित घटना थी; क्योंकि उसे आज तक जनता को केवल मारने की ही आदत थी, उससे मार खाने की नहीं।

उस मासूम युवक को वहीं पकड़ लिया गया और उसे पंद्रह कोड़े लगाने की सजा सुनाई गई। चौदह-पंद्रह वर्षीय सुशीलचंद्र सेन नाम के उस किशोर को सड़क पर खड़ा कर खुली पीठ पर कोड़े लगाए जाने लगे। हर कोड़े की मार के साथ उस किशोर के मुख से शब्द निकलते थे, 'वंदे मातरम्!'...फिर एक कोड़ा, फिर—'वंदे मातरम्!' यह अन्याय देखकर वहाँ एकत्र भीड़ क्रोधित हो गई। वह लहूलुहान किशोर आखिर बेहोश होकर गिर पड़ा; किंतु उसके होंठ 'वंदे मातरम्' कहने के लिए हिल रहे थे। कलकत्ता में चतुर्दिक यह बात हवा की तरह फैल गई। सुशीलचंद्र द्वारा दिखाए गए असामान्य धैर्य के सम्मानस्वरूप २८ अगस्त को समस्त महाविद्यालय बंद रखे गए और एक बड़ा जुलूस निकाला गया। वरिष्ठ नेता सुरेंद्रनाथ बैनर्जी ने सुशीलचंद्र को एक स्वर्ण पदक भेंट किया।

उस दिन कलकत्ता में हर किसी की जुबान पर यही गीत था—

जाय जेन जीवन चले जगत माझे तोमार काजे
'वंदे मातरम्' बले। बेत मेरे कि मा भोलाबि
आमरा कि मायेर सेइछेले।

यह जादू था 'वंदे मातरम्' शब्दों का, 'वंदे मातरम्' मंत्र का! यह क्रांति कराने में 'वंदे मातरम्' साप्ताहिक पत्रिका ने बहुत योगदान दिया था। महाराष्ट्र तथा देश के स्वतंत्रता संग्राम में समाचार-पत्रों के इतिहास में लोकमान्य तिलक के 'केसरी' का जो स्थान था वही स्थान बंगाल में श्रीअरविंद तथा विपिनचंद्र पाल की 'वंदे मातरम्' पत्रिका का था। अत: 'वंदे मातरम्' पत्र भारत के राष्ट्रवादी पत्रों में एक महत्त्वपूर्ण पत्र बन गया। कई बार कलम तलवार से अधिक पैनी बन जाती है और क्रांति करवाकर ही रहती है। सन् १९०६ और १९०८ के बीच इस समाचार-पत्रिका ने जनमानस तैयार करने की दृष्टि से महत्त्वपूर्ण कार्य किया। जनमानस को यों आकार देने का सारा श्रेय श्रीअरविंद को जाता है। इस अंग्रेजी पत्रिका ने तरुणों के मन में एक तेज निर्मित किया और ओज को जन्म दिया।

कांग्रेस में गरम एवं नरम दो गुट बने और दिसंबर १९०७ में सूरत में कांग्रेस अधिवेशन हुआ। श्रीअरविंद ने लिखा, 'विदेशियों के पास अनुनय-विनय करते हुए राष्ट्रीय स्वतंत्रता खरीदी नहीं जा सकती। उसके लिए तो चाहिए नौकरशाही से युद्ध करने तथा खून बहाने की सिद्धता। देश का भवितव्य पंढरपुर में हुई लोकमान्य तिलक की विशाल सभा में है।

पूर्वी बंगाल में वह विपिनचंद्र पाल के शब्दों में है। वह भवितव्य इलाहाबाद में गोपालकृष्ण गोखले तथा फिरोजशाह मेहता के साथ नहीं है। राष्ट्र की आशाएँ युवकों पर केंद्रित हैं। अपनी प्रतिष्ठा और घटती लोकप्रियता की ही चिंता करनेवाले बूढ़े नेतओं पर कदापि नहीं।' ('वंदे मातरम्', १४ अप्रैल, १९०८)।

'वंदे मातरम्' पत्रिका के कारण बंगाल के जन आंदोलन को शक्ति प्राप्त हो रही थी। उन्हीं दिनों एक सभा में 'वंदे मातरम्' गीत का उल्लेख करते हुए श्री गुरुदास बैनर्जी* ने बंकिमचंद्रजी को 'ऋषि बंकिम' कहकर संबोधित किया। सभा में 'वंदे मातरम्' पत्रिका के हेमेंद्रनाथ घोष उपस्थित थे। उनकी दृष्टि से श्री गुरुदास बैनर्जी जैसे नेता द्वारा उनको 'ऋषि बंकिम' कहकर गौरवान्वित किया जाना एक अनूठी और नई बात थी। उन्होंने यह बात श्री अरविंद को बताई और तब से श्रीअरविंद भी बंकिम बाबू का उल्लेख 'ऋषि बंकिम' कहकर ही करने लगे।

बंग-भंग विरोधी आंदोलन के समय से ही ब्रिटिशों पर 'वंदे मातरम्' का भय व्याप्त हो गया था। बंकिमचंद्र को अपेक्षित 'वंदे मातरम्' का असर जनमानस पर अब होने लगा था। पाठशालाओं, विद्यालयों, महाविद्यालयों एवं सभाओं में 'वंदे मातरम्' का उच्चारण करनेवालों को सजाएँ दी जाने लगीं।

ऐसी ही एक घटना किशोरगंज महाविद्यालय में हुई। सरकारी निर्देशानुसार वहाँ के प्राचार्य ने सब छात्रों को आदेश दिया, 'अपनी कापी में पाँच सौ बार लिखो कि 'वंदे मातरम्' कहने में समय जाया करना मूर्खता है।' किंतु परिणाम उलटा हुआ। 'वंदे मातरम्' शब्द कापियों में पाँच सौ बार लिखे गए और छात्रों के मानस पर हमेशा के लिए अमिट हो गए। ऐसा आदेश देनेवालों के प्रति छात्रों में घृणा पैदा हो गई।

राष्ट्रीय स्वयंसेवक संघ के संस्थापक डॉ. हेडगेवार की छात्रावस्था का प्रसंग 'वंदे मातरम्' के परिप्रेक्ष्य में उल्लेखनीय है।

१९०५ के बंग-भंग विरोधी आंदोलन के कारण 'वंदे मातरम्' का नारा छात्रों तक भी पहुँच चुका था। स्कूल-कॉलेजों के छात्र किसीकी परवाह किए बिना स्वतंत्रता संग्राम में कूद रहे थे। उसी समय सरकार ने सभी स्कूलों को एक परिपत्रक भिजवाया कि सभा-जुलूसों में छात्रों के भाग लेने पर प्रतिबंध लगा दिया गया है। अत: जो छात्र इसका उल्लंघन करें, उनके नाम सरकार को लिख भेजें। यही परिपत्रक 'रिस्ले सर्क्युलर' के नाम से कुख्यात हुआ। डॉ. हेडगेवार की नील सिटी प्रशाला में भी यह परिपत्रक पहुँचा था।

---

* श्री गुरुदास बैनर्जी श्रेष्ठ विधिवेत्ता, उच्च न्यायालय के न्यायाधीश तथा कलकत्ता विश्वविद्यालय के कुलपति थे। महाराष्ट्र में न्यायमूर्ति रानडे को जो स्थान व सम्मान प्राप्त था वही बंगल में श्री गुरुदास बैनर्जी को प्राप्त था। ('रवींद्रनाथ जीवन कथा', गं.दे. खानोलकर)

डॉ. हेडगेवार के चरित लेखक नारायण हरि पालकर के ही शब्दों में यह प्रसंग पढ़ा जाय—

'नील सिटी प्रशाला में भी यह परिपत्रक आ गया था। उसके कारण वहाँ के शिक्षकगण उलझन में पड़ गए। उनका एक मन कह रहा था कि प्रशाला सरकारी कृपा के साये में चलाई जा रही है, अत: सरकारी थाली का बैंगन बनकर परिपत्रक पर अमल करना अनिवार्य है; किंतु दूसरा मन कह रहा था कि यह गद्दारी ही तो कहलाएगी। छात्रों के सौभाग्य से उस समय के अधिकांश शिक्षक राष्ट्रीय प्रवृत्तिवाले थे। अत: ऐसे अंदाज से कि उचित दिशा में उड़ान भर रहे युवा मानस को असल में रोका नहीं जाएगा, उन्होंने उस 'रिस्ले सर्क्युलर' का अर्थ छात्रों को बताया था।

'शालेय विभाग से सभी पाठशालाओं को और पाठशालाओं से छात्रों को बार-बार हिदायतें दी जाने लगी थीं; किंतु उसकी प्रतिक्रिया यों हुई कि पाठशाला के घंटों के बाद या अतिरिक्त समय में छात्र क्या करें, क्या न करें, यह बतानेवाली सरकार होती कौन है! छात्रों में यह विचार फैलता गया। उसका प्रचार-प्रसार सभी स्कूलों में करते हुए सरकार की इस मनमानी के विरुद्ध आंदोलन करने का इरादा छात्रवर्ग करने लगा। किसीने अफवाह उड़ा दी कि पाठशालाओं और विद्यालयों में होनेवाली सभाओं में उपस्थित रहनेवाले छात्रों के नामों की सूचना ऊपर भेज दी गई है। किंतु इस अफवाह ने तो आंदोलन के इरादों को और भी मजबूती प्रदान की। उन्हें गति मिल गई। स्वाभाविक था कि ऐसे आंदोलन का नेतृत्व शालेय शिक्षा के अंतिम वर्ष में पढ़ रहे छात्रों के हाथों में जाता। उन छात्रों में केशवराव अग्रसर थे। यह घटना १९०८ की है।

'उस समय केशवराव की उम्र उन्नीस वर्ष की थी। उम्र के अनुसार शरीर अधिक बलिष्ठ था। उनका हृदय निर्भय था। रक्त में देशभक्ति ठाठें मार रही थी। चार मित्रों को साथ लेकर किसी बात को अचूकता से संपन्न करने का कौशल उनमें अनोखा था। इन सब गुणों के साथ ही यह छात्रप्रिय विद्यार्थी शिक्षक वर्ग में भी सबका प्रिय था। केशवराव ने अपने छात्र मित्रों के साथ विचार-विनिमय कर तय किया कि शीघ्र ही प्रशाला का मुआयना करने के लिए आनेवाले पर्यवेक्षकों के सामने इस 'रिस्ले सर्क्युलर' के विरुद्ध प्रदर्शन किया जाय। एक चींटी दूसरी चींटी से मिलकर जिस तरह पूरी बाँबी को चीनी का अता-पता बता देती है उसी तरह इस इरादे की योजना की बात सारी प्रशाला में चुपचाप पहुँचा दी गई। संदेश यह दिया गया था, जैसे ही पर्यवेक्षक आपकी कक्षा में पधारेंगे, सारे छात्र एक स्वर से 'वंदे मातरम्' का जयघोष करें। इसके लिए आवश्यक सभी सूचनाएँ छात्रों तक पहुँचा दी गईं। प्रमुख सूचना यह थी कि इस हादसे के बाद मामले की छानबीन तो की जाएगी ही। तब कोई छात्र इस योजना के सूत्रधार का नाम कतई प्रकट न करे। सारी योजना ठीक से जाँची-पड़ताली गई और हर छात्र पर्यवेक्षकों के आगमन की प्रतीक्षा करने लगा।

'निर्धारित दिन प्रशाला के मुख्याध्यापक श्री जनार्दन विनायक ओक और एक मुसलमान पर्यवेक्षक विभिन्न कक्षाओं का मुआयना करने आए। दोनों ने जैसे ही शालांत (मैट्रिक) परीक्षा के छात्रों की कक्षा में प्रवेश किया, सभी छात्रों ने 'वंदे मातरम्' के जयघोष से उनका स्वागत किया। इस अपूर्व एवं अकल्पित स्वागत से पर्यवेक्षक सकते में आ गए। छात्रों के मुख पर कृतार्थता का प्रसन्न भाव निखरा हुआ था, तो पर्यवेक्षकों के चेहरे पर 'माजरा क्या है?' के भाव उभर आए थे। मुख्याध्यापक तो पशोपेश में पड़ ही गए। वे पर्यवेक्षक को तुरंत दूसरी कक्षा की ओर ले गए; किंतु वहाँ भी इससे भिन्न नजारा थोड़े ही रहनेवाला था। पहली कक्षा में गूँजे 'वंदे मातरम्' के जयनाद से उल्लसित दूसरी कक्षा के छात्रों ने उनसे भी अधिक बुलंदी से नारा लगाया—'वंदे मातरम्!'

'फिर क्या था! प्रशाला का पर्यवेक्षण वहीं समाप्त हो गया और गुस्से में बौखलाए पर्यवेक्षक बड़बड़ाते-बुदबुदाते चले गए। छात्रों की सच्ची कसौटी तो अब लगने वाली थी। उन कक्षाओं में, जहाँ यह माजरा हुआ था, जाँच-पड़ताल और पूछताछ शुरू हो गई। काफी पूछा-पाछा गया कि आखिर यह योजना बनाई किसने? किंतु जैसाकि आपस में तय हो चुका था, सभी ने 'मौन' धारण कर लिया। एक भी छात्र कुछ बता नहीं रहा था।

'प्रशाला के चालकों के लिए तो यह आवश्यक ही था कि जयघोष करनेवालों को सजा देते; किंतु वैसा करने से पहले उन्होंने कड़ी चेतावनी दी कि समय रहते सूत्रधार का नाम बताओ वरना कक्षा के सभी छात्रों को परिणाम भुगतना पड़ेगा। इसके बावजूद कोई कुछ नहीं बता रहा था। अंत में जब तक इस योजना के सूत्रधारों के नाम नहीं बताते, दोनों कक्षाओं के सब छात्रों को प्रशाला में आने नहीं दिया जाएगा, यह कड़ी हिदायत भी दी गई। प्रशाला की छुट्टी हुई तो सारे छात्र पूरे परिसर को दनदनाते हुए 'वंदे मातरम्' का नारा लगाते बाहर निकले।

'अब प्रश्न था 'आगे क्या किया जाय?' 'वंदे मातरम्' के उस जयघोष से सरकार को जितना धक्का नहीं पहुँचा, उससे कहीं अधिक उन अभिभावकों को पहुँचा, जो किसीसे लेना-देना नहीं जानते थे और अपने ही परिवार के कोष में मग्न रहते थे। सरकार से संघर्ष की कल्पना मात्र से इनके पसीने छूटते थे। फिर सामान्य अभिभावकों पर इस घटना का कितना परिणाम हुआ होगा, इसका अनुमान लगाया जा सकता है। अनेक अभिभावक अपने बच्चों से कहने लगे कि तुम्हारा असली सूत्रधार कौन है? उसका नाम बता क्यों नहीं देते? व्यर्थ का झंझट क्यों पाल रहे हो? किंतु बात इतनी आसान नहीं थी।

'प्रशाला से लौटने के बाद केशवराव हेडगेवार तथा उनके मित्रगणों ने डॉ. मुंजे और वहीं 'देशसेवक' नामक अखबार चलानेवाले श्री अच्युत बलवंत कोल्हटकर से भेंट करके उनसे विचार-विनिमय किया। सब छात्रों को कोई सजा दिए बिना जब तक प्रशाला में वापस नहीं लिया जाता तब तक सभी छात्र प्रशाला का बहिष्कार करें, ऐसा निर्णय करके ही

वे वापस आए। दूसरे दिन प्रशाला जानेवाले छात्रों को प्रशाला जाने से रोकने के लिए एक योजना बनाई गई और विविध रास्तों पर छात्रों को रोकना तय हुआ। घर-घर जाकर समझाना संभव न होने के कारण चुपचाप, लुक-छिपकर तथा अन्य संभव युक्ति से यह योजना छात्रों को समझाने का तरीका अपनाया गया था।

'यह आंदोलन लगभग डेढ़-दो माह चला। इस बीच प्रशाला जानेवाले रास्तों पर आरक्षकों के पहरे बिठाए गए और इस बहिष्कार में मार-पीट की नौबत न आए, इसका भी ध्यान रखा गया था। छात्रों की इस एकजुटता को बनाए रखने के लिए केशवराव को सतत प्रयत्नशील रहना पड़ा था। इस काम में श्री अच्युतराव कोल्हटकर ने उनकी बड़ी सहायता की थी। श्री कोल्हटकर को उन दिनों 'नागपुर के तिलकजी' माना जाता था। वे छात्रों की सभाओं में भाषण देकर उनका मनोबल बनाए रखते थे।

'यह बहिष्कार चल रहा था। उसके कारण अभिभावकों तथा स्वतंत्रतावादी शिक्षकों में काफी ऊहापोह मची थी। घर में तो अभिभावकों ने अपने बच्चों को लगातार कहना शुरू किया कि अब यह हड़ताल-वड़ताल बस करो और पाठशाला जाना शुरू करो। इसपर कुछ छात्रों ने प्रदर्शनकारियों की श्रृंखला तोड़कर पाठशाला जाने का विचार किया। तुरंत ही प्रदर्शनकारी उन्हें चूड़ियाँ दिखाकर कहने लगे कि 'पहले इन्हें पहन लो, फिर पाठशाला जाओ।' प्रशाला प्रबंधकों को पाठशाला की प्रतिष्ठा की दृष्टि से यह मामला अधिक लंबा खिंचना अच्छा नहीं लग रहा था। अत: उन्होंने छात्र अपना आंदोलन वापस लें और गलती स्वीकार कर प्रशाला वापस आना प्रारंभ करें—ऐसा प्रयास करने के लिए शिक्षा संस्था के कार्यवाह सर विपिनकृष्ण बोस को छात्रों के पास भेजा। किंतु प्रदर्शनकारी छात्रों ने उन्हें आया देखकर भारी शोर मचाया। बोस महाशय शांत प्रवृत्तिवाले तथा नरम विचारों के थे। वह शोर उनसे बरदाश्त नहीं हुआ। उन्होंने नल के नीचे अपना सिर भिगोकर ठंडा किया, ऐसा संप्रति 'सर्वोदय' कार्यकर्ता स्व. तात्याजी वझलवार कहा करते थे। अंत में श्री विपिनकृष्ण बोस तथा मुख्याध्यापक श्री जनार्दन पंत ओक ने कुछ अभिभावकों तथा छात्रों को विश्वास में लेते हुए एक समझौता सुझाया कि संस्था चालक एक-एक छात्र को बुलाकर पूछें कि 'गलती हुई है न?' और छात्र बिना कोई उत्तर दिए केवल 'हाँ' दरशाने के लिए सिर हिला दें। साल खराब़ करने के बजाय ऐसा दिखाऊ समझौता स्वीकार कर पाठशाला जाना प्रारंभ करें। यह विचार अपनाकर कुछ ही दिनों में दो को छोड़कर बाकी तेरह-चौदह सौ छात्र फिर से प्रशाला जाने लगे। उन दो छात्रों में एक का नाम आज भी ज्ञात नहीं; किंतु दूसरा छात्र स्पष्ट है, केशवराव हेडगेवार ही थे।

'ऐसा ही प्रसंग 'गदर पार्टी' के संस्थापक तथा क्रांतिकारी डॉ. पांडुरंग सदाशिव खानखोजे के शालेय जीवन में, इसी नील सिटी प्रशाला में, १९०५ के आसपास हुआ था। आगे चलकर क्रांतिकार्य के लिए भारत छोड़कर जापान तथा कनाडा और मैक्सिको में शरण

लेते हुए कृषि विशेषज्ञ-आविष्कर्ता का लौकिक प्राप्त करनेवाले डॉ. खानखोजे ही संभवतः छात्र आंदोलन में नेतृत्व करनेवाले वह दूसरे छात्र होंगे, ऐसा प्रसंग काल तथा घटना की समानधर्मिता के आधार पर अनुमान लगाया जा सकता है।'

सन् १९०५ से १९०९ तक 'वंदे मातरम्' की दृष्टि से सुवर्णकाल साबित हुआ। १८७५ में यह गीत लिखा गया; किंतु तब से १९०५ तक का काल इस गीत की दृष्टि से विशेष महत्त्व का नहीं रहा। लेकिन १९०५ के बाद वह कमी पूरी हो गई और इस गीत के कारण इतने वर्षों का अधूरा कार्य भी पूरा हो गया।

विदेशों में 'वंदे मातरम्'

बंग-भंग विरोधी आंदोलन तथा अंग्रेजों द्वारा चलाए गए दमनचक्र की जानकारी विदेशों में फैल रही थी। 'वंदे मातरम्' शब्द भी अब अनिवासी भारतीयों में पहुँच गए। ये शब्द भारतीय राष्ट्रीयता के प्रतीक बन गए। विदेशों में रहनेवाले भारतीयों के मन में भी स्वतंत्रता की आशा-आकांक्षाओं को वे हवा देने लग गए। सन् १९०७ में जर्मनी में स्टुटगार्ट में अंतरराष्ट्रीय सोशलिस्ट कांग्रेस का अधिवेशन होने वाला था। लंदन तथा पेरिस में पं. श्यामजीकृष्ण वर्मा, मादाम कामा की भाँति लंदन में शिक्षा के लिए आए विनायक दामोदर सावरकर तथा अन्य युवा सहयोगियों ने 'इंडिया हाउस' में क्रांतिकारी आंदोलन की दृष्टि से गतिविधियाँ प्रारंभ की थीं। सबने मिलकर तय किया कि जर्मनी में होनेवाले इस अंतरराष्ट्रीय सोशलिस्ट कांग्रेस के अधिवेशन के लिए हिंदुस्थान के विषय में प्रस्ताव रखने के लिए सरदारसिंह राणा तथा मादाम कामा जाएँ। १८ से २० अगस्त, १९०७ तक चलनेवाले इस अधिवेशन के लिए दुनिया भर से एक हजार प्रतिनिधि उपस्थित थे। अधिवेशन में हिंदुस्थान के बारे में प्रस्ताव प्रस्तुत करने के लिए मादाम कामा खड़ी हुईं। उन्होंने साथ लाए हिंदुस्थान के राष्ट्रध्वज को फहराया। कुछ युवा सहयोगियों की सहायता से मादाम कामा ने यह ध्वज सोच-समझकर तैयार करवाया था। मादाम कामा प्रखर देशभक्त थीं। पारिवारिक तथा राजनीतिक कारणों से भारत छोड़कर विदेशों में रहते हुए उन्होंने इस आंदोलन को जारी रखा था। भारतीय परिधान में उपस्थित मादाम कामा जैसी एक तेजस्विनी महिला ने बड़े गर्व के साथ यह ध्वज फहराया और अंग्रेजों द्वारा भारत में चलाए जा रहे तानाशाही शासन का पंचनामा करते हुए प्रतिनिधियों का आह्वान किया कि न्याय के पक्षधर बनिए और भारत की स्वतंत्रता का विचार करिए। उनकी दो टूक बातों के बाद वह प्रस्ताव पारित किया गया। (संदर्भ : 'सावरकर चरित्र', लेखक—शि.ल. करंदीकर)

हिंदुस्थान के बाहर हिंदुस्थान का ध्वज फहराए जाने की आधुनिक भारत के इतिहास की संभवतः यह पहली ही घटना होगी। उसमें महत्त्वपूर्ण बात यह थी कि इस राष्ट्रध्वज के केंद्र स्थान में देवनागरी लिपि में 'वंदे मातरम्' शब्द बनाए गए थे। ध्वज में हरे, लाल तथा

केसरिया रंग के तीन पट्टे थे। ये रंग जाति या धर्म के नहीं बल्कि गुणों के निदर्शक थे। लाल रंग शक्ति का, केसरिया विजय का तथा हरा रंग धैर्य और उत्साह का निदर्शक था। तत्कालीन हिंदुस्थान के आठ प्रांतों के प्रतीक के रूप में आठ कमल बनाए गए थे और निचले पट्टे पर चंद्र-सूर्य की आकृतियाँ थीं। यह ध्वज फ्रांस में रह रहे भारतीय क्रांतिकारी हेमचंद्र कानूनगो ने बनाया था। 'वंदे मातरम्' का नारा देते हुए ही जब मादाम कामा ने यह ध्वज अधिवेशन में फहराया, तब सच्चे रूप में 'वंदे मातरम्' शब्दों ने सीमोल्लंघन किया।

उस समय की सभी सभाओं के प्रारंभ और अंत में 'वंदे मातरम्' का गायन किया जाने लगा। सुशिक्षित लोग एक-दूसरे से भेंट होने पर 'वंदे मातरम्' कहकर परस्पर अभिवादन करने लगे। स्वाभाविक था कि 'वंदे मातरम्' गीत की बढ़ती लोकप्रियता के साथ ही उसके बारे में दुष्प्रचार भी होता। १९०७ में 'लंदन टाइम्स' अखबार में हैदराबाद के 'डेक्कन पोस्ट' पत्र के संपादक सिद्धमोहन मित्र ने 'आनंदमठ' और 'वंदे मातरम्' के बारे में गलत वक्तव्य देते हुए लिखा था, 'आनंदमठ बंकिम बाबू ने १८८२ में लिखा और 'वंदे मातरम्' फ्रांस के राष्ट्रीय गीत 'मार्सेयस' का बँगला संस्करण है। मार्सेयस फ्रांस का राष्ट्रीय गीत है, जिसके रचनाकार प्रख्यात फ्रांसीसी कवि रूजेत द लाइन हैं। उसीमें कुछ प्रक्षोभक शब्द मिलाकर लोगों को प्रोत्साहित करने का कवि बंकिमचंद्र ने प्रयास किया है।'

इस लेख पर जोरदार प्रतिक्रियाएँ हुईं। पाश्चात्य आलोचकों ने इस आलोचना का तुरंत खंडन किया। 'पायोनियर' ने लिखा, 'एक कविता की अथवा काव्य-रचना की दृष्टि से 'वंदे मातरम्' गीत अधिक बेहतरीन है। 'मार्सेयस' के कवि का अंतरतम प्रकट नहीं होता, जबकि 'वंदे मातरम्' में उसके कवि ने अपनी आत्मा समर्पित की है। फ्रांस तथा हिंदुस्थान के इन राष्ट्रीय गीतों में भारी अंतर है। 'वंदे मातरम्' एक प्रार्थना है। इसमें स्वदेश के अधिष्ठान को कवि ने आद्याशक्ति माँ कहा है। मातृभूमि को केवल 'माता' कहकर ही कवि रुका नहीं, उसने आह्वान किया है कि 'माँ' के समान ही मातृभूमि को प्रेम और श्रद्धा अर्पण करें। जिस गीत में देशवासियों को अपनी जन्मभूमि पर माता सदृश प्रेम करने की सीख दी जाती है, उसकी तुलना 'मार्सेयस' गीत से कैसे की जा सकती है!'

'लंदन टाइम्स' में छपे लेख को पढ़कर डॉ. ग्रियर्सन ने इंग्लैंड की एक सभा में 'वंदे मातरम्' के विषय में कहा, 'वे सब लोग जिन्हें भारत के प्रति आदर है, प्रेम है और जो हिंदुस्थान के हितैषी हैं, इस गीत को एक मंत्र के रूप में स्वीकार करेंगे।'

'चुनौती'

भारत के स्वतंत्रता संग्राम के महत्त्वपूर्ण पत्रक के अंतिम शब्द हैं—'वंदे मातरम्'। यह पत्रक लंदन में 'कर्जन वायली' नामक एक अंग्रेज अधिकारी का वध करनेवाले क्रांतिकारी मदनलाल धींगरा ने निकाला था। उसका शीर्षक था चैलेंज यानी 'चुनौती'। उच्च शिक्षा के

लिए इंग्लैंड आए मदनलाल धींगरा वीर सावरकर के संपर्क में आए और उनमें भारी परिवर्तन हो गया। एक समारोह में उन्होंने कर्जन वायली का वध किया।

मदनलाल धींगरा ने स्वयं को पुलिस के हवाले कर दिया। उस समय उनकी जेब में एक कागज था। उसपर लिखा मजमून इतना विस्फोटक था कि न्यायालय में न्यायमूर्ति के सामने उसे पढ़ा ही नहीं गया। न्यायालय में उसे पढ़ा जाए, धींगरा का यह अनुरोध ठुकराकर उन्हें फाँसी की सजा सुनाई गई। धींगरा को फाँसी देने से पूर्व ही अंग्रेजों द्वारा दबा दिया गया वह पत्रक प्रकाशित करने का प्रयास वीर सावरकर और ग्यानचंद्र वर्मा ने किया। वर्माजी ने काफी भाग-दौड़ की और १६ अगस्त, १९०९ को 'डेली न्यूज' समाचार-पत्र में वह 'चैलेंज' शीर्षक से प्रकाशित हो गया। लंदन में आम आदमी से लेकर पुलिस तक में खलबली मच गई। प्रशासन हक्का-बक्का रह गया। पुलिस के दफ्तर में सुरक्षित बंद रखा वह पत्रक समाचार-पत्र तक आखिर पहुँचा कैसे? यही सवाल गुप्तचरों को भी परेशान करता रहा।

मंगलवार, १७ अगस्त, १९०९ को पेंटेनवीली कारागृह में मदनलाल धींगरा को फाँसी दी गई; किंतु उन दो दिनों में इंग्लैंड से अमेरिका तक कई बड़े समाचार-पत्रों ने भी उस पत्रक को प्रकाशित किया। परिणामत: भारतीय स्वतंत्रता आंदोलन, अंग्रेजों द्वारा चलाए गए दमनचक्र की जानकारी तथा पत्रक के अंत में लिखे 'वंदे मातरम्' शब्द दुनिया भर में पहुँच गए। उग्र भाषा में लिखे उस ज्वलंत पत्रक के अंत में लिखा था—

'हिंदुस्थान को आज यदि किसी एक सीख की आवश्यकता है, तो यही कि आत्मबलिदान कैसे किया जाता है। यह सीख सिखाने का एकमेव मार्ग स्वयं अपना बलिदान करना ही है। इसी भावना से प्रेरित होकर मैं प्राणार्पण कर रहा हूँ। अपनी इस शहादत पर मुझे गर्व है। परमात्मा के चरणों में मेरी यही प्रार्थना है कि इसी भारतभूमि की संतान के नाते मेरा पुनर्जन्म हो और इसी पवित्र कार्य के लिए पुन: मेरा देहपतन हो। भारतीय स्वतंत्रता पक्ष विजयी हो। मानव कल्याण तथा परमात्मा की सर्वश्रेष्ठता का पक्षधर स्वतंत्र भारत के विश्व में आत्मतेज से दीप्तिमान होने तक मेरे जन्म-मरण का यह चक्र इसी तरह चलता रहे, यही मेरी ईश्वर के चरणों में प्रार्थना है। वंदे मातरम्।' (सावरकर चरित्र, शि.ल. करंदीकर) इस पत्रक की उग्र एवं प्रखर भाषा के कारण अनेक लोगों की राय बनी थी कि हो न हो, यह वीर सावरकर का ही लिखा होगा, या इसके लिए उनका मार्गदर्शन अवश्य ही रहा होगा।

पुन: विस्फोट

जहाँ खुद इंग्लैंड में क्रांतिकारियों का सशस्त्र आंदोलन शुरू हो गया था, वहीं उधर बंगाल में बंग-भंग विरोधी आंदोलन अभी ठंडा नहीं पड़ा था। सशस्त्र क्रांतिकारियों ने जहाँ-तहाँ विद्रोही कारनामे करने प्रारंभ कर दिए थे। एक ओर लॉर्ड मिंटो तथा भारत मंत्री

मॉर्ले राजनीतिक सुधारों के फतवे निकालते जा रहे थे तो दूसरी ओर 'आनंदमठ' और 'वंदे मातरम्' ने समूचे बंगाल को अभिमंत्रित सा कर दिया था। 'वंदे मातरम्' मंत्र के उच्चारण से भारतीयों की अस्मिता और अधिक जाग्रत् होती जा रही थी।

बंगाल के उन्मत्त न्यायाधीश किंग्सफोर्ड की कार पर बम फेंकने का काम प्रफुल्ल चाकी एवं खुदीराम बोस ने किया। कार में किंग्सफोर्ड नहीं था, इसलिए बच गया। इस घटना के लगभग तुरंत बाद माणिकटोला बाग में बम बनाने का गुप्त कारखाना बरामद हुआ। अनेक नेताओं को गिरफ्तार किया गया। अरविंद घोष तथा उनके छोटे भाई बारींद्रकुमार को भी गिरफ्तार किया गया। अरविंद घोष ने अपना पक्ष अत्यंत सुस्पष्ट शब्दों में रखा। अरविंद घोष के 'वंदे मातरम्' पत्रक द्वारा किया कार्य तथा इस मुकदमे में दिखाई धीरोदात्तता देखकर कवि रवींद्रनाथ ठाकुर ने अपनी एक कविता में उनकी प्रशंसा इस प्रकार की—

'अरविंद, रवींद्रेर लह नमस्कार
हे बंधु, हे देशबंधु स्वदेशेर आत्मार
वाणी मूर्ती तुमि।'

किंग्सफोर्ड कांड का सूत्रधार खुदीराम बोस दुर्भाग्य से तीसरे दिन पकड़ा गया, तो प्रफुल्ल चाकी ने स्वयं को गोली मारकर आत्मबलिदान किया। १९ अगस्त, १९०८ को हाथ में गीता लिये 'वंदे मातरम्' का प्रखर अभिमानी उन्नीस वर्षीय युवक खुदीराम बोस 'वंदे मातरम्' कहता हुआ हँसते-हँसते फाँसी के तख्ते पर चढ़ गया।

बंगाल में क्रांतिकारियों की संस्थाओं का जाल घना होता जा रहा था। 'वंदे मातरम्' कहते हुए क्रांतिकार्य करने की तरुणों में होड़ सी लगने लगी थी। बंगाल का विभाजन सरकार को रद्द करना ही पड़ा। १२ दिसंबर, १९११ को जार्ज पंचम ने दिल्ली में बड़ा दरबार लगाकर बंगाल का विभाजन रद्द करने की घोषणा की; किंतु कर्जन द्वारा लगाए गए विष-वृक्ष में अब तक कोंपलें फूट चुकी थीं।

सन् १९०६ में राष्ट्रद्रोही मुसलिम लीग की स्थापना हुई। कर्जन द्वारा रचा गया बंग-भंग उस समय भले ही रद्द करना पड़ा हो, किंतु १९४७ में हिंदुस्थान की स्वतंत्रता के समय फिर से विभाजन होकर रहा। सन् १९०५ के बंग-भंग के विष-फल १९४७ में देश विभाजन के रूप में चखने पड़े। धर्माधिष्ठित पाकिस्तान में पूर्वी बंगाल को समाविष्ट किया गया। आगे चलकर वह पाकिस्तान से भी स्वतंत्र होकर 'बँगलादेश' के रूप में अस्तित्व में आ गया। पहले कर्जन ने कहा था, 'Partition is a settled fact' (विभाजन काले पत्थर पर खिंची लकीर है।) उसकी वह दर्पोक्ति सच साबित हुई। सन् १९०५ में चरमराए अंग्रेजों के शासन को आधार देने के लिए किया विभाजन १९४७ में अंग्रेजों के साम्राज्य का दिवाला निकालकर फिर से अमल में आ गया। (श्री बंकिमचंद्र चरित, लेखक—सुबोधचंद्र सेनगुप्ता)

हिंदू और मुसलमानों में विद्वेष की भावना सुलगाने का ब्रिटिश षड्यंत्र सफल हो गया। इस विद्वेष भावना की आँच 'वंदे मातरम्' गीत को भी १९३६ में पहुँची।

बंग-भंग विरोधी आंदोलन उस समय अपने उद्देश्य में सफल रहा। उसकी सफलता में श्रीअरविंद घोष का योगदान अत्यंत महत्त्वपूर्ण था। किंतु सन् १९०८ में अलीपुर कारागृह में ही अरविंद घोष का रुझान अध्यात्म की ओर अधिक हो गया। ६ मई, १९०९ को अरविंद घोष को रिहा कर दिया गया। अरविंद घोष अब योगी अरविंद बनने जा रहे थे। उनके 'युगांतर' और 'वंदे मातरम्' पत्र बंद पड़े थे; किंतु 'धर्म' और 'कर्मयोगी' नामक दो उर्दू-अंग्रेजी साप्ताहिक पत्रिकाएँ शुरू कर उन्होंने अपना प्रखर लेखन जारी रखा था। श्रीअरविंद ४ अप्रैल, १९१० को गुप्त रूप से चंद्रनगर नामक फ्रांसीसी उपनिवेश पहुँच गए और कुछ दिनों में पांडिचेरी में स्थायी रूप से रहने लगे। इस प्रकार 'वंदे मातरम्' का एक प्रसार केंद्र ठंडा पड़ गया। श्रीअरविंद का राजनीति से यह संन्यास ग्रहण तथा लोकमान्य तिलक को मांडले में कारावास दो ऐसी बड़ी घटनाएँ थीं, जिनके कारण गरमपंथी आंदोलन कुछ धीमा पड़ गया। अंग्रेजों ने भी अपनी राजधानी कलकत्ता से हटाकर दिल्ली स्थानांतरित कर दी।

सन् १९१४ में पहले विश्वयुद्ध की हवा चलने लगी। 'कामागोटामारू' जहाज कांड विशेष चर्चा में रहा। इस जहाज के झंडे पर 'वंदे मातरम्', 'सत्श्री अकाल' और 'अल्ला हो अकबर' शब्द अंकित किए हुए थे। सिंगापुर, हांगकांग, जापान होता हुआ यह जहाज भारतीय यात्रियों को लेकर कनाडा पहुँचा। किंतु कनाडा की सरकार ब्रिटिश सरकार की कठपुतली थी। उसने जहाज को बंदरगाह पर आने की अनुमति नहीं दी। इस मामले से बड़ा संघर्ष खड़ा हो गया।

लोकमान्य तिलक की रिहाई के बाद ऐनी बेसेंट के नेतृत्व में 'होमरूल आंदोलन' शुरू हुआ और आमसभाओं में फिर से 'वंदे मातरम्' का नारा बुलंद होने लगा। सड़कों पर, न्यायालयों में, कारा में 'वंदे मातरम्' का घोष लगाने में जनता तनिक भी नहीं डरती थी। लोकमान्य तिलक के देहांत के बाद गांधी युग का प्रारंभ हुआ। स्वयं गांधीजी 'वंदे मातरम्' के प्रेमी थे; किंतु कुछ समय बाद उनके विचारों में बदलाव आ गया। असहयोग आंदोलन से लेकर सन् १९४२ के 'भारत छोड़ो आंदोलन' तक जन आंदोलनों में मोड़ आता गया। फिर भी 'वंदे मातरम्' नारा नहीं बदला।

सन् १९३० के बाद 'वंदे मातरम्' गीत पर मुसलमानों का विरोध बढ़ता गया। इस अहिंसक आंदोलन के जमाने में भी देश के विभिन्न प्रांतों में क्रांतिकारियों के सशस्त्र आंदोलन बंद नहीं थे। १८ दिसंबर, १९२७ को राजेंद्र लाहिड़ी, १९ दिसंबर को पं. रामप्रसाद बिस्मिल और अशफाक उल्ला और २० दिसंबर को रोशनसिंह को गोरखपुर कारा में फाँसी पर चढ़ाया गया। इन चारों पर ९ अगस्त, १९२५ को काकोरी कांड में रेलगाड़ी से सरकारी

रकम लूटने का आरोप था। पं. रामप्रसाद बिस्मिल कवि थे। उन्होंने कारावास में अपनी जीवनी लिखी। बाद में प्रकाशित होते ही अंग्रेज शासन ने उसपर पाबंदी लगा दी। एक क्रांतिकारी तथा लेखक रामप्रसादजी ने 'वंदे मातरम्' कहते-कहते ही फाँसी का फंदा चूमा।

काकोरी कांड के समान ही चटगाँव (चितगाँव) शस्त्रागार पर किया गया हमला बहुत चर्चित हुआ। बंगाल के क्रांतिकारी सूर्यसेन तथा अनंत सिंह के नेतृत्व में सत्रह-अठारह वर्ष के युवकों तथा युवतियों ने चटगाँव में अंग्रेज सेना के विरुद्ध युद्ध किया। क्रांतिकार्य के लिए धन की आवश्यकता तो रहती ही थी, इसलिए शस्त्रास्त्रों की कमी को पूरा करने के लिए ही शस्त्रागार लूटने के इरादे से यह हमला किया गया था। वही उनका मुख्य उद्देश्य था। इन युवकों पर मुकदमा चलाया गया और सूर्यसेन, तारकेश्वर, कल्पना दत्त को फाँसी की सजा सुनाई गई। इनमें से कल्पना दत्त की सजा को बाद में आजीवन कारावास में बदल दिया गया।

१२ फरवरी, १९३४ की रात में सूर्यसेन को कालकोठरी में ले जाया जा रहा था तो आसपास की कोठरियों में बंद राजबंदियों ने 'वंदे मातरम्' का जयघोष किया। दूसरे दिन प्रातः सूर्यसेन को फाँसी पर चढ़ाया जाने वाला था। साथी बंदियों के 'वंदे मातरम्' के जयघोष के साथ सूर्यसेन भी जवाब में 'वंदे मातरम्' का नारा लगा रहे थे। इसके कारण गुस्साए अंग्रेज अधिकारियों ने सबको बेरहमी से पीटा। किंतु 'वंदे मातरम्' का जयनाद और भी तेज होता गया। मारपीट के कारण सूर्यसेन बेहोश हो गए। उन्हें बेहोशी की अवस्था में ही फाँसी पर चढ़ा दिया गया। यह अंग्रेजों की क्रूरकर्मिता की पराकाष्ठा थी। सूर्यसेन की फाँसी के बाद बंगाल में सर्वत्र जन आक्रोश उफन आया। 'वंदे मातरम्' के शहीदों में एक की और बढ़ोतरी हो गई। क्रांतिकारियों का एक और जीवन-पुष्प भारत माता के चरणों पर चढ़ गया।

सन् १९०५ के बंग-भंग विरोधी आंदोलन से स्वतंत्रता-प्राप्ति तक अनेक छोटे-मोटे संघर्ष, लड़ाइयाँ अथवा आंदोलन देश में खड़े होते गए। कुछ सशस्त्र थे, कुछ निःशस्त्र; किंतु ध्यान देनेवाली बात यह है कि होमरूल आंदोलन, असहयोग आंदोलन, खिलाफत आंदोलन, नमक सत्याग्रह, १९४२ का 'भारत छोड़ो आंदोलन' जैसे शांतिपूर्ण निःशस्त्र आंदोलनों में भी 'वंदे मातरम्' का ही नारा बुलंद होता रहा। क्रांतिकारी आंदोलन में 'इनकलाब जिंदाबाद' जैसे नारे सामने आए; किंतु भगतसिंह ने २६ अप्रैल, १९२९ को कारागृह से अपने पिता को भेजे पत्र में प्रणाम के स्थान पर 'वंदे मातरम्' शब्द लिखे थे। लाला हरदयाल, काका कालेलकर, जमनालाल बजाज, महादेवी वर्मा, पूज्य विनोबाजी के पत्रों में भी 'वंदे मातरम्' शब्द सबसे ऊपर लिखे होते थे। शहीद चंद्रशेखर आजाद के पत्रों का प्रारंभ भी 'वंदे मातरम्' शब्दों से ही होता था।

सन् १९३७ में कांग्रेस की प्रांतों में सरकारें बनीं। उनके शपथ ग्रहण समारोह 'वंदे मातरम्' के गायन से ही प्रारंभ हुए थे। मद्रास विधानसभा के अध्यक्ष श्री सांबू मूर्ति ने अंग्रेजों के विरोध को ठुकराकर आदेश दिया था कि विधानसभा का कामकाज 'वंदे मातरम्' गायन से ही प्रारंभ हो।

सुभाषचंद्र बोस ने आजाद हिंद फौज की स्थापना कर अंग्रेजी सत्ता की चूलें हिला दीं। आजाद हिंद फौज का 'कदम-कदम बढ़ाए जा' गीत खूब लोकप्रिय हुआ; किंतु 'वंदे मातरम्' को प्राप्त स्थान सर्वोच्च रहा। 'हिंदुस्थान सोशलिस्ट रिपब्लिकन एसोसिएशन', 'अनुशीलन समिति', 'गदर पार्टी' जैसी क्रांतिकारी संस्थाएँ भी 'वंदे मातरम्' का ही पक्ष पोषण करती थीं। नेताजी सुभाषचंद्र बोस की तो 'वंदे मातरम्' पर अपार श्रद्धा थी। सन् १९३७ में कांग्रेस ने 'वंदे मातरम्' के बारे में एक समिति का गठन किया। इस समिति ने मुसलमानों की आपत्तियों को देखते हुए इस गीत में काट-छाँट करने की अनुमति दे दी। आगे चलकर नेताजी सुभाष मन से कांग्रेस से दूर होते गए। आजाद हिंद फौज के स्थापना काल में सिंगापुर रेडियो स्टेशन से 'वंदे मातरम्' का प्रसारण करवाने में सुभाष बाबू ने पहल की थी। बँगला संगीतकार तिमिर बरन् (भट्टाचार्य) ने सुभाष बाबू के निर्देशानुसार सन् १९३८ के आसपास 'वंदे मातरम्' को पथ-संचलन गीत की धुन पर स्वरबद्ध किया। यह काम उन्होंने कांग्रेस अधिवेशन के लिए सुभाषचंद्र बोस के आग्रह पर किया था। दुर्गा राग में इसकी बंदिश है। साथ ही केवल वाद्यवृंद की एक ध्वनि मुद्रिका भी तैयार की **थी**। (अधिक संदर्भ के लिए 'संगीत' शीर्षक अध्याय देखें।)

आजाद हिंद फौज की सशस्त्र क्रांति ने अंग्रेजों की सत्ता को दहला दिया था। उसी दौरान मुंबई के नौसेनाधिकारियों और नौसैनिकों ने 'वंदे मातरम्' के जयघोष में अंग्रेजों की सत्ता के विरुद्ध खुला विद्रोह कर दिया। सेना ही जब राज्यसत्ता के विरोध में खड़ी हो जाती है तो सत्ताधीशों के सामने सत्ता-त्याग के अलावा कोई चारा नहीं रह जाता। संपूर्ण भारतीय स्वतंत्रता संग्राम की अधिकतर घटनाएँ 'वंदे मातरम्' के साथ जुड़ी हैं। मानो 'वंदे मातरम्' के बिना इनमें से किसी भी आंदोलन में पूर्णता नहीं आ पा रही हो। समर्थ रामदास स्वामी ने लिखा है, 'सामर्थ्य है आंदोलन का, जो-जो चलाए उसका; किंतु उसे भगवान् का अधिष्ठान चाहिए।'

जिस प्रकार हर कार्य के लिए परमात्मा का, भगवान् का अधिष्ठान आवश्यक होता है उसी प्रकार समूचे भारतीय स्वतंत्रता संग्राम के लिए 'वंदे मातरम्' के तेजस्वी मंत्र का अधिष्ठान प्राप्त हुआ। 'मैं माता का वंदन करता हूँ', इतने सरल अर्थ प्राप्त इन शब्दों का हौवा ब्रिटिशों के मनों में क्यों खड़ा हो गया? उन्होंने उन शब्दों पर पाबंदी क्यों लगा दी? इन शब्दों का उच्चार करनेवालों पर डंडे क्यों बरसाए तथा बंदूकों की गोलियाँ क्यों दागीं? अंग्रेजी राजसत्ता के मन में इतनी जबरदस्त दहशत पैदा करनेवाली बात क्या 'वंदे मातरम्'

शब्दों में थी ?

इन शब्दों में है प्रज्वलित राष्ट्रभावना। इन शब्दों में है मातृभूमि के प्रति जाज्वल्य निष्ठा। इनमें है मातृभूमि के चरणों में लीन होने की शरणभावना। इन शब्दों में खड्ग का सामर्थ्य है। इसीलिए इसकी उस मंत्रशक्ति ने सारा विरोध निष्प्रभ कर डाला—वह विरोध अत्याचारी राजशासकों का हो या मुसलमान बंधुओं का।

सन् १९४९ में निशिकांत नामक एक लेखक ने अरविंद आश्रम से प्रकाशित अपनी आठ पन्नों की कविता में 'वंदे मातरम्' के बारे में अपनी भावनाओं को व्यक्त करते हुए कहा है—'मातृवंदना, उदारमंत्रे, जागे भारतवर्ष—वंदे मातरम्, वंदे मातरम्, वंदे मातरम्।'

□

'वंदे मातरम्' का विरोध

किसी भी कृति का जब अनुचित विरोध होता है तब वह और अधिक दीप्तिमान् होती है। उसकी शुद्धता व सौंदर्य और निखरकर सामने आता है। कलाकृति शुद्ध श्रेणी की न हो तो नष्ट हो जाती है। 'वंदे मातरम्' की रचना पर भारतीय संस्कृति और संस्कृत वाङ्मय का जबरदस्त प्रभाव था। इतनी कम पंक्तियों में संपूर्ण मातृभूमि का वर्णन या महानता प्रकट करना आसान नहीं था। कुछ काव्य रचनाओं में देश, प्रांत तथा भाषाओं का उल्लेख होता तो है, किंतु वहाँ की संस्कृति की अभिव्यक्ति नहीं हुई है।

मुंबई रेडिओ स्टेशनवर
राष्ट्रगीताची गळचेपी।

किंतु 'वंदे मातरम्' की हर पंक्ति में अपार आशय समाया है। सिकंदर से लेकर अंग्रेजों तक अनेक विदेशी आक्रांताओं ने हिंदुस्थान पर आक्रमण किए। कभी विश्व विजय की कामना लिये, कभी यहाँ की संपत्ति लूटने के उद्देश्य से, तो कभी व्यापार के बहाने आक्रांता यहाँ आते रहे। उनमें से कुछ यहीं के होकर रच-बस गए, हमारी संस्कृति में घुल-मिल गए; किंतु कुछ मन से यहाँ के नहीं हो सके। यहाँ वे स्थायी रूप से बस तो गए, किंतु यहाँ की संस्कृति में घुल-मिल नहीं सके। उन्होंने यहाँ की जनता पर अपनी संस्कृति और धर्म थोपने की चेष्टा की। आक्रांताओं ने इस भूमि का सबकुछ लूटा, किंतु अपना धर्म और संस्कृति यहाँ थोपने में वे सफल न हो सके। वे लोग हमारी प्राचीन परंपरा और संस्कृति को जड़-मूल से उखाड़ नहीं पाए। यही हमारी संस्कृति की विशेषता है।

प्रख्यात गांधीवादी विचारक साने गुरुजी ने संस्कृति के बारे में लिखा है—

'यह हमारी संस्कृति आखिर है क्या चीज? भारतीय संस्कृति हृदय और बुद्धि की पूजक है। उदार भावना तथा विशुद्ध ज्ञान की सहायता से वह जीवन में सुंदरता लाती है। ज्ञान-विज्ञान में हृदय जोड़कर संसार में मधुरता लाने का काम यह संस्कृति करती है। भारतीय संस्कृति कर्म, ज्ञान और भक्ति की सजीव महिमा है।

'भारतीय संस्कृति सर्व-संग्राहक है। वह सबको हृदय से लगाती है। 'सर्वेषामविरोधेन ब्रह्मकर्म समारभे' कहनेवाली यह संस्कृति है। उसे संकीर्णता रास ही नहीं आती और इसीलिए 'भारतीय संस्कृति' कहते ही मेरे दोनों हाथ अनायास ही वंदन के लिए जुड़ जाते हैं। 'भारतीय संस्कृति' कहते ही बराबर सागर और अंबर दोनों मेरी आँखों के सम्मुख खड़े होते हैं। प्रकाश और कमल, दोनों दिव्य वस्तुएँ सामने आती हैं। त्याग, संयम, वैराग्य, सेवा, प्रेम, ज्ञान तथा विवेक याद आते हैं। भारतीय संस्कृति अंत से अनंत की ओर, अँधेरे से प्रकाश की ओर, भेदों से अभेद की ओर, शोर-शराबे से संगीत की ओर जाना है। भारतीय संस्कृति का अर्थ है—कीचड़ से कमल, विकार से विवेक, विरोध से विकास की ओर जाना। भारतीय संस्कृति समन्वय का नाम है। सभी जमानों का समन्वय वह कराती है। सभी महानताओं का महासमन्वय करना चाहनेवाली, समस्त मानव जाति को मांगल्य की ओर ले जाना चाहनेवाली यह जो महान् संस्कृति है, उसीका एक छोटा सा, कम-से-कम मानसिक ही सही, एक उपासक मैं जन्म-जन्म बनता रहूँ, यही मेरी मनोकामना है।' ('भारतीय संस्कृति', प्रस्तावना—साने गुरुजी।)

साने गुरुजी द्वारा संस्कृति का यह जो वर्णन किया गया है, 'वंदे मातरम्' पर सही अर्थों में लागू होता है। 'वंदे मातरम्' और है भी क्या! वह मांगल्य की ओर ले जानेवाली भारतीय संस्कृति ही तो है। साने गुरुजी मूलत: कवि थे; लेखक और देशभक्त भी। उन्होंने अपनी एक कविता में कहा है, 'यह माता महान् होगी। जगत् को शांति देगी।'

'वंदे मातरम्' गीत मातृपूजा का निदर्शक है। उसमें वर्णित माता सगुण तथा निर्गुण दोनों स्वरूपों में दर्शन देती है। देवी तथा काली माता के रूप में भी वह दिखाई देती है। किंतु यह सारा दर्शन केवल प्रतीकात्मक है। इसके इस प्रतीकात्मक स्वरूप का सही आकलन न कर पाने के कारण अथवा जानबूझकर उसका आकलन करने से सतत इनकार करने के कारण केवल द्वेष-भावना से इस गीत का विरोध किया गया। इसीलिए इस गीत के विरोध को दुर्भाग्यपूर्ण ही कहना होगा। इस गीत का प्रथम विरोध सन् १९०५ में हुए बनारस के कांग्रेस अधिवेशन में हुआ। उस अधिवेशन के अध्यक्ष नरमपंथी नेता गोपालकृष्ण गोखले थे। उन्होंने सरला देवी चौधुरानी को इस गीत का गायन करने से मना किया। उन्होंने शायद सोचा होगा कि इस गीत के गायन से अंग्रेजों का रोष अधिवेशन में संकट खड़ा कर सकता है। उनके विरोध में उपर्युक्त द्वेष भावना बिलकुल नहीं थी। उन्होंने अंग्रेजों का विरोध भी

दबी जबान और दबते-दुबकते ही किया। इस विरोध के कारण 'वंदे मातरम्' का सोना तपकर और भी दमकने लगा। अत: 'वंदे मातरम्' के गायन का उनके द्वारा किया गया विरोध उनके पिंड के अनुरूप ही था।

किंतु उसके बाद, विशेषकर सन् १९२० के पश्चात्, किया गया विरोध केवल विद्वेष और वैर-भावना का ही प्रतीक था। बंगाल के विभाजन के साथ हिंदू और मुसलमानों ने एकजुटता दिखाई थी। दोनों ने मिलकर बंग-भंग का विरोध किया था। किंतु···कहीं-न-कहीं उनमें दरार पड़ ही गई।

अंग्रेजों की कुटिल नीति का बीजारोपण मुसलिम लीग के जन्म से सन् १९०६ में हुआ। इसी मुसलिम लीग के नेताओं को साथ रखने के लिए, उनकी प्रतिष्ठाओं का अनुरंजन करने के लिए आगे चलकर 'वंदे मातरम्' की बलि चढ़ाई गई। कम-से-कम उस समय तो इस स्वतंत्र हिंदुस्थान में राष्ट्रगीत का सर्वोच्च स्थान 'वंदे मातरम्' को मिलना चाहिए था; किंतु ऐसा क्यों नहीं हो सका, इस प्रश्न के सभी उत्तर इस 'वंदे मातरम्' के विरुद्ध हुए संघर्षों में मिल जाएँगे।

देश के लिए प्राणों की बाजी लगानेवाले नेताओं का रूपांतरण स्वार्थ के लिए समाज-घटकों का तुष्टीकरण करनेवाले तानाशाहों में जब होता है तब उनकी उस प्रवृत्ति के कारण ही 'वंदे मातरम्' जैसे गीत की बलि चढ़ाई जानी अनिवार्य हो जाती है। इस अग्निपरीक्षा से वह पहले से कहीं अधिक तेजस्वी बनकर निखर उठा।

मुसलिम नेताओं का कहना था कि इस गीत में देवी का वर्णन है, मूर्तिपूजा है। हमारे धर्म को यह मंजूर नहीं, अत: यह गीत नहीं चाहिए। किंतु ध्यान देनेवाली बात यह है कि इन नेताओं की ऐसी भूमिका शुरू से कभी नहीं थी। खिलाफत आंदोलन की सभाओं में 'वंदे मातरम्' का गायन होता ही था। उस समय किसीने उसका विरोध नहीं किया था। पं. नेहरू, गांधीजी, रवींद्रनाथ के भी विचार 'वंदे मातरम्' के संबंध में बदलते गए। हो सकता है कि कालानुरूप बदले ये विचार राजनीतिक कलाबाजी का हिस्सा हों।

सन् १९२३ में काकीनाड़ा में हुए कांग्रेस अधिवेशन में मुसलमानों के 'वंदे मातरम्' का विरोध करने की झलक देखने को मिली। अधिवेशन के अध्यक्ष मौलाना अहमद अली ने पं. विष्णु दिगंबर पलुसकर जैसे भारतीय शास्त्रीय संगीत में हिमालय जैसे उत्तुंग व्यक्तित्व को 'वंदे मातरम्' गाने के लिए मना कर दिया; किंतु उनके विरोध को धता बताकर पं. पलुसकरजी ने संपूर्ण 'वंदे मातरम्' गाया। 'वंदे मातरम्' पर सांप्रदायिकता का ठप्पा उन्हीं दिनों लगा। विरोधियों की मुख्य आपत्ति यह थी कि हिंदू देवी-देवताओं का वर्णन करनेवाला यह गीत, हिंदू धर्म की महानता बखाननेवाला यह गीत विविध धर्मों, जाति-जमातों, वंशोंवाले देश का राष्ट्रगीत नहीं बनना चाहिए।

इस आरोप का खंडन करने के लिए इस गीत के अंतिम तीन चरणों का अध्ययन

आवश्यक है। केवल हिंदू धर्म का ही नहीं, समूचे 'वंदे मातरम्' का श्रेष्ठत्व ठीक इन्हीं चरणों में समाया हुआ है। अकेली हिंदू संस्कृति में ही नहीं, अनेक प्राचीन संस्कृतियों में मातृपूजन को महत्त्व दिया गया है। साने गुरुजी द्वारा वर्णित, ज्ञान-विज्ञान में हृदय जोड़नेवाली सर्वसमावेशक एवं उदार मतवादी भारतीय संस्कृति में जिस मातृपूजन का तथा मातृभूमिस्वरूपिणी जगदंबा के पूजन का उल्लेख है, उसका वंदन करने का विरोध तो भारतीय संस्कृति का विरोध है। वह मातृभूमि के लिए शहीद हुए वीरों का विरोध करना है। इस काव्य में, इस मंत्र में जो रूपकात्मक भाव है वही यदि समझ नहीं लिया तो विरोधियों का सारा विरोध विद्वेष की सतह पर उतर आता है। इसका अर्थ एक ही है कि 'वंदे मातरम्' का विरोध राष्ट्रद्रोह है। यहाँ के मुसलिम लोगों में यही विद्वेषमूलक भावना बढ़ाई गई। 'वंदे मातरम्' में प्रकट हमारी मातृभूमि की भक्ति इस तरह धर्माधिष्ठित, मूलतत्त्ववादी और अंधी नहीं है। इसीलिए हिंदुओं की भाँति अनेक मुसलमान क्रांतिकारियों ने भी 'वंदे मातरम्' का जयघोष करते-करते फाँसी का फंदा चूमा था। हो सकता है, शायद 'आनंदमठ' उपन्यास की पृष्ठभूमि मुसलिम विरोधी हो। उसकी संतानों के शत्रु अंग्रेजों के साथ-साथ मुसलमान भी हों। किंतु 'आनंदमठ' से कहीं पहले लिखे गए 'वंदे मातरम्' गीत की ऐसी कोई पृष्ठभूमि नहीं है।

यह गीत तो केवल मातृभूमि के प्रति समर्पित भावना से रचा गया है। इस गीत में किसी भी विशिष्ट शत्रु का निर्देश नहीं है। बंकिमचंद्र ने 'वंदे मातरम्' की रचना के समय ही (लगभग) लिखे 'आमार दुर्गोत्सव' लेख में भी देवी के स्वरूप का ही वर्णन किया है। उस लेख में भी ऐसे किसी विशिष्ट शत्रु का उल्लेख नहीं है, क्योंकि हमारी परमप्रिय मातृभूमि को बंधनों में जकड़नेवाले शत्रु की कोई जाति या धर्म नहीं होता, न ही कोई पंथ होता है। वह केवल हमारी मातृभूमि का अपराधी होता है। इसलिए वह उसके पुत्रों तथा संतानों का शत्रु होता है।

महिषासुर का वध करते समय देवी ने उसके बाह्य पशु रूप को देखा ही नहीं। उसने वध किया उसमें छिपे राक्षस का, राक्षसी प्रवृत्ति का। ऐसी राक्षसी प्रवृत्ति से हमारे देश तथा संस्कृति का विनाश करना चाहनेवाले सारे हमारे शत्रु हैं। आखिर अपनी मातृभूमि के प्रति हमारे मन में रहनेवाली भक्ति ही हमें ऐसे शत्रुओं का विनाश करने का सामर्थ्य देती है। यही शायद बंकिमचंद्र को अपेक्षित होगा। 'आनंदमठ' उपन्यास लिखने के पाँच साल पहले लिखे 'आमार दुर्गोत्सव' लेख में प्रसूति अंबिके, धात्री-धरित्री, धनधान्यदायिके, नगांकशोभिनी, नगेंद्रबालिके, शरत सुंदरी, चारु पूर्णचंद्रमालिके—ऐसे विशेषणों का प्रयोग किया गया है। इस लेख में वे लिखते हैं, 'देशमूर्ति ही देवमूर्ति है। यह देवी कालसागर में एकरूपधारिणी है। देवी की सुपुत्र संतान यदि मातृप्रेम से सराबोर होंगे, आलस्य, अधर्म और इंद्रियासक्ति को त्याग देंगे, तभी वह उन्हें दर्शन देगी।' 'वंदे मातरम्' जैसे श्रेष्ठ काव्य में निहित इस

भक्तिभावना को ठीक से समझ लिया तो विरोध का कोई कारण ही नहीं रहेगा। बंकिमचंद्र ने उस समय यह सोचा भी नहीं होगा कि 'वंदे मातरम्' गीत अथवा उसमें वर्णित देवीस्तुति के कारण मुसलमानों के मन में इस तरह का कोई संदेह पैदा होगा। उनके लेखों में कहीं पर भी ऐसा प्रमाण नहीं मिलता कि उनके मन में मुसलमानों के बारे में इस तरह का कोई पूर्वग्रह था। 'बंग दर्शन' के १८७४ के पौष अंक में हिंदू-मुसलिम एकता के बारे में उन्होंने लिखा था, 'बंगाल अकेले हिंदुओं का प्रांत नहीं है। वह हिंदू-मुसलमानों का प्रदेश है। आज हिंदू और मुसलमान अलग-अलग हुए हैं। वे मन से भी एक नहीं हैं और बंगाल की भलाई के लिए हिंदू-मुसलमानों में एकता होना आवश्यक है। जब तक उच्च वर्गीय मुसलमानों में यह भावना रहेगी कि बँगला उनकी भाषा नहीं है और कि वे एक पराए मुल्क में रह रहे हैं, तब तक वे बँगला लिखेंगे नहीं अथवा सीखेंगे भी नहीं। केवल उर्दू-फारसी में ही अपना काम चलाते रहेंगे। तब तक एकता स्थापित होगी नहीं, क्योंकि राष्ट्रीय एकता की बुनियाद भाषा की एकता ही है।' बंकिमचंद्र द्वारा प्रतिपादित भाषा की यह एकता 'वंदे मातरम्' में भी प्रदर्शित हुई थी। बंकिमचंद्र ने इस एकता की नींव तो डाली, किंतु उसपर भवन खड़ा करते समय विरोध की ये हवाएँ बाधा बन गईं। इस विरोध के समय में मुसलमानों के ये मुद्दे निरस्त करने के लिए तथा उनके तर्कों में जो विसंगतियाँ हैं उन्हें दरशाने के लिए मौलाना रेजा उल करीम ने 'बंकिमचंद्र और मुसलमान समाज' शीर्षक पुस्तक लिखी, जो आगे चलकर १९४४ में प्रकाशित हुई। इस पुस्तक के एक अध्याय में उन्होंने लिखा है, 'हमारे बीच कुछ ऐसे लोग हैं, जो मामूली सी बातों में भी मूर्तिपूजा का हौवा खड़ा कर मुसलमानों का रोजमर्रा का जीवन कलुषित करते हैं। माता-पिता का चरणस्पर्श करते हुए उनका वंदन करना या उनके प्रति भक्तिभाव दरशाना भी तो मूर्तिपूजा ही है। श्रद्धेय व्यक्ति के सामने भक्तिभावना से नतमस्तक होना भी मूर्तिपूजा ही है। सजावट के लिए कमरे में कोई तसवीर लगाना भी तो मूर्तिपूजा ही है। ऐसा क्यों न मानें?

'इस तरह हर बार मूर्तिपूजा अथवा इसलाम के विरोध में जानेवाली बातों को लेकर ये लोग मुसलमानों को डराते हैं। ये लोग यह नहीं बता पाते कि कौन सा कार्य इसलामी है तथा कौन सा इसलाम विरोधी। यह बता पाना कठिन भी है। किंतु ऐसे बयानों के कारण मुसलमान समाज को छेड़ा जाता है। स्वतंत्रता के बारे में उनकी सोच इस तरह के बंद दरवाजों के कारण विकसित नहीं हो पाती। कदम-कदम पर ऐसी गलत बयानबाजी के कारण आजादी के बारे में सोचने की उनकी शक्ति नष्ट होती जाती है।

'ऐसे लोग ही 'वंदे मातरम्' जैसे अत्यंत निर्दोष एवं सर्वांग सुंदर गीत को सांप्रदायिक कह देते हैं; किंतु उदार मतवादी दृष्टिकोण रखनेवालों को चाहिए कि इस गीत का समग्रता से विचार करें। तभी उनकी समझ में आएगा कि इस गीत में मूर्तिपूजा की कोई बात भी नहीं है। अब हमें यह देखना है कि इसलाम किन-किन बातों को मूर्तिपूजा मानता है। उसकी

सुस्पष्ट सीमारेखाएँ क्या हैं? कहाँ हैं?'

'वंदे मातरम्' की हर आलोचना का उत्तर मौलाना रेजा उल करीम ने सोदाहरण दिया है। पुराने विचारों से चिपके और इसलाम का विचार बहुत संकीर्णता से करनेवालों की सोच की उन्होंने जमकर आलोचना की है। हिंदू और मुसलमानों में 'पूजा' के बारे में जो अवधारणाएँ हैं, उनकी तुलना करते हुए उन्होंने लिखा है, 'सामान्यत: हिंदू लोग महापुरुषों को ईश्वर का अवतार मानते हैं : वे किसी भी संप्रदाय या देश के भले ही क्यों न हों; किंतु मुसलमान सर्वशक्तिमान 'खुदा' के लिए जिन शब्दों का प्रयोग करते हैं, अन्य लोगों के लिए नहीं करते। हर देश की अपनी भाषा में प्रथा के अनुसार शब्द-प्रयोग प्रचलित हुआ करते हैं। उदाहरण के लिए, 'पूजा' शब्द ईश्वर की कृपा, दुर्गा पूजा, काली पूजा आदि विविध संदर्भों में प्रयोग किया जाता है। माता-पिता या गुरुजनों के प्रति भक्तिभाव भी पूजा होती है। अरबी भाषा में ईश्वर या खुदा की पूजा के लिए 'इबादत' शब्द प्रयोग किया जाता है। वह शब्द अन्य किसीकी पूजा के लिए प्रयोग नहीं किया जाता। 'इबादत' किसी व्यक्ति की नहीं की जाती, वह केवल खुदा की ही की जाती है। फारसी भाषा में 'बंदगी' शब्द भी इसी अर्थ में प्रयोग किया जाता है।'

मौलाना रेजा उल करीम के अनुसार, भाषा-भिन्नता के कारण ही यह मत-भिन्नता आती है। अत: शब्दों को प्रयोग करते समय उनके आशय को ध्यान में लेना नितांत आवश्यक होता है। इसीलिए 'वंदे मातरम्' पर मातृपूजन का आरोप करनेवाली मुसलमानों की आपत्ति को सर्वथा गलत करार देते हुए उन्होंने लिखा था, 'देश को 'माँ' कहकर संबोधित किया जाता है या नहीं, यह प्रश्न यहाँ खड़ा होता है। जिन मौलाना अकरम खाँ साहब ने 'वंदे मातरम्' का विरोध किया है उन्हींके लिखे 'मुस्तपाचरीत' ग्रंथ में अरबस्तान के भौगोलिक वर्णन में उन्हींने लिखा है—'छरियाछे, वत्ते मा गो, कार पदलेखा हे अरब मानवेर आदि मातृभूमि।' इन्हीं मौलाना साहब ने देश को 'माँ' कहने का विरोध किया और इन्हींने अपने उक्त ग्रंथ में देश को 'माँ' का संबोधन दिया।

'यहाँ हम देश को 'खुदा' या 'ईश्वर' तो नहीं कह रहे हैं। यदि अपनी माँ को माँ कहने में वे कोई गलती नहीं मानते तो अपने देश को माँ कहने में हर्ज ही क्या है? अनेक मान्यवर अरबी व फारसी कवियों तथा लेखकों ने देश को 'माँ' कहा है। स्पष्ट है कि 'वंदे मातरम्' गीत मूर्तिपूजक या इसलाम विरोधी हो ही नहीं सकता।'

'वंदे मातरम्' जैसे सर्वांग सुंदर गीत को मूर्तिपूजक करार देकर जो विरोध किया जाता रहा है, वह पाक इरादे से है ही नहीं। इस गीत की भाषा तो विरोध करने का महज एक बहाना है। असल में इसका विरोध राजनीति के कारण ही किया जा रहा है। राजनीति से ऊपर उठकर इस गीत की ओर उदार दृष्टि से देखने, मुक्त विचारधारा और चिंतनशीलता की आवश्यकता है और इन्हीं बातों के अभाव के कारण कोई अंतर्मुख होकर विचार नहीं

करता है।'

तैंतीस करोड़ देवताओं की पूजा करनेवाले हिंदुओं ने, कवि ने मातृभूमि को सरस्वती और दुर्गा से ऊँचा स्थान दिया है, इस बात पर आपत्ति नहीं उठाई है। उठाते तो शायद बात समझ में आनेवाली होती। किंतु किसी हिंदू ने गीत का यह कहकर विरोध नहीं किया है। 'आनंदमठ' के मुख्य पात्र भवानंद ने भी ऐसे ही विचार प्रकट किए हैं।

'वंदे मातरम्' गीत को संपूर्ण पढ़ने के बाद ध्यान में आता है कि स्वदेश और स्वधर्म की श्रेष्ठता बताने के लिए ही इस गीत को रचा गया है। आज जनता में देशप्रेम की भावना को जाग्रत् करना ही इस रचना का उद्‌देश्य होगा और सन् १९०५ के बाद जिस वेग से 'वंदे मातरम्' शब्द भारतीय जनमानस में गहरे पैठ गए उसे देखते हुए कहा जा सकता है कि वह उद्‌देश्य सफल हो गया। भवानंद के मुख से करोड़ों भारतीयों का मनोगत भाव व्यक्त होता है। भवानंद कहते हैं, 'हम सब लोग देशमाता के अलावा अन्य किसीको माता मानते ही नहीं। मातृभूमि ही हमारा सर्वस्व है! जब तक हमारा देश स्वतंत्र नहीं हो जाता, देश ही मेरा धर्म और देश ही मेरी सबसे बड़ी साधना होगी। इसके अतिरिक्त अन्य किसी साधना को हम नहीं जानते, नहीं मानते और नहीं समझते।' 'वंदे मातरम्' गीत भी सुस्पष्ट और दुविधाविहीन शब्दों में यही सार प्रकट करता है।

'वंदे मातरम्' के विरोध में फतवे इसलाम धर्म या मुल्ला-मौलवियों की ओट से चंद बैरिस्टर और राजनेताओं ने निकाले हैं। सवाल यह है कि जिन मुसलिम राजनेताओं ने 'वंदे मातरम्' को विवाद में खींचा है, स्वयं उन्होंने इसलाम का कितना पालन किया है? मसजिदों में जाकर कितनी बार नमाज अदा की है? राजनीति के दाँव-पेंचों तथा धकापेल के कारण उनकी धार्मिक आस्था भी राजनीति का मुलम्मा चढ़ाई हुई ही थी। और ऐसे पाखंडियों ने ही 'वंदे मातरम्' को मूर्तिपूजक कहकर उसका विरोध किया है। खिलाफत आंदोलन के दिनों मौलाना अकरम खाँ ने कुरान का आधार लेते हुए ही मुसलमानों से कांग्रेस की सहायता करने के लिए कहा था। उस समय 'वंदे मातरम्' के विरुद्ध कुरान में उन्हें कोई प्रमाण नहीं मिला था। ये ही लोग मुसलिम लीग को मजबूत करने के लिए कुरान का हवाला देते हुए 'वंदे मातरम्' का विरोध करने के लिए खड़े हो गए। यह गीत वास्तव में इसलाम विरोधी होता तो खिलाफत आंदोलन के दिनों सभाओं में भाषण देनेवाले अहमद अली, शौकत अली, जाफर अली और अन्य मुसलिम नेता उसके विरोध में अवश्य बोलते; किंतु उस समय इन सभाओं में 'वंदे मातरम्' के गायन के समय ये ही लोग खड़े होते और बिना किसी शिकवा-शिकायत के गीत गायन करते भी थे। स्वयं बैरिस्टर जिन्ना भी प्रारंभिक समय में 'वंदे मातरम्' के प्रति नितांत आदरभाव रखनेवालों में थे। सभा में 'वंदे मातरम्' गायन के समय खड़े न होनेवालों अथवा उसे उचित सम्मान न देनेवालों पर गुस्सा भी जताते थे। तो क्या धर्मांधता के कारण यकायक यह सारा प्रेम गायब हो गया? और कांग्रेस की

ओर से यह कहा जाना कि जिन मुसलिम लोगों को यह गीत इसलाम विरोधी लगता हो, वे इसे न गाएँ और यह माँग करना कि सभी लोग इस गीत को न गाएँ, या इसके कुछ चरण काट दिए जाएँ, सरासर गलत ही था। मौलाना रेजा उल करीम ने 'वंदे मातरम्' पर उठाई जानेवाली इन सभी आपत्तियों को स्पष्ट तर्क प्रस्तुत करते हुए निरस्त कर दिया, फिर भी मुसलिम लीग के नेताओं द्वारा इसका विरोध कम नहीं हुआ।

जुलाई १९३७ में चुनाव हुए और प्रांतीय मंत्रिमंडलों की स्थापना हुई। विविध प्रांतों में कांग्रेस की सरकारें सत्तारूढ़ हुईं। ग्यारह में से आठ प्रांतों में कांग्रेस मंत्रिमंडल बने। यद्यपि राजकाज का मुख्य सूत्र अंग्रेजों ने अपने ही हाथों में रखा था, तथापि कांग्रेस को थोड़े-बहुत अधिकार तो मिले ही थे। उन्हीं दिनों 'वंदे मातरम्' को राष्ट्रीय गीत का स्थान प्राप्त न होने देने के लिए फिर से कोशिशें शुरू हो गईं। मुसलमानों द्वारा 'वंदे मातरम्' की मातृभूमि अथवा देवी-पूजन पर उठाई गई आपत्तियों का बँगला समाचार-पत्रों ने जोरदार विरोध किया। 'प्रवासी' के संपादक रामानंद चटर्जी ने लिखा, 'रिपुदलवारिणी में वर्णित 'रिपु' मुसलमान नहीं हैं, क्योंकि मूल गीत में त्रिशतकोटि ऐसा जो उल्लेख है वह जनसंख्या से संबंधित है और उस संख्या में मुसलमानों की संख्या भी अंतर्निहित है। 'आनंदमठ' में इस गीत का समावेश किया गया है, इसलिए उसका अर्थ इसलाम विरोधी लगाना पूर्णत: गलत है। वास्तव में कवि तथा लेखक ने अंग्रेजों को ही 'रिपु' माना है।'

इन आपत्तियों में कहाँ तक सच्चाई है, इसकी पड़ताल कराने के लिए कांग्रेस ने एक समिति नियुक्त की। उसमें रवींद्रनाथ ठाकुर, सुभाषचंद्र बोस, मौलाना आजाद और जवाहरलाल नेहरू को लिया गया। पं. जवाहरलाल और रवींद्रनाथ ने आपस में चर्चा की। उसीके बाद रवींद्रनाथ की सम्मति एवं सूचना के आधार पर इस गीत का विच्छेदन किया गया, ऐसी अफवाहें गरम हुईं। सन् १९३८ के हरीपुरा कांग्रेस अधिवेशन में गीत के पहले दो चरण ही स्वीकार किए गए। इस बात पर रवींद्रनाथ की जमकर आलोचना हुई। उससे उन्हें निश्चय ही दु:ख हुआ होगा, क्योंकि बंकिमचंद्र और 'वंदे मातरम्' से उन्हें अत्यंत प्रेम था और 'वंदे मातरम्' का रूढ़ार्थ से प्रथम गायन जाहीर जलसे में स्वयं उन्होंने ही किया था। अत: इन अफवाहों और आलोचनाओं का उत्तर देने के लिए रवींद्रनाथजी ने २ नवंबर, १९३७ को इस बारे में एक निवेदन-पत्र प्रकाशित किया।

उसमें रवींद्रनाथ ने लिखा, 'अत्यंत खेद की बात है कि 'वंदे मातरम्' गीत हमारा राष्ट्रीय गीत हो सकता है या नहीं, इस बात को लेकर आज तक काफी विवाद हुआ है। इसपर सोचते समय मुझे एक घटना याद आती है कि इस गीत के रचयिता के जीवनकाल में इस गीत को सबसे पहले स्वरबद्ध करने का भाग्य मुझे मिला था। कलकत्ता कांग्रेस के एक अधिवेशन में यह गीत स्वयं मैंने ही गाया था। इस गीत के पूर्वार्द्ध में अत्यंत कोमल भावनाओं एवं श्रद्धाओं का संगम है। साथ ही अपनी मातृभूमि के सौंदर्य का परिचय कराया

है। अत: इस गीत ने मुझे अत्यंत प्रभावित किया था। यही कारण था कि यह गीत जिस पुस्तक (आनंदमठ) में प्रकाशित हुआ था उससे इस गीत को अलग करने में मुझे कोई कष्ट नहीं हुआ। मेरे पिताजी 'एकेश्वरवादी' थे। उनके उस आदर्श में समरस होते हुए भी मुझे इस संपूर्ण गीत के प्रति नितांत आदर है।

'शासकों ने जब हम लोगों की इच्छा के विरुद्ध बंगाल का विभाजन करने की ठानी थी तब उनके विरुद्ध किए गए संग्राम की संकटमय घड़ी में इस गीत का रूपांतरण एक 'राष्ट्रीय गीत' के रूप में हो गया। उसके बाद की अनेक गतिविधियों में 'वंदे मातरम्' तेजी से विजय घोष के रूप में प्रकट हुआ। उसके पीछे हमारे अनेक युवकों का त्याग है। आज इन सब घटनाओं का उल्लेख करने का समय आ गया है।

'बंकिमचंद्र का यह संपूर्ण गीत जिस पुस्तक में है, उसके मजमून के साथ इस गीत को पढ़ा जाए तो मुसलिम लीग को ठेस पहुँचेगी, इसे मैं निस्संकोच स्वीकार करता हूँ; किंतु इस गीत का पहला भाग, जो 'राष्ट्रीय गीत' माना जाता है, वह भाग उपन्यास की कथावस्तु में जिन घटनाओं के अनुसार बाँधा गया है उन घटनाओं का विचार करना जरूरी नहीं है। इस गीत का अपना एक स्वतंत्र स्थान है। उसने एक प्रेरणादायी गीत का सम्मान पहले ही प्राप्त कर लिया है। उसपर किसी भी सांप्रदायिक अथवा धर्माधिष्ठित घटकों को कोई आपत्ति नहीं होनी चाहिए।' ('वंदे मातरम् गीत का जनमानस पर प्रभाव', लेखक—श्री विश्वनाथ मुखर्जी)

इस गीत के इस तरह विच्छेदन से भी मुसलिम लीग के नेता संतुष्ट नहीं हुए। १७ मार्च, १९३८ को बैरिस्टर जिन्ना ने पं. नेहरू से माँग की कि 'वंदे मातरम्' गीत पूर्णत: त्याग दिया जाए। यही माँग मुंबई में उन्होंने गांधीजी से भी की। यद्यपि गांधीजी ने 'वंदे मातरम्' के विरोध में निर्णय नहीं दिया। उन्होंने 'वंदे मातरम्' का पक्ष-पोषण भी नहीं किया। 'हरिजन' पत्रिका में उन्होंने लोगों को उपदेश भी किया, 'हिंदू और मुसलमान जहाँ इकट्ठा होंगे वहाँ 'वंदे मातरम्' को लेकर कोई बावेला मैं बरदाश्त नहीं करूँगा।' गांधीजी की इस 'नरो वा कुंजरो वा' भूमिका का मुसलिम लीग को फायदा मिला। सन् १९४० में कांग्रेस की नियमावली में 'वंदे मातरम्' गाने पर पाबंदी लगा दी गई।

डॉ. राजेंद्र प्रसाद जैसे संतुलित विचारधारावाले राजनेता ने भी 'वंदे मातरम्' के बारे में मुसलिम नेताओं की झूठी शिकायतों की आलोचना की। मुसलिम लीग ने कांग्रेस शासित प्रांतों में मुसलमानों पर अत्याचार होने का प्रचार किया, तो सच्चाई जानने के लिए कांग्रेस ने पीरपूर महाराजा की अध्यक्षता में एक समिति का गठन किया। उसकी रपट 'पीरपूर रपट' के नाम से प्रख्यात है। उसपर भी डॉ. राजेंद्र प्रसाद ने टिप्पणी की थी—

'किसी समाज-विघातक कारनामे की जाँच के लिए जाँच समिति नियुक्त करने के लिए नेता लोग हमेशा तैयार रहते हैं। ऐसी जाँच से सत्य कभी बाहर आता ही नहीं, और

सत्य का पर्दाफाश होनेवाला हो तो उसे दबा देने के लिए भी ये नेता तत्पर रहते हैं। किसी बात को ठंडे बस्ते में डालना हो तो उसके लिए जाँच समिति बैठाने की परंपरा स्वतंत्रता पूर्व काल से आज तक चली आ रही है। यह बात ऐसी समितियों के कामकाज से स्पष्ट हो जाती है। यह सिलसिला आज तक चला आ रहा है। मूल उद्देश्य को नष्ट करना ही ऐसी समितियों का काम रह गया है।

' 'वंदे मातरम्' के बारे में विचार (?) करने के लिए समितियाँ नियुक्त कर उन्होंने 'वंदे मातरम्' काव्य तथा उसमें निहित विचारधारा का नुकसान ही किया है। स्वतंत्रता प्राप्ति से पूर्व रही इस परिस्थिति में स्वतंत्रता प्राप्ति के बाद भी कोई परिवर्तन नहीं आया है यह सबसे दुर्भाग्यपूर्ण बात है।'

आकाशवाणी ने मास्टर कृष्ण राव फुलंब्रीकर को 'वंदे मातरम्' का गायन करने से मना कर दिया तो इसपर मास्टरजी ने आकाशवाणी का बहिष्कार किया। यह स्वतंत्र अध्याय में आगे दिया गया है (कृपया 'संगीत' शीर्षक अध्याय देखें)। सरकारी स्तर पर मुसलिम लीग द्वारा 'वंदे मातरम्' का जो विरोध हो रहा था, उससे क्रांतिकारियों अथवा सत्याग्रही कार्यकर्ताओं को कोई सरोकार नहीं था। अत: इस विरोध के चलते भी 'वंदे मातरम्' का आम जनता पर प्रभाव तथा आंदोलनों में 'वंदे मातरम्' का उद्घोष जरा भी कम नहीं हुआ था। इसीलिए, वास्तव में मुसलमानों का स्वतंत्र धर्माधिष्ठित देश बन जाने के बाद उर्वरित हिंदुस्थान का राष्ट्रगीत कौन सा हो, यह विवाद खड़ा ही नहीं होना चाहिए था। वह स्थान और सम्मान स्वाभाविक और सहजता से 'वंदे मातरम्' को ही मिलना चाहिए था। इसके बारे में जनमानस में कोई शंका भी नहीं थी। किंतु किसी सर्वोच्च स्थान पर आसीन व्यक्ति की हठधर्मिता के कारण यह स्थान छीना जा सकता है, इसका अनुमान दुर्भाग्य से 'वंदे मातरम्' के विषय में ही देश को मिला। इस विषय में कांग्रेस की भूमिका पहले से ही कमजोर थी। इसलिए कांग्रेस के अन्य नेताओं ने अपने वरिष्ठ नेताओं की 'वंदे मातरम्' को दोयम स्थान देने की भूमिका का कोई विरोध नहीं किया। जिस कांग्रेस के अधिवेशन में रवींद्रनाथ जैसे महाकवि ने 'वंदे मातरम्' का पहला जाहीर गायन किया, जिस कांग्रेस ने 'वंदे मातरम्' को सभा-सम्मेलनों और समारोहों में सम्मान प्रदान किया उसी कांग्रेस ने 'वंदे मातरम्' गीत का विच्छेदन किया, उसे काटा-छाँटा और स्वतंत्रता प्राप्ति के बाद भी दोयम स्थान दिया—यह विरोधाभास अनपेक्षित था।

□

महात्मा गांधी, पं. नेहरू और 'वंदे मातरम्'

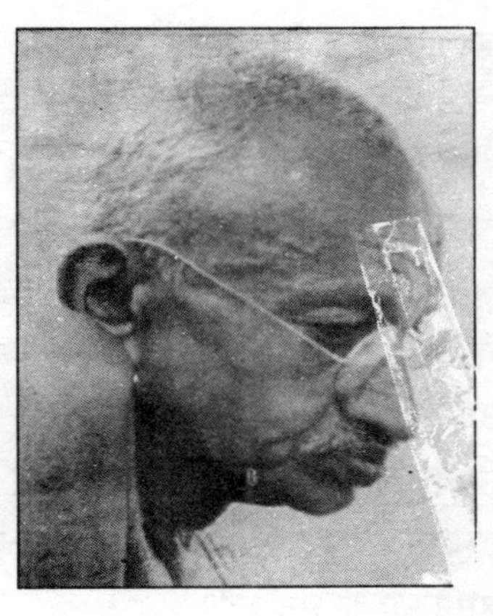

कांग्रेस की स्थापना (१८८५) से आजादी (१९४७) मिलने तक के बासठ वर्षों के कांग्रेस के इतिहास में अनेक धर्मों के नेताओं ने उसकी अध्यक्षता की है। उनमें कुछ के नाम इस प्रकार हैं—सर फिरोजशाह मेहता (१८९०, कलकत्ता), दादाभाई नौरोजी (१८८६, कलकत्ता; १८९३, लाहौर; १९०६, कलकत्ता), दिनशा वाच्छा (१९०१, कलकत्ता) ये पारसी नेता थे।

बदरुद्दीन तैयबजी (१८८७, मद्रास), मोहम्मद रहीमतुल्ला सयानी (१८९६, कलकत्ता), नवाब सैयद मोहम्मद बहादुर (१९१३, कराची), मौलाना मोहम्मद अली (१९१३, काकीनाडा), डॉ. एम.ए. अंसारी (१९२७, मद्रास), मौलाना आजाद (दिल्ली)—ये मुसलिम नेता थे। कुछ ब्रिटिश व्यक्ति भी कांग्रेस के अध्यक्ष रहे; किंतु अकेले मौलाना मोहम्मद अली के अलावा किसीने 'वंदे मातरम्' का विरोध नहीं किया था। कांग्रेस ने 'वंदे मातरम्' के संदर्भ में अपने रंग बदलना १९३० के बाद प्रारंभ किया। गांधीजी ने कांग्रेस के साथ ही

आंदोलन की एक विशिष्ट पद्धति तैयार की थी। आंदोलन की उनकी परिभाषा भी अलग ही थी। गांधीजी की आध्यात्मिक तथा आत्मिक सतह काफी ऊँची थी। अपने विचारों की छाप अपनी कृति से तथा आचरण से जनमानस पर छोड़ते हुए उन्होंने असंख्य अनुयायी तैयार किए थे। स्वतंत्रता प्राप्ति के बाद इनमें से कुछ अनुयायियों ने ही गांधीवादी विचारों का अवमूल्यन किया। लोकमान्य तिलक जैसे चंद नेताओं के अतिरिक्त स्वतंत्रता आंदोलन के दौरान सारे देश में अपने विचारों के अनुयायी तैयार करनेवाले नेताओं की संख्या बहुत ही कम थी। सशस्त्र क्रांति के कुछ प्रयास हुए भी, किंतु उनके आंदोलन अपने-अपने प्रांतों तक ही सीमित रहे। अपवाद थी केवल 'आजाद हिंद फौज'। इसीलिए सशस्त्र आंदोलनों का महत्त्व और सामर्थ्य अधिक होते हुए भी वे सब गांधीजी के जन-आंदोलनों के कारण कुछ निस्तेज से हो गए थे। गांधीजी दक्षिण अफ्रीका में रहे, फिर भी उनका आचरण, बरताव तथा विचारधारा भारतीय संस्कृति के अनुसार ही रही। हालाँकि उनपर पाश्चात्य विचारों का प्रभाव अवश्य था, किंतु उनका रहन-सहन तथा भारतीय जीवन-शैली बिलकुल नहीं बदली। भारत लौट आने पर उन्होंने सारे देश की यात्रा की। यहाँ की परिस्थिति को अच्छी तरह से देखा-समझा और यहाँ के आंदोलनों में शामिल हो गए। अल्पावधि में ही जन-आंदोलनों का नेतृत्व भी उनके हाथों में आ गया। बंग-भंग विरोधी आंदोलन के जमाने में उन्होंने 'वंदे मातरम्' की लोकप्रियता देखी थी। 'वंदे मातरम्' के बारे में गांधीजी ने अनेक सभाओं तथा लेखों में अपने विचार प्रस्तुत किए थे। सब जगह 'वंदे मातरम्' के प्रति उनके नितांत आदर की भावना ही झलकती थी; किंतु आगे चलकर 'वंदे मातरम्' के कारण उत्पन्न विवाद से बचने के लिए गांधीजी ने सौम्य भूमिका अपनाई, जो इस गीत के लिए हानिकारक बन गई।

सन् १९०५ में गांधीजी ने लिखा था, 'बंकिमचंद्र द्वारा रचित 'वंदे मातरम्' गीत अब सारे बंगाल में काफी लोकप्रिय हो गया है। स्वदेशी के आंदोलन के लिए बंगाल में हो रही विशाल जनसभाओं में आनेवाले लाखों लोग इस गीत को बड़े प्रेम से गाते हैं। इस गीत को हमारा राष्ट्रगीत बनना चाहिए, इतनी लोकप्रियता इसे मिल चुकी है, ऐसा कहा जा रहा है। अनेक राष्ट्रगीतों की तुलना में 'वंदे मातरम्' अत्यंत भावोत्कट और मधुर गीत है। अन्य राष्ट्रगीतों में जहाँ दूसरों के बारे में निंदा का स्वर पाया जाता है वहाँ 'वंदे मातरम्' में ऐसी कोई द्वेष-भावना नहीं है, कोई दोष नहीं है। इस गीत का केंद्रबिंदु तो यही है कि हममें देशभक्ति की भावना जाग जाए। बंकिमचंद्र ने भारत को ही माता माना है और वे भारत माता की प्रशंसा ही इस गीत में गाते हैं। हम अपनी माँ में जो सद्गुण देखते हैं, उन सारे गुणों को कवि ने भारत माता में देखा है। हम अपनी माँ की पूजा करते हैं, उसी ढंग से यह गीत भी भारत माता की भावपूर्ण वंदना करता है। यद्यपि इस गीत में काफी शब्द संस्कृत के हैं। वे समझने में आसान हैं, और उसकी भाषा बँगला हो तो भी उसे कोई भी आसानी से गा

सकता है। यह गीत इतनी उच्च कोटि का है कि हम उसे देवनागरी लिपि तथा गुजराती में भी प्रकाशित करवा रहे हैं।'

'वंदे मातरम्' के बारे में गांधीजी के इन विचारों में सन् १९३६ में भी बड़ा बदलाव नहीं आया था। उन्होंने लिखा था, 'कवि ने भारत माता का वर्णन करते हुए अनेक सुंदर विशेषणों का प्रयोग किया है। वे भारत माता को सुहासिनी, सुमधुरभाषिणी, सुगंधा, बहुबलधारिणी, सुखदा, सत्यवादिनी, दूध और मधुमयधारिणी, फुल्लकुसुमित, सुफला, शस्यश्यामला और इसे महान् स्वर्णयुगवासिनी तथा हमारी परिकल्पना की महान् जाति के लोगों की भूमि कहते हैं। इस प्रकार वे हमारे सम्मुख जिस भूमि का चित्र खड़ा करते हैं वह हमारी राय में अपने में समस्त मानव जाति को अपने अधिकार में समा लेती है। ऐसा वह किसी भौतिक शक्ति से नहीं, आत्मिक शक्ति से ही करती है। क्या हम इस स्तुति को गा सकते हैं ? मैं अपने आपसे प्रश्न करता हूँ कि क्या यह गीत गाने का अधिकार मुझे है ? क्या मेरी इतनी पात्रता है ? ये शब्द सहजता से भविष्य का चित्र खड़ा करते हैं। इसका बोध होते ही यह विचार मन में आता है कि मातृभूमि का वर्णन करने के लिए कवि ने जो-जो शब्द प्रयोग किए हैं, उन्हें साकार करने की आशा तुम्हारे पर टिकी है। आज मुझे लगता है कि इस गीत में भारत माता के लिए जो विशेषण प्रयोग किए गए हैं उनमें से कुछ के अनुसार तो भारत माता आज नहीं है। उसे उन विशेषणों के अनुसार बनाने की जिम्मेदारी मुझपर और आपपर है।'

आगे चलकर 'वंदे मातरम्' का मुसलिम लीग द्वारा किया जानेवाला विरोध तीव्रतर होता गया। मुसलिम लीग की आततायी माँगों के कारण गांधीजी झुँझलाए थे, परेशान भी थे। संभव है, 'वंदे मातरम्' को लेकर विवाद खड़ा हुआ तब गांधीजी की मानसिकता दुविधा में पड़ गई हो। 'हरिजन' में १ जुलाई, १९३९ को उनके लेख से यही प्रतीत होता है। अंग्रेजी में लिखा मूल लेख इस प्रकार था—

Mahatma Gandhi On Vande Mataram

"...No matter what its source was and how and when it was composed, it had become a most powerful battle cry among Hindus and Mussalmans of Bengal during the partition days. It was an anti-imperialist cry. As a lad, when I knew nothing of Ananda Math or even Bankim, its immortal author. Vande Mataram had gripped me, and when I first heard it sung, it had enthralled me. I associated the purest national spirit with it. It never occurred to me that it was a Hindu song or meant only for Hindus. Unfortunately, now we have fallen on evil days. All that was pure gold before has become base metal today. In such times it is wisdom not to market pure gold and let it be sold as base matel. I would not risk a single quarrel over singing Vande Mataram at a mixed gathering. It will never suffer from disuse. It is enthroned in the hearts of millions. It stirs to its depth the patriotism of millions in and outside Bengal. Its chosen stanzas are Bengal's gift among may others to the whole nation."

—'Harijan', July 1, 1939

'इस गीत का प्रेरणास्थान क्या था, और वह कब और कैसे लिखा गया, इससे हमें कोई मतलब नहीं; किंतु बंगाल-विभाजन के विरोध में यह हिंदुओं और मुसलमानों के लिए एक अत्यंत सशक्त युद्धघोष बन गया था, इसमें कोई संदेह नहीं। यह गीत साम्राज्यवाद के विरोध में जन-आक्रोश था। अपने बचपन में मुझे 'आनंदमठ' के बारे में कोई जानकारी नहीं थी। बंकिमचंद्र का तो शायद नाम भी नहीं सुना था। फिर भी 'वंदे मातरम्' मेरे मन में गहरा पैठ गया। इसका गायन मैंने पहली बार सुना तो मैं रोमांचित हो गया। इसपर मैं मोहित हो गया। उसमें मुझे संपूर्ण और केवल राष्ट्रीय भावना ही दिखाई दी। मुझे ऐसा कतई नहीं लगा कि यह गीत एक 'हिंदू गीत' है और यह केवल 'हिंदुओं के लिए' ही है। दुर्भाग्य से आज हम बुरे दिन देख रहे हैं। जो विशुद्ध सोना है, आज पीतल बनकर रह गया है। ऐसे समय में उसे सोने के बजाय पीतल मानकर ही बेचना अच्छा। सार्वजनिक स्थानों में 'वंदे मातरम्' को लेकर झगड़ा-फसाद मैं कदापि बरदाश्त नहीं करूँगा। उसका दुरुपयोग भी नहीं किया जाना चाहिए। यह गीत आज करोड़ों लोगों के हृदय में पैठ गया है। वह बंगाल में ही नहीं, उसके बाहर भी जनमानस में गहरा स्थान प्राप्त कर चुका है। इस गीत के जो चरण चुने गए हैं वे राष्ट्रभावना का निर्माण करते हैं और यह गीत सारे देश को बंगाल द्वारा दिया गया उपहार है।'

व्यक्तिगत रूप से गांधीजी इस गीत का विरोध नहीं कर रहे थे। किंतु इस गीत के कारण हिंदू-मुसलमानों में बढ़ते जा रहे तनाव को कम करने के लिए ही शायद उन्होंने ऐसी भूमिका अपनाई होगी। सन् १९४६-४७ के बीच के घटनाचक्र ने तो गांधीजी को बेचैन कर डाला था। देश का विभाजन न हो, यह चाहनेवाले गांधीजी को उस विभाजन को स्वीकार करना पड़ा। सांप्रदायिकता की जिस धधकती आग में देश का विभाजन हुआ, उसमें हुई भारी हिंसा से गांधीजी बहुत व्यथित थे। विभाजन को स्वीकार करना पड़ा, यह उनकी व्यक्तिगत हार तो थी; किंतु उसके कारण भी उन्हें उतना दुःख नहीं हुआ जितनी कि जीवन भर जिस अहिंसा के सिद्धांत को गले से लगाकर वे हिंदू-मुसलिम एकता के लिए प्रयत्नशील रहे थे, उस सिद्धांत के उस भयानक हिंसाचार में नष्ट होने की पीड़ा उन्हें हुई थी।

आजादी के आठ दिन बाद ही कलकत्ता के देशबंधु पार्क में २२ अगस्त, १९४७ को दिए अपने भाषण में गांधीजी ने कहा था, 'वंदे मातरम् कोई धार्मिक नारा नहीं था वह एक विशुद्ध राजनीतिक नारा ही था। कांग्रेस को इसकी जाँच करवानी पड़ी थी। इसके बारे में गुरुदेव रवींद्रनाथ ठाकुर की राय भी ली गई थी। उस समय इस गीत की प्रारंभिक पंक्तियाँ ऐसे सभी आक्षेपों से मुक्त हैं। उचित प्रसंगों पर इस गीत का सामुदायिक गायन करना चाहिए, कांग्रेस कार्यकारिणी के सभी हिंदू और मुसलमान सदस्य इसी निष्कर्ष पर पहुँचे

थे। यह गीत किसी भी समय मुसलमानों को अपमानित अथवा नाराज करनेवाला न बने। इसी 'वंदे मातरम्' के नारे ने बंगाल की राजनीति को प्रज्वलित किया है, इसे सदैव ध्यान में रखें। अनेक बंगाली नेताओं ने यही जयघोष करते हुए देश की आजादी के लिए प्राणार्पण किया है। अत: 'वंदे मातरम्' को भारत माता की प्रार्थना के रूप में देखा जाए, यही मेरी हार्दिक कामना है। सारा भारत सुषुप्तावस्था में था जब 'वंदे मातरम्' राष्ट्रगीत के जयघोष ने उसे जगाया, चेताया था—और मेरी जानकारी के अनुसार हिंदू और मुसलमानों दोनों ने इसको स्वीकार किया था।'

आजादी के कुछ ही दिनों बाद गांधीजी की हत्या हो गई और उसके कारण भारतीय राजनीति का एक चरण समाप्त हो गया। उनके उपर्युक्त वक्तव्य से लगता है कि संविधान सभा के कामकाज में राष्ट्रगीत के बारे में जब निर्णय किया गया तब गांधीजी जीवित होते तो शायद उन्होंने 'वंदे मातरम्' के बारे में सकारात्मक रवैया अपनाया होता; उनके बाद राजनीति में ऐसा कोई नेता नहीं रहा जो पं. नेहरू के प्रारंभ से ही जन-गण-मन के बारे में रहे आग्रह का आधिकारिक वाणी में विरोध करता और पंडितजी भी जिसकी राय को स्वीकार कर लेते।

पं. नेहरू और वंदे मातरम्

महात्माजी के राजनीतिक उत्तराधिकारी माने जानेवाले पं. नेहरू के पूर्व संस्कार, विचार-शैली, रहन-सहन महात्माजी से सर्वथा भिन्न था। गांधीजी के प्रभाव में आने के बाद अवश्य ही नेहरूजी के व्यक्तित्व में अनेक बदलाव आ गए। नेहरूजी के व्यक्तित्व पर पाश्चात्य शिक्षा और विचारधाराओं का प्रभाव था; किंतु प्रगल्भ व्यक्ति के धनी मोतीलाल नेहरू जैसे पिता से उन्हें देशभक्ति और देश-स्थिति की ओर देखने की प्रवृत्ति भी मिली थी। सन् १९०५ में जवाहरलाल नेहरू इंग्लैंड में जब अपनी पढ़ाई कर रहे थे, १६ नवंबर, १९०५ को उन्हें अपने पत्र में मोतीलाल नेहरू ने 'वंदे मातरम्' के बढ़ते प्रभाव के बारे में लिखा था, 'हम इस समय ब्रिटिश शासन के अंतर्गत भारत के इतिहास के शायद सबसे मुश्किल दौर से गुजर रहे हैं।...यहाँ इलाहाबाद में भी 'वंदे मातरम्' आम अभिवादन बन गया है। यह अभियान इसी तरह चलता रहा तो तुम वापस आओगे तब तक माहौल काफी कुछ बदला हुआ पाओगे।'

आगामी दिनों में पं. जवाहरलाल नेहरू कांग्रेस के कर्मठ युवा नेता के रूप में ख्याति प्राप्त करने लगे। गांधीजी की भाँति नेहरू की सभाओं में भी युवा वर्ग बड़ी संख्या में आने लगा। इन सभी आंदोलनों में नेहरूजी ने 'वंदे मातरम्' द्वारा अभिमंत्रित वातावरण को स्वयं अनुभव किया था। स्वतंत्रता संग्राम में 'वंदे मातरम्' को प्राप्त स्थान अटल था। सन् १९३८ में जवाहरलाल नेहरू ने कहा था, 'तीस वर्ष से अधिक समय से 'वंदे मातरम्' गीत भारतीय

राष्ट्रवाद से जुड़ा है और इसमें लोगों की अनगिनत भावनाएँ तथा बलिदानों की स्मृतियाँ अंतर्निहित हैं। लोकगीत किसीके आदेश से नहीं बनाए जाते, नहीं बनते, न ही वे किसी पर थोपे जा सकते हैं। वे तो लोकमानस में अपने आप विकसित हुआ करते हैं।'

यही कारण था कि आजादी के बाद राष्ट्रगीत के प्रश्न पर उत्पन्न विवाद में 'वंदे मातरम्' को दोयम स्थान पर बिठाते हुए भी नेहरू ने जो कारण दिए थे वे इस गीत के आशय अथवा उसकी शब्द रचना पर आक्षेप लगानेवाले नहीं, बल्कि 'वंदे मातरम्' संगीत के बारे में थे। यह सोचकर कि 'वंदे मातरम्' पर आपत्ति उठाई तो शायद बात अपने पर ही उलटी पड़ सकती है और लेने के देने पड़ सकते हैं; पं. नेहरू ने अत्यंत सावधानीपूर्वक 'जन-गण-मन' को राष्ट्रगीत का स्थान दिलाने के लिए कदम उठाए। नेहरू के मन में शुरू से ही 'जन-गण-मन' को ही पहला स्थान प्राप्त था। सुभाष बाबू ने नेहरू के समय में 'वंदे मातरम्' के प्रति कनिष्ठता का आचरण कैसे किया जा रहा है, स्वयं देखा था। इसीलिए कांग्रेस से बाहर निकलने के बाद और आगे चलकर 'आजाद हिंद फौज' की स्थापना के पश्चात् उन्होंने 'फौज' के संचलन गीतों में 'वंदे मातरम्' को राष्ट्रगीत का स्थान दिया था। अपने कांग्रेस अध्यक्ष के कार्यकाल में 'वंदे मातरम्' पर हुए अन्याय की मानो वे क्षतिपूर्ति कर रहे थे। सुप्रसिद्ध बंगाली संगीतकार तिमिर बरन भट्टाचार्य द्वारा तैयार की गई संगीत रचना आजाद हिंद फौज में प्रचलित थी।

'भारत छोड़ो आंदोलन' की भाँति स्वतंत्रता संग्राम के अंतिम पर्व में नौसैनिकों द्वारा किए गए विद्रोह से भी 'वंदे मातरम्' का ही जयघोष होता था। आजादी की आहट पाते ही पं. नेहरू ने 'जन-गण-मन' के पक्ष को आगे बढ़ाना शुरू किया। 'वंदे मातरम्' के शब्दों अथवा आशय के बारे में चुप्पी साधकर उसकी लय, ताल और सुरों के बारे में ही शिकायतें शुरू करवाईं। इन शिकायतों को दूर करने के लिए मास्टर कृष्णराव फुलंब्रीकर, श्री वि.दे. अंभईकर सरीखे संगीतकारों ने संसद् तथा संविधान सभा के सामने अपनी-अपनी संगीत रचनाओं को पेश किया। किंतु चूँकि नेहरू के मन में 'जन-गण-मन' का स्थान अडिग ही था, इन संगीतकारों को निराशा ही हाथ लगी। दिलीपकुमार राय आध्यात्मिक प्रवृत्ति के संगीतकार थे। उन्होंने भी 'वंदे मातरम्' के लिए काफी कोशिशें कीं। कांग्रेस के अनेक प्रमुख नेताओं का समर्थन 'वंदे मातरम्' को ही प्राप्त था। किंतु नेहरू का शब्द सिर-आँखों पर होने के कारण कांग्रेस यहाँ भी एक कदम पीछे हट गई। आजादी के बाद सन् १९५० तक संविधान सभा का काम चलता रहा। उन दिनों 'जन-गण-मन' को ही आस्थायी राष्ट्रगीत का स्थान दिया जा चुका था। डॉ. राजेंद्र प्रसाद जैसे निस्पृह व्यक्ति भी इस बारे में कुछ बोलने के लिए तैयार नहीं थे। यह सोचकर कि शायद संविधान सभा का निर्णय भी 'वंदे मातरम्' के पक्ष में जाएगा, इतने महत्त्वपूर्ण प्रश्न पर रायशुमारी का तथा बहुमत से निर्णय करने का मार्ग नेहरू ने संसद् में अथवा संविधान सभा में नहीं अपनाया। जनतंत्रीय

सिद्धांतों में फिट बैठेगी, ऐसी पद्धति से पं. नेहरू ने 'वंदे मातरम्' के 'जन-गण-मन' को स्थान दिलाने की चेष्टा शुरू कर दी।

इस परिप्रेक्ष्य में २५ अगस्त, १९४८ को उन्होंने पार्लियामेंट में जो वक्तव्य दिया उसे मूल रूप से यहाँ दिया जा रहा है; क्योंकि उसको मूल रूप में पढ़ना आवश्यक है। वक्तव्य इस प्रकार था—

Jawaharlal Nehru on the National Anthem

...having a tune for the national anthem to be played by the orchestras and bands became an urgent question to us immediately after August 15, 1947. It was important from the point of view of our defence services and foreign embassies and delegations. It was obvious that God Save the king was not suitable for our army bands after the change-over to independence. We were constantly being asked about the tune to be played and could not give an answer because the ultimate decision could be made only by the Constituent Assembly.

The tune of Janaganamana had been slightly varied and adopted as the national anthem by the Indian National Army in South East Asia and it has subsequently attained a degree of popularity in India also.

The matter came to a head on the occasion of the General Assembly of the United Nations in 1947 in New York. Our delegation was asked for our national anthem to be played on a particular occasion. The delegation possessed a record of Janaganamana and they gave this to the orchestra to practise. When they played it before a large gathering, it was greatly appreciated and representatives of many nations asked for the musical score of this new tune which struck them as distinctive and dignified. This orchestral rendering of Janaganamana was recorded and sent to India. Our defence services bands began to play this tune and foreign embassies and delegations used it whenever required. Various countries sent us messages of appreciation and congratulations on this tune which experts considered to be superior to other national anthems they had heard. Expert musicians, bands and orchestra at home and abroad played it, sometimes, with slight variation of tune, with the result that All India Radio was able to collect a number of renderings.

Apart from the general appreciation with which this tune was received there was at the time not much choice for us, as there was no proper musical rendering of any other national song which we could send abroad. At the stage, I wrote to all the Provincial Governors and asked their views about adopting Janaganamana or any other song as the national anthem. I asked them to consult their Premiers before replying. I made it perfectly clear to them that the final decision rested with the Constituent Assembly, but owing to the urgent need of sending some directions to foreign embassies and the defence services, a provisional decision became essential. Every one of these Governors, except one (the Governor of the Central Provinces) signified his approval of Janaganamana. There upon the Cabinet considered the matter and came to decision that provisionally Janaganamana should be used till such as the Constituent Assembly came to a final decision.

Instructions were issued accordingly to the Provincial Governors. It was very clear that the wording of Janaganamana was not wholly appropriate and some changes would be necessary. What was important was the tune to be played by bands and orchestras, and not the wording.

Subsequently the new Premier of West Bengal informed that he and his Government preferred Vande Mataram.

That is the position at present. It is unfortunate that some kind of argument has arisen between Vande Mataram and Janaganamana. Vande Mataram is obviously and indisputably the premier national song of India with a great historical tradition, it was intimately connected with our struggle for freedom. That position it is bound to retain and no other song can displace it. It represents the passion and poignancy of that struggle but perhaps not so much the culmiation of it.

अर्थ :

'१५ अगस्त, १९४७ को आजादी मिलते ही तुरंत ऑर्केस्ट्रा और बैंड पर राष्ट्रगीत की धुन बजाना आवश्यक हो गया। हमारे सुरक्षा दलों, विदेशों में हमारे दूतावासों तथा प्रतिनिधिमंडलों की दृष्टि से यह महत्त्वपूर्ण बात थी। यह तो स्पष्ट ही था कि आजादी के बाद 'गॉड सेव द किंग' सैनिक बैंड के लिए उपयुक्त नहीं रहा था। उसी समय से हमसे पूछा जाने लगा था कि कौन सी धुन बजाई जाय? हमारे पास इसका कोई उत्तर नहीं था, क्योंकि अंतिम निर्णय संविधान सभा में ही होना था।

'जन-गण-मन की तर्ज में कुछ फेर-बदल कर उसे राष्ट्रगीत के रूप में दक्षिण-पूर्व एशिया में 'इंडियन नेशनल आर्मी' ने स्वीकारा और उसके बाद भारत में भी वह लोकप्रिय हो रहा है।

'न्यूयॉर्क में राष्ट्रसंघ की जनरल असेंबली में इस प्रश्न ने सन् १९४७ में फिर से सिर उठाया। हमारे वहाँ के अधिकारियों से राष्ट्रगीत की धुन माँगी गई। राष्ट्रगीत भी माँगा गया। हमारे अधिकारियों के पास उस समय 'जन-गण-मन' की ध्वनि मुद्रित थी, जो उन्होंने अध्ययन करने के लिए वाद्यवृंद को दे दी। यू एन ओ के बैंड ने सबके समक्ष जब उस धुन को प्रस्तुत किया तो सभी को वह बहुत पसंद आई और अनेक देशों के प्रतिनिधियों ने इस नई धुन की स्वर लिपि की माँग की। 'जन-गण-मन' की मुद्रित धुन भारत भिजवाई गई। हमारी सेना के बैंड पर यह धुन बजाई जाने लगी। विदेशों में हमारे दूतावास तथा प्रतिनिधिमंडल भी उसका उपयोग करने लगे। अन्य देशों के जानकारों के अनुसार यह धुन अन्य राष्ट्रगीतों

से श्रेष्ठ थी। जानकारों के ये प्रशंसनीय अभिमत हमारे प्रतिनिधियों ने हमें भेजे। संगीतज्ञों तथा घोष-पथकों ने देश-विदेशों में इसे बजाया। कहीं-कहीं तर्ज में कुछ परिवर्तन करते हुए इसे बजाया गया। ऑल इंडिया रेडियो के पास तो ऐसी सभी तर्जों का एक संग्रह ही हो गया है। इस धुन को मिली प्रशंसा की बात रहने भी दें तब भी उस समय तो अन्य कोई विकल्प था ही नहीं। विदेशों को भेजने की योग्यता का अच्छी संगीत रचनावाला अन्य किसी राष्ट्रगीत का प्रस्तुतीकरण हमारे पास उपलब्ध नहीं था। ऐसे में मैंने सभी राज्यों के राज्यपालों को पत्र लिखकर पूछा कि 'जन-गण-मन' अथवा अन्य कौन से गीत को राष्ट्रगीत के रूप में स्वीकार किया जाय? इस विषय पर उनकी राय भी माँगी। पत्र में मैंने उन्हें सूचित किया कि इसका उत्तर भेजने से पूर्व अपने मुख्यमंत्री से चर्चा करें। यह भी साफ शब्दों में लिखा कि इसका अंतिम निर्णय तो संविधान सभा ही करेगी, किंतु विदेशों में दूतावासों तथा सुरक्षा सेवाओं के लिए तुरंत निर्णय लेने तथा अंतरिम समय के लिए तत्काल कोई निर्णय करने की आवश्यकता थी। सेंट्रल प्रॉविन्सेस के राज्यपाल के अतिरिक्त सभी ने 'जन-गण-मन' को ही मान्यता दी। मंत्रिपरिषद् ने इसपर विचार किया और जब तक संविधान सभा का अंतिम निर्णय नहीं हो जाता तब तक के समय में 'जन-गण-मन' का उपयोग करने के अंतिम निष्कर्ष पर परिषद् पहुँच गई। तदनुसार प्रांतों के राज्यपालों को निर्देश चिह्न दिए गए।

' 'जन-गण-मन' में कुछ मात्रा की त्रुटियाँ थीं और उसमें कुछ परिवर्तन या बदल करना आवश्यक था। फिर भी सबसे अहम बात यह कि ऐसे परिवर्तन में शब्दों की अपेक्षा धुन को ही पसंद करना था, ताकि उसकी धुन बैंड या वाद्यवृंद पर आसानी से बजाई जा सके।

'किंतु पश्चिम बंगाल के नए मुख्यमंत्री तथा उनकी सरकार ने 'वंदे मातरम्' को ही अपनी पसंद बताया।

'आज स्थिति यह है—'जन-गण-मन' और 'वंदे मातरम्' के बीच एक तरह से विवाद खड़ा होना दुर्भाग्य की बात है। स्पष्टत: निर्विवाद रूप में 'वंदे मातरम्' ही भारत का प्रमुख राष्ट्रगीत है और उसके पीछे एक महान् ऐतिहासिक परंपरा भी है। यह गीत हमारे स्वतंत्रता संग्राम के साथ घनिष्ठता से जुड़ा हुआ है और उसका स्थान अन्य कोई गीत नहीं ले सकता। यह गीत उस संघर्ष की भावोत्कटता और प्रखरता तो प्रकट करता है, किंतु उसकी परिणति उसमें उतनी प्रकट नहीं होती।'

पार्लियामेंट में २५ अगस्त, १९४८ को दिए गए इस वक्तव्य में यही सूचित होता है कि आगे चलकर 'जन-गण-मन' ही राष्ट्रगीत होगा। इसका कारण यह है कि विदेशी दूतावासों अथवा सैनिक दलों के लिए यदि सुयोग्य संगीत रचना की आवश्यकता होती और ऐसी धुन चाहिए थी जो बैंड पर भी बजाई जा सकती हो, तो ऐसी संगीत रचना 'वंदे मातरम्' गीत के लिए पहले से ही ध्वनि मुद्रित की हुई थी। मास्टर कृष्णराव द्वारा तैयार की गई तथा गाई भी

गई तर्ज और धुन १९३८ से ही प्रचलित थी और महाराष्ट्र में लोकप्रिय भी थी। यह तर्ज मिश्र झिंझोटी राग की बंदिश पर आधारित थी। तिमिर बरन भट्टाचार्य ने सन् १९४० के आसपास 'वंदे मातरम्' को संचलन गीत की तर्ज पर संगीतबद्ध किया था। तिमिर बरन पाश्चात्य संगीत के भी अच्छे जानकार थे। अत: उनके द्वारा तैयार की गई वह संगीत रचना वाद्यवृंद के लिए एकदम उत्तम थी और उसमें पाश्चात्य तथा भारतीय संगीत का अच्छा तालमेल बिठाया हुआ था। इसकी ध्वनि मुद्रिका तिमिर बरन ने सुभाष बाबू को दी थी, जिसे उन्होंने 'आजाद हिंद फौज' के लिए स्वीकार किया था।

अत: सवाल खड़ा होता है कि क्या नेहरूजी ने इन ध्वनि मुद्रिकाओं को नहीं सुना था? क्या सुना भी था? ये दोनों संगीतकार उस समय के जाने-माने संगीतकार थे। सवाल है कि यू एन ओ में जाते समय हमारे प्रतिनिधिमंडल को इनमें से एक भी ध्वनि मुद्रिका क्यों नहीं दी गई? जिस हार्मनाइजेशन का प्रश्न 'वंदे मातरम्' के संदर्भ में उपस्थित किया गया था उन सभी आपत्तियों को मास्टर कृष्णराव ने अपने सांगीतिक कर्तृत्व के बल पर बैंड और समूह स्वर गायन में विविध प्रयोगों का प्रत्यक्ष प्रस्तुतीकरण संविधान सभा तथा संसद् के सामने कर दिखाते हुए निरस्त कर दिया था। संसद् में नेहरू द्वारा दिए गए उपर्युक्त निवेदन के प्रकाशित होते ही मास्टर कृष्णराव ने स्वयं तार देकर नेहरूजी से अनुरोध किया था कि एक संगीतज्ञ के नाते मेरी राय पर विचार हो। आगे चलकर वे नेहरूजी से मिले भी थे। ये सारे प्रयोग संसद् के सामने प्रस्तुत करने के बाद भी 'वंदे मातरम्' की उपेक्षा की गई।

स्वतंत्रता प्राप्ति से लगभग दस वर्ष पहले ही तिमिर बरन भट्टाचार्य, मास्टर कृष्णराव, पंकजकुमार मलिक, डी.के. राय, वि.दे. अंभईकर आदि अनेक संगीतकारों ने विविध बंदिशों में 'वंदे मातरम्' को संगीतबद्ध किया था; अपनी संगीत-तपस्या के बल पर सभी आपत्तियों को निरस्त किया था। फिर भी उन्हीं आपत्तियों को सामने करते हुए 'वंदे मातरम्' को उसका न्यायोचित स्थान नहीं दिया गया। क्या यह उस गीत का तथा उसके संगीतकारों का अपमान नहीं था?

नेहरूजी के इस वक्तव्य के बाद मास्टरजी ने जो प्रयास 'वंदे मातरम्' के लिए किए उनका ब्योरा 'वंदे मातरम् और संगीत' शीर्षक अध्याय में आनेवाला है ही। अंतरिम सरकार के कार्यकाल में 'जन-गण-मन' को ही मान्यता दी गई और अंतिम निर्णय संविधान सभा का ही होगा, ऐसा नेहरूजी ने संसद् में अपने इस वक्तव्य में कहा था, तदनुसार संविधान सभा में इस विषय पर चर्चा होना तथा मतदान कराया जाना आवश्यक था; किंतु वैसा नहीं किया गया।

२४ जनवरी, १९५० को रात ग्यारह बजे संविधान सभा की बैठक को संबोधित करते हुए अध्यक्ष डॉ. राजेंद्र प्रसाद ने राष्ट्रगीत के बारे में जाहीर निवेदन दिया—

' 'जन-गण-मन' शब्दों से रचा गया गीत तथा संगीत भारत का राष्ट्रगीत है। इस गीत

के शब्दों में आवश्यकतानुसार कुछ परिवर्तन करने का सरकार को अधिकार रहेगा। भारतीय स्वतंत्रता संग्राम में ऐतिहासिक भूमिका निभा चुके 'वंदे मातरम्' को 'जन-गण-मन' के समान स्थान दिया जाएगा और उसकी प्रतिष्ठा भी 'जन-गण-मन' के समान ही रहेगी। मैं समझता हूँ, माननीय सदस्यों को इससे संतोष होगा।'

इस निवेदन के फलस्वरूप 'जन-गण-मन' को राष्ट्रगीत (National Anthem) और 'वंदे मातरम्' को राष्ट्रीय गीत (National Song) के रूप में मान्यता प्राप्त हो गई। संविधान सभा में अध्यक्ष का निवेदन, उसपर बहस अथवा सदस्यों के मतदान को टालना, सब किसी षड्यंत्र के ही भाग लगते हैं। 'जन-गण-मन' की आखिर पात्रता क्या है? स्वतंत्रता संग्राम में क्या उसका कोई उपयोग हुआ भी था? और 'वंदे मातरम्' को राष्ट्रगीत का स्थान देने से इनकार करने लायक सांगीतिक दोष क्या उसमें वास्तव में थे भी? ये प्रश्न महत्त्वपूर्ण हैं। स्वयं रवींद्रनाथजी उस समय जीवित होते तो शायद उन्होंने 'वंदे मातरम्' को ही समर्थन दिया होता। कारण, रवींद्रनाथ स्वयं कवि थे, संगीतज्ञ भी थे और बंकिमचंद्र तथा 'वंदे मातरम्' के प्रति उनके मन में नितांत आदर का भाव था।

इससे तो इसी निष्कर्ष पर पहुँचना पड़ता है कि राष्ट्रगीत के बारे में अंतिम निर्णय पहले से ही कर लिया गया था और चर्चा अथवा सांगीतिक प्रदर्शन केवल दिखावे के लिए ही थे।

इस तरह 'वंदे मातरम्' जैसे महान् गीत की, राजनीति के चलते तथा प्रधानमंत्री और लोकप्रतिनिधियों की व्यक्तिगत राय के कारण, बलि चढ़ा दी गई। मुसलिम लीग द्वारा शुरू किए गए वंदे मातरम् का गला घोंटनेवाले कारनामों पर स्वतंत्रता के बाद हमारे अपने नेताओं ने कलश चढ़ा दिया। अंग्रेजों द्वारा 'वंदे मातरम्' पर लगाया गया सीधा प्रतिबंध एक बार को चल जाता, क्योंकि उसके विरुद्ध आंदोलन किया जा सकता था, लाठियाँ झेली जा सकती थीं; किंतु सांगीतिक आपत्तियों का बहाना बनाते हुए छुपा प्रतिबंध लगाकर उस गीत को दोयम स्थान पर फेंक देना—क्या यही नेहरूजी का जनतंत्र था?

'वंदे मातरम्' के बारे में किए गए इस निर्णय का अनेक स्तरों पर विरोध हुआ, लेख प्रकाशित किए गए, सभाओं में विरोध किया गया; किंतु पं. नेहरू की कार्य-पद्धति ही ऐसी थी कि एक बार उनकी इच्छा के अनुसार 'जन-गण-मन' को राष्ट्रगीत का स्थान मिल जाने के बाद अन्य किसी बात की ओर ध्यान देने की आवश्यकता ही उन्हें प्रतीत नहीं होती थी।

भारतीय संविधान ने 'वंदे मातरम्' को भले ही राष्ट्रगीत के समान दरजा दिया हो, जनमानस में तो उसे पहले क्रमांक का ही स्थान रहेगा। इन सब बातों में 'जन-गण-मन' के प्रति पराएपन की भावना या वैर-भाव रखने का कोई कारण नहीं है, क्योंकि 'जन-गण-मन' भी एक श्रेष्ठ काव्य रचना है। इन दो गीतों की तुलना करते समय 'वंदे मातरम्' का स्थान निश्चय ही उसे प्राप्त ऐतिहासिक पृष्ठभूमि के कारण तथा उस गीत को गाते-गाते किए गए बलिदानों के कारण सर्वोच्च शिखर पर ही रहेगा, इसमें कोई संदेह नहीं। □

रवींद्रनाथ, 'जन-गण-मन' और 'वंदे मातरम्'

संविधान सभा के निर्णयानुसार 'जन-गण-मन' २६ जनवरी, १९५० से स्वतंत्र भारत का राष्ट्रगीत हो गया। इस निर्णय के कारण प्रधानमंत्री के एक साथ अनेक उद्देश्य सफल हो गए। वृंद गायन तथा घोष वादन के लिए उपयुक्त गीत मिल गया। सांप्रदायिक शक्तियों को भी ठेस नहीं पहुँचेगी, इसकी सावधानी बरती गई। विदेशों में हमारे देश की प्रतिष्ठा की रक्षा के लिए विदेशी वाद्यवृंदों पर भी बजाई जा सकनेवाली एक धुन प्राप्त हो गई।

'वंदे मातरम्' को राष्ट्रगीत के समान दरजा तथा दोयम स्थान मिला, इसकी चुभन हम सबको भले ही क्यों न रही हो, किंतु 'जन-गण-मन' की गलतफहमियों पर आधारित किंवदंतियों के सहारे आलोचना करना उचित नहीं है। आज 'जन-गण-मन' को वह स्थान मिल चुका है। इसलिए उसकी आलोचना करने से पहले आवश्यक है कि इन दोनों गीतों की तुलना करें तथा 'जन-गण-मन' के बारे में कवि रवींद्रनाथ की भावनाओं को समझ लें। 'जन-गण-मन' के बारे में कुप्रचार करने से 'वंदे मातरम्' से छीना गया स्थान उसे वापस मिलनेवाला नहीं है। उसके लिए 'वंदे मातरम्' के प्रति आजादी से पहलेवाली पीढ़ी में जो भावनाएँ थीं, वे उतनी ही तीव्रता से बाद की पीढ़ियों में भी उत्पन्न करनी चाहिए। महात्मा गांधी के अनुसार 'जन-गण-मन' एक भक्ति स्तवन है। रवींद्रनाथ सहवास में रहे श्री गं.दे. खानोलकर द्वारा लिखित 'रवींद्रनाथ चरित्र' 'जन-गण-मन' के बारे में एक स्वतंत्र अध्याय ही है।

ब्रिटेन के सम्राट् जार्ज पंचम दिसंबर १९११ में भारत आए। उसी समय लगाए गए दरबार में उन्होंने बंगाल का विभाजन रद्द करने की

घोषणा की। दिसंबर के अंतिम सप्ताह में कलकत्ता में होनेवाले कांग्रेस के अधिवेशन में कांग्रेस की ओर से उनका स्वागत किया गया तथा उसके लिए रवींद्रनाथ राजप्रशस्ति गीत रचें, ऐसा आग्रह रवींद्रनाथ के मित्र आशुतोष चौधरी के मार्फत किया गया। रवींद्रनाथ विस्मित रह गए। उनकी मानसिकता को भलीभाँति जानने-पहचाननेवाले मित्र की ओर से ऐसा आग्रह किए जाने की उन्हें बिलकुल आशा नहीं थी। उन्होंने इस विषय में पुलिनबिहारी सेन को २० नवंबर, १९३७ को पत्र भेजा, जिसमें उन्होंने लिखा था, 'सरकार के दरबार में सुप्रतिष्ठित मेरे एक मित्र ने मुझसे बहुत खास आग्रह किया कि सम्राट् का जयगान मैं लिखूँ। मैं चकित रह गया। विस्मय के साथ मन में क्षोभ उफन आया। इसी मनस्ताप की क्षुब्ध एवं प्रबल प्रतिक्रिया के रूप में 'जन-गण-मन अधिनायक' गीत का जन्म हुआ है। (पतन अभ्युदय बंधुर) पतन अभ्युदय के कारण ऊबड़-खाबड़ बने मार्ग पर युगों-युगों से वेग से प्रवास करनेवाले यांत्रिकों (युग-युग धावित यात्री) का जो चिर सारथि है, जो जनगणों का अंतर्यामी तथा मार्गदर्शक (पथ परिचायक) है, ऐसे उस 'भारत भाग्यविधाता' का मैंने उस गीत में जयघोष किया है। यह 'युग-युगांतर का मानव भाग्यरथ चालक' कोई पाँचवाँ, छठा या और कोई जॉर्ज कभी नहीं हो सकता, यह बात मेरे राजभक्त मित्र के ध्यान में आ गई, क्योंकि उसमें कितनी ही प्रबल राजभक्ति क्यों न हो, बुद्धि का अभाव नहीं था। यह गीत विशेष तौर पर कांग्रेस के लिए नहीं रचा था।'

कांग्रेस अधिवेशन में पहले दिन 'वंदे मातरम्' का गायन हुआ और राजप्रशस्ति गीत के नाते तीसरे दिन किसी अन्य कवि का हिंदी में रचा गीत 'युग जीओ मेरा पादशा' गाया गया। इससे यही सिद्ध होता है कि 'जन-गण-मन' यद्यपि उस अधिवेशन में गाया गया, वह जार्ज पंचम के स्वागत या गौरव के लिए नहीं गाया गया। किंतु आनेवाले अनेक वर्षों तक यही क्यों, आज तक भी अनेक लोगों के मन में यही धारणा बैठी हुई है। इसके कारण व्यथित रवींद्रनाथ ने और एक पत्र में अपना यह दुःख प्रकट किया था। यह पत्र उन्होंने २९.३.१९३९ को सुधारानी देवी को लिखा था।

उसमें वे लिखते हैं, 'शाश्वत मानव इतिहास में युग-युग से प्रवास करनेवाले पथिकों की रथयात्रा को चिर सारथि के रूप में मैं चौथे या पाँचवें जार्ज की स्तुति में गीत लिख दूँगा, इतनी अपरिमित मूढ़ता शायद मुझमें है, ऐसी जिन्हें आशंका हो, उनके प्रश्नों का उत्तर देना मैं अपना अपमान समझता हूँ।'

रवींद्रनाथ द्वारा दिए गए इस स्पष्टीकरण के बाद ऐसी आलोचना और आक्षेपों की अधिक चर्चा करने की कोई आवश्यकता नहीं रह जाती। 'जन-गण-मन' गीत स्वयं रवींद्रनाथ के संपादकत्व में प्रकाशित होनेवाली पत्रिका 'तत्त्वबोधिनी' के जनवरी १९१२ के अंक में प्रकाशित हुआ। आगे चलकर १९१९ में स्वयं रवींद्रनाथ ने 'द मोर्निंग सांग ऑफ इंडिया' शीर्षक से उसका अंग्रेजी अनुवाद किया, जो मद्रास के मदनपल्ली कॉलेज के अंक में

१९३६ में छापा गया।

आज जिस 'जन-गण-मन' को हमने राष्ट्रगीत के रूप में स्वीकारा है, वह तो मूल गीत के केवल दो ही चरण हैं। 'जन-गण-मन' गीत संपूर्णत: और उसका पूरा आशय आज बहुत लोगों को मालूम ही नहीं है। रवींद्रनाथ की दृष्टि में 'भारत भाग्यविधाता' 'मानव भाग्यविधाता' की ही एक विभूति है, समीपस्थ सगुण स्वरूप है। ('जन-गण-मन', वि.म. बेडेकर, नवभारत मासिक पत्रिका, जनवरी १९५८ और 'रवींद्रनाथ चरित्र', गं.दे. खानोलकर)। इस गीत में देश के विविध प्रांतों की नामावली तथा विविध धर्मों का उल्लेख है। इस गीत में जिस 'भारत भाग्यविधाता' का जय-जयकार किया गया है वह विदेशी नहीं है; किंतु वह इस भारतभूमि से श्रेष्ठ है। उसीका भारत या समूचे विश्व का चालक अथवा चिर सारथि के नाते आह्वान किया गया है।

'वंदे मातरम्' में वर्णित माता या मातृभूमि अन्य सबसे श्रेष्ठ है, 'अनंत स्वरूपी' है। इस गीत में देश का या उसके प्रांतों अथवा भारतभूमि के भौगोलिक प्रदेशों की नामावली का उल्लेख न भी हो, गीत में आए उसके वर्णन से उसका सर्वव्यापी दर्शन अवश्य होता है। 'वंदे मातरम्' गीत की भाषा संस्कृत प्रचुर है। गीत का स्वरूप नमनात्मक है। इस भूमि की समृद्धता, सामर्थ्य सबकुछ देवी के प्रतीकात्मक रूप में है। उसका वह दुर्गा स्वरूप, सिंह, पाँवों तले कुचला गया शत्रु, इस मातृभूमि के दस हाथ और उनमें धारण किए शस्त्र सारा प्रतीकात्मक स्वरूप में है। भारतीय कला प्रतीकों पर ही आधारित है। चित्रकला, शिल्पकला, संगीत सबमें प्रतीकों और रूपकों का विपुल मात्रा में उपयोग किया गया है।

'जन-गण-मन' में ऐसे कोई प्रतीक नहीं हैं। वह एक स्तोत्र है। पराधीन भारत के प्रति मन की व्याकुलता उसमें है। सभी दिशाओं के धर्म और समाज इकट्ठे होकर इस भारत भाग्यविधाता के सिंहासन के पास प्रेमहार गूँथेंगे और यह भाग्यविधाता स्नेहमयी माता की नाईं दु:ख और भय से ग्रस्त इस देश को गले से लगाकर उसके दु:खों का निवारण करेगा, ऐसा विश्वास उसमें है। इस गीत के अंत में आशादायक परिस्थिति का वर्णन किया गया है कि सोया भारत जाग रहा है, रात बीतकर सवेरा हो रहा है, पूरब के उदयगिरि का भाल रवि तेज से आलोकित हो रहा है। इस गीत में भक्ति रस ही प्रधान है।

किंतु 'वंदे मातरम्' एक ऐसी रूपकात्मक रचना है कि उसकी टेक में ही 'माँ, हम तुम्हारा वंदन करते हैं', यह शरण भावना है, भक्तिभाव है; किंतु आगे जैसे-जैसे बंकिमचंद्र उत्कटता से भारतभूमि की देवी स्वरूपिणी दुर्गा का वर्णन करने लगते हैं, उसमें वीर की अभिव्यक्ति होने लगती है। वीर सावरकर अपनी प्रख्यात कविता में अत्यंत आकुलता से सागर से कहते हैं—'ले चलो मुझे सागर अपने देश, व्याकुल हैं प्राण जलेश। अबला न मेरी माता रे। कह देगी अगस्ति से व्यथा रे। जो एक ही आचमन में पी गया तुम्हें अशेष॥' ठीक यही वीर रस बंकिम बाबू इस गीत में प्रस्तुत करते हैं कि इस मातृभूमि के चरणों में

भक्तिभावना से नतमस्तक होते समय हम उसकी रक्षा करने का सामर्थ्य भी रखते हैं। ऐसे वीर रस की अभिव्यक्ति 'वंदे मातरम्' में पाई जाती है।

स्वतंत्रता संग्राम में सहभागी रहे क्रांतिकारियों और सत्याग्रहियों के मुख से यह रणघोष निकला है। अत: उन सबने जो यातनाएँ झेलीं, जो देहदंड हँसते-हँसते स्वीकार किया, उनके त्याग का तेजोवलय 'वंदे मातरम्' के पीछे दमक रहा है। 'जन-गण-मन' की यह पृष्ठभूमि नहीं है। राष्ट्रगीत की होड़ में अचानक पहुँचकर उसे वह स्थान मिल तो गया; किंतु आज भी इस गीत के प्रति अपनत्व नहीं प्रतीत होता, इसका कारण शायद यही है। 'वंदे मातरम्' देवी शक्ति लेकर आया एक अलौकिक गीत है। बंग-भंग विरोधी आंदोलन, स्वदेशी आंदोलन, असहयोग आंदोलन, भारत छोड़ो आंदोलन और सशस्त्र क्रांतिकारियों के विद्रोह की आग में तपकर 'वंदे मातरम्' विशुद्ध कुंदन बना है।

विदेशी दासता का जमाना रहा हो अथवा आजादी के बाद विदेशी आक्रमणों का, शत्रु के विरुद्ध जूझने और विजय पाने की अदम्य शक्ति देने का ओजस्वी सामर्थ्य उसमें है। इसीलिए 'वंदे मातरम्' राष्ट्रभक्ति का बीजमंत्र बन गया है।

संगीत

गानऋषि पं. विष्णु दिगंबर पलुस्कर

मानव जीवन की भाँति कोई काव्य भी विलक्षण भाग्य लेकर जनमता है। आम मानव जीवन में आनेवाले सुख-दु:खों के आकस्मिक स्थित्यंतरों के समान 'वंदे मातरम्' गीत के भाग्य में भी आश्चर्यचकित करनेवाले स्थित्यंतर आए हैं। किसी भी अलौकिक गीत को असामान्य संगीत रचना का साहचर्य होने पर अधिक ही तेजस्विता आती है। 'वंदे मातरम्' का यह भाग्य ही रहा कि उसे अनेक वरिष्ठ संगीतकारों तथा गायकों के सुरों ने पुनीत कर दिया।

पं. ओंकारनाथ ठाकुर

विश्व की संगीत शैलियों में भारतीय शास्त्रीय संगीत को महत्त्वपूर्ण स्थान प्राप्त है। साधना के बल पर अधिकाधिक परिपक्वता प्राप्त करनेवाले संगीतज्ञ, गायक और घराने स्वतंत्रता से पहले भी यहाँ थे। प्रत्येक की शैली, परंपरा और अनुशासन में भी वह संगीत दब नहीं गया था। उसकी उत्स्फूर्तता,

लयकारी संगीत न जाननेवालों को भी मोह लेते थे। उन दिनों शास्त्रीय गायन, सुगम संगीत, भावगीत गायन अथवा उपशास्त्रीय गायन आदि अनेक प्रकार नहीं थे। शास्त्रीय संगीत का प्रचार-प्रसार पूरे भारत में, विशेषत: शहरी क्षेत्रों में हो चुका था। दक्षिण के मंदिरों में चलनेवाले संगीत के रूप में दाक्षिणात्य गायन शैली कायम थी। 'वंदे मातरम्' की रचना के बाद उस गीत को संगीतबद्ध करने या गाने का मोह अनेक गायकों को होता गया, इसमें कोई आश्चर्य की बात नहीं। चूँकि 'वंदे मातरम्' का जन्म बंगाल में हुआ था, अत: बँगला संगीतकारों तथा गायकों का प्रभाव प्रारंभिक काल में 'वंदे मातरम्' के संगीत पर पड़ा था।

स्वयं बंकिमचंद्र को संगीत में बहुत रुचि थी। संगीत की समझ भी उनमें अच्छी थी। बंगाल के तत्कालीन श्रेष्ठ गायक भाटपाडा के यदुनाथ भट्टाचार्य ने 'वंदे मातरम्' की पहली स्वर लिपि तैयार की। यदुनाथजी संगीत शिक्षक थे और रवींद्रनाथ ठाकुर को संगीत पढ़ाते थे। उन्हें आम जनता में 'यदुभट्ट' के नाम से जाना जाता था। उनके द्वारा दिए गए संगीत में जगदीशनाथ राय, हेमचंद्र बैनर्जी, ताराप्रसाद चट्टोपाध्याय, रामदास सेन आदि तत्कालीन चोटी के गायक 'वंदे मातरम्' को गाया करते थे। १८८० से यानी 'आनंदमठ' के प्रकाशन से पहले एक बंदिश बंकिमचंद्र के मित्र श्री क्षेत्रनाथ मुखर्जी ने तैयार की थी। वे भी बंकिम बाबू की तरह सरकारी अधिकारी थे और एक अच्छे संगीतज्ञ भी। उन्होंने उस धुन को बंकिम बाबू के घर पर ही तैयार किया था। उसके लिए क्षेत्रनाथ बाबू की सूचनाओं के अनुसार बंकिमचंद्रजी ने गीत के कुछ शब्दों में फेर-बदल भी किए थे। अपनी यादों की पुस्तक में बंकिमचंद्र के एक और मित्र अक्षयचंद्र सरकार ने यह स्मृति लिख रखी है। आगे चलकर 'आनंदमठ' उपन्यास में 'वंदे मातरम्' गीत पर राग मल्हार, ताल कव्वाली ऐसा उल्लेख मिलता है; किंतु इन दोनों बंदिशों में 'वंदे मातरम्' का आम जलसे में गायन कहीं होने का कोई उल्लेख नहीं मिलता। जैसाकि पूर्व अध्यायों में कहा गया है, 'बंग दर्शन' पत्रिका में 'आनंदमठ' उपन्यास सन् १८८० से १८८२ तक धारावाहिक प्रकाशित होता रहा और अपार लोकप्रियता प्राप्त करता गया। अत: १८८३ में केदार चौधरी ने उसका नाट्य रूपांतरण किया और प्रताप जौहरी के नेशनल थिएटर ने उसका मंचन प्रारंभ किया। इसी नाटक में भवानंद के मुख से 'वंदे मातरम्' का पहला जाहीर गायन हुआ, ऐसा माना जा सकता है; किंतु किसी आमसभा में 'वंदे मातरम्' का पहला अधिकृत जाहीर गायन करने का सम्मान तो रवींद्रनाथ को ही जाता है। कविश्रेष्ठ रवींद्रनाथ स्वयं अच्छे संगीतज्ञ थे। कुछ नाटकों में उन्होंने अभिनय भी किया था। आधुनिक चित्रकला के लिए आवश्यक 'दृष्टि' भी उन्हें प्राप्त थी। इस प्रकार रवींद्रनाथ लगभग सभी कलाओं में पारंगत थे।

२८ दिसंबर, १८९६ को कलकत्ता के बिडन स्क्वेयर (आज का रवींद्र कानन) में कांग्रेस का बारहवाँ अधिवेशन मोहम्मद रहिमतुल्ला सयानी की अध्यक्षता में हुआ। अधिवेशन के प्रारंभ में ही शुभ्र वेषधारी रवींद्रनाथ व्यासपीठ पर आए और ज्योतिरींद्रनाथ की ऑर्गन

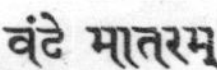

पर साथ लेकर उन्होंने 'वंदे मातरम्' गाना प्रारंभ किया। सारा माहौल ही बदल गया। रवींद्रनाथ की पहाड़ी आवाज और शब्दों के आशय का पूरा भान रखते हुए की हुई संगीत रचना के कारण सारे श्रोता रोमांचित और मंत्रमुग्ध हो गए थे। सौभाग्य से सन् १९०५ के आसपास रवींद्रनाथ की आवाज में किया गया 'वंदे मातरम्' का वह अत्यंत दुर्लभ ध्वनि मुद्रण श्री संतोषकुमार डे द्वारा कई वर्ष के प्रयासों के कारण सन् १९६२ में जाकर उपलब्ध हो सका। रवींद्रनाथ की आवाज में 'वंदे मातरम्' की ध्वनि मुद्रिका उस गीत की सांगीतिक यात्रा का पहला महत्त्वपूर्ण चरण है। सन् १९०४ में रवींद्रनाथ के एक धनी मित्र हेमेंद्रनाथ बसु की पहली स्वदेशी रेकॉर्ड कंपनी 'एच. बोसेज' ने रवींद्रनाथ की आवाज में 'वंदे मातरम्' की ध्वनि मुद्रिका तैयार की। यह रेकॉर्ड बेलन पद्धति वाली (सिलेंडर टाइप) थी। इस बीच बंग-भंग विरोधी आंदोलन तेजी से फैलता गया। 'वंदे मातरम्' और रवींद्रनाथ एकदम चर्चित होते गए। 'वंदे मातरम्' कहने पर भी सरकार द्वारा पाबंदी लगा दी गई। इस पाबंदी की पूर्व कल्पना हेमेंद्रनाथ बसु को थी। अत: उन्होंने सरकार द्वारा कारखाने के यंत्रों, संयंत्रों तथा ध्वनि मुद्रिकाओं के मंच पर छापा डाले जाने से पहले ही 'वंदे मातरम्' के साथ ही रवींद्रनाथ के स्वरों में कुछ ध्वनि मुद्रिकाएँ पेरिस भिजवा दी थीं। छापे में हुई तोड़-फोड़ से वे बच गईं। पेरिस भिजवाई गई ध्वनि मुद्रिकाओं के आधार पर पैथे नामक फ्रांसीसी रेकॉर्ड कंपनी ने 'पैथे एच. बोसेज' के लेबिल से यह रेकॉर्ड प्रकाशित किया। यह रेकॉर्ड मध्य भाग से प्रारंभ होनेवाली 'पेंटोग्राफ' पद्धति से बनाई गई थी। काफी समय गुजरने के बाद यह दुर्लभ ध्वनि मुद्रिका भी रवींद्रनाथ की आवाज में आज उपलब्ध हो गई है। रवींद्रनाथ ने इसकी बंदिश बंकिमचंद्रजी को भी सुनाई थी। किसी प्रार्थना के अंदाज में संथ लय में, त्रिताल में गाई जा सकनेवाली यह तर्ज 'रवींद्र संगीत' के नाम से जानी जानेवाली संगीत शैलीवाली है। उसकी स्वरलिपि सन् १८८६ में 'बालक पत्रिका' के अंक में श्रीमती प्रतिभासुंदरी देवी के नाम से प्रकाशित हुई थी।

सन् १९०१ में कलकत्ता में दिनशा वाच्छा की अध्यक्षता में हुए कांग्रेस अधिवेशन में श्री दक्षिणारंजन सेन द्वारा संगीतबद्ध की गई बंदिश में 'वंदे मातरम्' का गायन हुआ था। सन् १९०५ में रवींद्रनाथ की भानजी कवयित्री और गायिका सरला देवी चौधुरानी द्वारा गाए गए 'वंदे मातरम्' की धुन रवींद्रनाथ के संगीत सरीखी ही थी। उस समय अध्यक्ष रहे गोपालकृष्ण गोखले द्वारा अनुमति न दिए जाने के बावजूद सरलादेवी ने उपस्थित जनसमुदाय के आग्रह पर संपूर्ण 'वंदे मातरम्' गाया था।

बंग-भंग विरोधी आंदोलन के दौरान प्रत्येक सभा में 'वंदे मातरम्' गाया जाने लगा। कांग्रेस अधिवेशनों के प्रारंभ 'वंदे मातरम्' के गायन से ही करने की प्रथा सी पड़ गई। इसके लिए कांग्रेस ने उस जमाने के जाने-माने गायकों को आमंत्रित किया था।

पं. विष्णु दिगंबर पलुस्कर शास्त्रीय संगीत के क्षेत्र में ऋषितुल्य उत्तुंग व्यक्तित्व थे।

उन्होंने कांग्रेस के कई अधिवेशनों में संपूर्ण 'वंदे मातरम्' का गायन किया था। काफी राग की उनकी बंदिश अल्पावधि में ही लोकप्रिय हो गई। पं. विष्णु दिगंबर पलुस्कर अपने अंतिम दिनों में अध्यात्म की ओर मुड़ गए थे और रामायण गायन तथा भक्ति संगीत प्रस्तुत करने लगे थे। अतः सुस्पष्ट शब्दोच्चारण एवं शब्दों के आशय की भावपूर्ण अभिव्यक्ति की ओर उनका विशेष ध्यान होता था। शास्त्रीय गायकी की कला-कुशलता और सामान्य जनों की दृष्टि से उसकी क्लिष्टता को टालकर सादा, सरल, आसान गायन प्रस्तुत करने की ओर उनका विशेष रुझान रहा होगा। पंडितजी द्वारा की गई संगीत रचनाओं का प्रभाव महात्मा गांधी पर भी अंत तक रहा था। पंडितजी के निधन के बाद अनेक संगीतकारों ने विविध स्वर रचनाओं में महात्माजी को 'वंदे मातरम्' गाकर सुनाया था। प्रख्यात संगीतकार वि.दे. अंभईकर बताते हैं कि इन सभी की प्रशंसा करते हुए भी महात्मा गांधी ने कहा था कि मुझे तो पं. पलुस्करजी की स्वर रचना ही बहुत प्रिय है।

प्रतिवर्ष अधिवेशन लेने की प्रथा के अनुसार आंध्र प्रदेश में १९२३ में काकीनाडा में हुए कांग्रेस अधिवेशन में पं. पलुस्करजी उपस्थित थे। अधिवेशन के प्रारंभ में पंडितजी 'वंदे मातरम्' गाने के लिए खड़े हुए। कंधों से पीठ पर उतरे लंबे-घने बाल, छाती पर खेलती सफेद हो चली लंबी दाढ़ी, तेजस्वी आँखें—बस पंडितजी तो किसी ऋषि के समान ही लगते थे। वे गायन प्रारंभ करने वाले ही थे कि अध्यक्ष मौलाना मोहम्मद अली ने 'वंदे मातरम्' गाए जाने का विरोध किया। उनके भाई शौकत अली ने भी उनका समर्थन किया। जैसे ही मौलाना मोहम्मद अली ने कहा कि 'वंदे मातरम्' हिंदू धर्म की महानता बखाननेवाला गीत है, अतः उसका गायन यहाँ नहीं होना चाहिए। विष्णु दिगंबरजी ने अत्यंत स्पष्ट शब्दों में कहा कि यह कांग्रेस का व्यासपीठ है, तुम्हारे धर्म का प्रार्थना स्थल नहीं। अतः आपका विरोध हो तो आप सभा त्याग कर सकते हैं। इसके बाद उन्होंने संपूर्ण 'वंदे मातरम्' गाया।

एक महान् कलाकार अपनी अस्मिता पर अडिग रहकर अपनी राष्ट्रभक्ति को अपनी कला के माध्यम से यों लोगों के सामने प्रस्तुत करता है, यह एक अभिनव बात थी। उस जमाने में कलाकार राजनीति के झमेलों में नहीं पड़ते थे। बाह्य जगत् की अपेक्षा अपनी कला की दुनिया में ही वे मगन रहते थे। उस जमाने में पं. विष्णु दिगंबर पलुस्कर द्वारा दिखाया गया धैर्य अतुलनीय ही कहलाएगा।

पं. पलुस्करजी के बाद कांग्रेस के अधिवेशनों में पं. रामकृष्णबुवा वझे, पं. भास्करबुवा बखले ने भी 'वंदे मातरम्' का गायन किया था, ऐसे उल्लेख मिलते हैं। किंतु उनकी संगीत रचनाओं तथा बंदिशों के बारे में कोई विशेष जानकारी उपलब्ध नहीं है। पं. विष्णु दिगंबरजी के शिष्य पं. ओंकारनाथ ठाकुर और पं. विनायकबुवा पटवर्धन ने काफी राग में ही 'वंदे मातरम्' का गायन कांग्रेस अधिवेशनों में और अन्य समाजों में किया था।

पं. ओंकारनाथ ठाकुर स्वमत के आग्रही थे। वे 'वंदे मातरम्' का संपूर्ण गायन करने

के ही हमेशा पक्षधर रहे। सन् १९३५ के कांग्रेस अधिवेशन में भी उन्होंने 'वंदे मातरम्' का संपूर्ण गायन ही किया था। यही नहीं, जब इस बीच मुसलिम लीग के विरोध के कारण कांग्रेस कार्यकारिणी ने गीत को काटा-छाँटा तो उन्होंने निमंत्रण ठुकरा दिया था और कहा था, 'संपूर्ण 'वंदे मातरम्' का गायन होने वाला हो, तभी मैं जाऊँगा।' परिणामत: कांग्रेस अधिवेशनों में उनका गायन बंद हो गया। किंतु अपनी महफिलों में ओंकारनाथजी संपूर्ण 'वंदे मातरम्' ही गाते थे।

१५ अगस्त, १९४७ को स्वतंत्रता की घोषणा होने जा रही थी। उस समय पं. ओंकारनाथजी मद्रास में थे। सरदार वल्लभभाई पटेल के संदेश के अनुसार १५ अगस्त को प्रथम स्वतंत्रता दिवस के उपलक्ष्य में रेडियो से 'वंदे मातरम्' का गायन प्रसारित करने के लिए पं. ओंकारनाथजी को आमंत्रित किया गया। उस समय भी ओंकारनाथजी ने संपूर्ण 'वंदे मातरम्' गाने का ही आग्रह रखा और सरदार वल्लभभाई पटेल ने उसे तत्काल स्वीकार कर लिया। भारतीय स्वतंत्रता के उषाकाल में १५ अगस्त, १९४७ को प्रात: साढ़े छह बजे ऑल इंडिया रेडियो से पं. ओंकारनाथ ठाकुर द्वारा गाया गया संपूर्ण वंदे मातरम् सारे देश को सुनाया गया। यह गीत उन्होंने खड़े-खड़े गाया। उनके द्वारा गाई वह ध्वनि मुद्रिका आज भी उपलब्ध है। पं. ओंकारनाथ की गायन शैली उनके व्यक्तित्व के समान ही भारी-भरकम थी। धीर-गंभीर स्वर तथा 'सा' लगाते ही सारी महफिल को मंत्रमुग्ध करने की ताकत उनके गायन में थी। प्रत्येक शब्द पर तान और आलाप, वैविध्यपूर्ण स्थान आदि के कारण उनका वह गायन राष्ट्रगीत के गायन की अपेक्षा शास्त्रीय संगीत की एकाध चीज सा लगता है। फिर भी 'वंदे मातरम्' के प्रति उनकी निष्ठा गौरवपूर्ण ही थी, इसमें कोई संदेह नहीं। पं. विष्णु दिगंबर के निधन के बाद पं. ओंकारनाथ ठाकुर ने उनकी विरासत को उतनी ही आत्मीयता के साथ आगे बढ़ाया। पं. पलुस्करजी के निधन के बाद उनके द्वारा काफी राग में गाई 'वंदे मातरम्' की बंदिश सारे भारत भर में लोकप्रिय करने का श्रेय पं. ओंकारनाथ तथा पं. विनायकबुवा पटवर्धन को ही जाता है।

सन् १९३५ से १९५२ के बीच अनेक बड़े संगीतकारों ने 'वंदे मातरम्' गाया है; किंतु उसे संगीतबद्ध करके ही न रुकते हुए उस गीत को राष्ट्रगीत के रूप में पेश करने के लिए विशेष सांगीतिक प्रयास करनेवाले मास्टर कृष्णराव तथा वि.दे. अंभईकर विशेष महत्त्व रखते हैं। 'वंदे मातरम्' का गायन करनेवालों में विष्णुकांत पागनीस, केशवराव भोळे, हिराबाई बडोदेकर, विनायकबुवा पटवर्धन, मोगुबाई कुर्डीकार, हेमंत कुमार, पंकज मलिक, तिमिर बरन, दिलीपकुमार राय, एम.एस. सुब्बालक्ष्मी, गीता राय तथा जी.एम. दुरानी, कमल दासगुप्ता, भवानीचरण दास, तपन सिन्हा, नारायण मुखर्जी आदि भारत के अनेक वरिष्ठ और श्रेष्ठ गायक व संगीतकार हैं।

प्रभात फिल्म कंपनी के 'संत तुकाराम' चित्रपट के कारण ही ख्याति प्राप्त कर चुके

विष्णुपंत पागनीस रंगमंच के गायक अभिनेता भी थे। 'संत तुकाराम' के सहज सुंदर अभिनय और मधुर गायकी के कारण ही वे प्रसिद्धि के शिखर पर पहुँचे थे। उनके द्वारा सारंग राग की बंदिश में अत्यंत आसान तर्ज पर सीमित आलापों में गाए गए संपूर्ण 'वंदे मातरम्' की ध्वनि मुद्रिका एच.एम.वी. कंपनी ने तैयार की है। प्रभात कंपनी के माध्यम से ही ख्याति प्राप्त अध्ययनशील संगीत दिग्दर्शक तथा जानकार संगीत समीक्षक केशवराव भोळे के शुद्ध कल्याण में गाए 'वंदे मातरम्' की ध्वनि मुद्रिका ओडियन कंपनी ने प्रकाशित की है। उनका गायन मराठी नाटकों में गाए जानेवाले नाट्य पदों जैसा ही है।

आजादी से पूर्व 'वंदे मातरम्' को राष्ट्रगीत कराने के लिए जो सांगीतिक लड़ाई लड़ी गई उसके प्रमुख योद्धा थे मास्टर कृष्णराव, श्री दिलीपकुमार राय और श्रीमान वि.दे. अंभईकर। तीनों की संगीत रचनाएँ भिन्न थीं। अपने प्रयास भी उन्होंने स्वतंत्र रूप से ही किए। पं. नेहरू को 'वंदे मातरम्' का सांगीतिक पक्ष समझाना कठिन ही था। 'वंदे मातरम्' के लिए आग्रह रखनेवाले तथा उसके लिए संगीत के विविध प्रयोग कर दिखानेवाले उस पीढ़ी के संगीतकारों में आज केवल श्री अंभईकर ही एकमेव साक्षी के रूप में जीवित हैं। आज वे अट्ठासी वर्ष की आयु पार कर रहे हैं। फिर भी, 'वंदे मातरम्' के लिए आज भी उतने ही आग्रही हैं जितने अपनी युवावस्था में थे। उनसे हुए साक्षात्कार तथा भेंटवार्त्ता से तत्कालीन राजनीतिक नेताओं की 'वंदे मातरम्' को लेकर रही प्रतिक्रियाओं एवं यादों के कारण 'वंदे मातरम्' की संदर्भ सामग्री में काफी वृद्धि हुई। श्री अंभईकर ने वर्धा के पं. राजा भैया पूँछवाले की शागिर्दी में शास्त्रीय संगीत की शिक्षा ली। उन्हें नागपुर के राजा लक्ष्मणराव भोंसले के करकमलों द्वारा 'संगीत सुधाकर' उपाधि से सम्मानित किया गया। सन् १९२७ में साइमन कमीशन के विरोध में अंभईकरजी ने लाठी के प्रहार झेले थे। सन् १९४२ के सत्याग्रह में भी उन्होंने भाग लिया था। उस भूमिगत आंदोलन में भेष बदलकर कांग्रेस के पत्रक बाँटने का काम उनको सौंपा गया था। दादर-मुंबई के अनेक भूमिगत कार्यकर्ताओं का उनके घर आना-जाना रहता था। पुलिस के छापों को भी उन्होंने सफल चकमे दिए थे। स्वतंत्रता संग्राम में सहभागी होते हुए भी उनकी संगीत शिक्षा जारी रही थी। सन् १९३१ से १९५२ तक वे एच.एम.वी. कंपनी में संगीत निर्माता रहे। सन् १९५२ से १९६१ के बीच वे आकाशवाणी केंद्र के संगीत निदेशक का काम करते रहे। इस अवधि में उन्होंने अनेक संगीत रचनाएँ दीं। उनकी स्वयं की गाई हुई अनेक ध्वनि मुद्रिकाएँ लोकप्रिय हुई थीं।

सन् १९२६ में वे मात्र चौदह वर्षीय किशोर थे। उन्होंने नागपुर में धन्तोली स्थित टिकेकरजी के बँगले पर महात्मा गांधी को संपूर्ण 'वंदे मातरम्' गाकर सुनाया था। इससे गांधीजी बहुत ही प्रसन्न हुए थे। उन्होंने सहर्ष उन्हें अपने पास बिठाकर शाबाशी दी थी। उसके बाद भी उन्होंने दो बार गांधीजी के सामने अपने गायन की प्रस्तुति की थी।

गांधीजी संगीत-प्रेमी थे। अंभईकरजी का गायन सुनकर उन्होंने उन्हें अपना हस्ताक्षरित

संगीतकार वि.दे. अंभईकर

प्रशंसा-पत्र लिखकर दिया था। यह आश्वासन भी दिया था कि शांति निकेतन जाकर संगीत की शिक्षा लेने की इच्छा हो तो मैं स्वयं रवींद्रनाथ को सिफारिश करूँगा। इस प्रसंग के बाद अंभईकरजी ने 'वंदे मातरम्' गीत को विभिन्न रागों की बंदिशों में स्वरबद्ध किया था। पुणे के कांग्रेस हाउस में, मुंबई के आजाद मैदान पर उन्होंने 'वंदे मातरम्' के गायन से स्वतंत्रता संग्राम की अनेक सभाओं में समा बाँध दिया था। सन् १९३८ में हरीपुरा तथा १९३९ में त्रिपुरा कांग्रेस अधिवेशनों में उन्होंने स्वयं 'वंदे मातरम्' का गायन किया था। 'वंदे मातरम्' का गायन उन्होंने केवल कांग्रेस अधिवेशनों तक ही सीमित नहीं रखा था, हिंदू महासभा, राष्ट्रीय स्वयंसेवक संघ, मराठी नाट्य तथा साहित्य सम्मेलन, फॉरवर्ड ब्लॉक, कम्युनिस्ट, दलित पक्ष आदि की सभाओं में भी उन्होंने 'वंदे मातरम्' प्रस्तुत किया था। वरिष्ठ संगीत समीक्षक रामकृष्ण बाके ने अंभईकरजी के गौरव में लिखा था, 'पं. अंभईकरजी ने 'वंदे मातरम्' राष्ट्रगीत को तर्ज और संगीत की धुन देने तथा उसे राष्ट्र-मान्य करने के लिए अखिल भारतीय स्तर पर जो अथक प्रयास किएं हैं उसके कारण उन्हें 'राष्ट्रीय गायक' का संबोधन देना ही पड़ेगा।' सरदार वल्लभभाई पटेल, डॉ. राजेंद्र प्रसाद आदि अनेक प्रमुख नेताओं ने उनकी संगीत रचना को मान्यता प्रदान की थी। सन् १९३९ में डॉ. राजेंद्र प्रसाद वर्धा में कुछ दिनों के प्रवास पर आए थे। उन्हें दमे की बीमारी थी। उनके मनोरंजन के लिए आचार्य दादा धर्माधिकारी ने अंभईकर की गायन महफिल उनके लिए आयोजित की थी। डॉ. राजेंद्र प्रसाद संगीत के अच्छे जानकार थे। उस महफिल में श्री अंभईकरजी ने संपूर्ण 'वंदे मातरम्' गाकर सुनाया था। सुनकर राजेंद्र बाबू अत्यंत खुश हुए और उन्होंने पं. अंभईकरजी को एक प्रशंसा-पत्र लिखकर दिया।

पं. नेहरू के साथ श्री अंभईकर

स्वतंत्रता-प्राप्ति के बाद 'वंदे मातरम्' को ही राष्ट्रगीत का स्थान प्राप्त हो, इस हेतु श्री काकासाहेब गाडगिल ने सन् १९४९ में दिल्ली में संविधान सभा के सामने पं. अंभईकर के 'वंदे मातरम्' गायन के प्रात्यक्षिक का आयोजन किया था। गायन सुनकर संविधान सभा के सदस्यों में पं. गोविंद बल्लभ पंत, आचार्य कृपलानी, आचार्य दादा धर्माधिकारी, डॉ. पट्टाभि सीतारामैया, श्री सत्यनारायण सिन्हा ने भी पं. अंभईकर की गंभीर और भावना जगानेवाली 'वंदे मातरम्' की स्वर रचना को पसंद किया। डॉ. बाबासाहब आंबेडकर ने तो आग्रहपूर्वक

डॉ. राजेंद्र प्रसाद द्वारा पं. अंभईकर को दिया प्रशंसा-पत्र

सुझाव दिया कि इसकी ध्वनि मुद्रिका तैयार की जाय और कहा कि 'आपकी यह ध्वनि मुद्रिका खरीदनेवाला मैं पहला ग्राहक होऊँगा।' किंतु आचार्य कृपलानी सरीखे कुछ लोगों ने स्पष्ट शब्दों में कहा कि 'कौन सा गीत राष्ट्रगीत हो, इस विषय में तो पं. नेहरू का निर्णय ही अंतिम होगा।' पं. नेहरू की हठधर्मिता के कारण ही आखिर 'वंदे मातरम्' को दोयम स्थान मिला और इन सभी संगीतकारों के परिश्रम व्यर्थ साबित हुए।

आजादी के बाद पं. अंभईकर की संगीत रचना में ही गान-तपस्विनी मोगुबाई कुर्डीकर की आवाज में 'वंदे मातरम्' की ध्वनि मुद्रिका तैयार की गई। मोगुबाई की आवाज के कारण अंभईकरजी द्वारा संगीतबद्ध की गई यह ध्वनि मुद्रिका 'वंदे मातरम्' की उत्कृष्ट संगीत रचनाओं में स्थान प्राप्त किए हुए है। स्वयं अंभईकरजी के स्वर में तथा समूह गान के रूप में भी उसका ध्वनि मुद्रण उपलब्ध है।

तार षड्ज से प्रारंभ होनेवाली मिश्र खंबावती राग में अंभईकरजी द्वारा की गई संगीत रचना गंभीर, प्रेरणादायी तो है ही, सरलता के साथ भारीपन भी उसकी विशेषता है। पं. अंभईकरजी द्वारा चौदह वर्ष की किशोरावस्था से 'वंदे मातरम्' के लिए की गई भागदौड़ रूढ़ अर्थ में व्यर्थ नहीं गई। आज अट्ठासी वर्ष की उम्र में भी महात्मा गांधी, डॉ. राजेंद्र प्रसाद, स्वातंत्र्यवीर सावरकर की स्मृतियों से उनकी आँखें भर आती हैं। सन् १९२७ में 'वंदे मातरम्' नारा देने के कारण पुलिस की लाठियों की मार खाने से लेकर लाखों की जनभावनाओं में 'वंदे मातरम्' के गायन तक की अपनी सारी रोमांचकारी यात्रा का वर्णन करते समय वे भावविभोर हो जाते हैं। अंभईकरजी स्वातंत्र्य सैनिक हैं। अध्यात्म साधना में भी वे रम जाते हैं। अतः अत्यंत स्थितप्रज्ञता के कारण उन्हें 'वंदे मातरम्' के बारे में किए गए अपने प्रयास विफल रहने का भी कोई दुःख नहीं है।

रामकृष्ण बाक्रे के अनुसार, 'अंभईकरजी की इस हार का भी अपना मूल्य है। एक मराठी संगीततज्ञ अपनी तरुणाई के दिनों में केवल जलसों, महफिलों तथा धन-प्राप्ति के समीकरण में ही उलझा नहीं रहा; आसेतुहिमाचल 'वंदे मातरम्' गाता हुआ भ्रमण करता रहा। केवल कांग्रेस के व्यास पीठों पर ही नहीं, वीर सावरकर की सभाओं में भी जाता रहा और साने गुरुजी के कार्यक्रमों में भी उपस्थित होता रहा। उनकी इस दौड़धूप को इतिहास में अवश्य स्थान मिलना चाहिए।'

'वंदे मातरम्' के संगीत के लिए महाराष्ट्र तथा बंगाल के संगीतकारों ने बड़ा योगदान दिया है। सन् १९३० से १९४५ तक फिल्मी दुनिया में बोलपटों का प्रारंभिक दौर आया था। शास्त्रीय संगीत के क्षेत्र के अनेक बुजुर्ग चित्रपटों की ओर मुड़े थे। महाराष्ट्र की 'प्रभात' सरीखी कंपनी की भाँति बंगाल की 'न्यू थिएटर्स' कंपनी के चित्रपटों ने भी इतिहास रच डाला था। उनके चित्रपटों के माध्यम से ख्याति प्राप्त करनेवाले तिमिर बरन भट्टाचार्य, पंकज मलिक, हेमंत कुमार आदि युवा संगीतकार चित्रपटों से ही संतुष्ट नहीं रहे। बैले जैसे कला प्रकारों के लिए भी उन्होंने पार्श्व संगीत दिया। अन्य अनेक गीतों को भी संगीतबद्ध करते हुए उन्होंने काफी प्रसिद्धि प्राप्त की।

तिमिर बरन भारत के उस समय के चुनिंदा सरोदवादकों में से थे। शास्त्रीय, वाद्य संगीत की घराना पद्धति के अनुसार उन्होंने उस्ताद अमीरखाँ साहेब तथा उस्ताद अल्लाउद्दीन खाँ साहेब से शिक्षा ग्रहण की। कुछ वर्ष तक पूरा समय अपने गुरुजनों के साथ बिताते हुए उन्होंने सरोदवादन पर अधिकार पा लिया। उदयशंकर उन दिनों ख्यातिप्राप्त संघ नृत्यकार थे। अपनी नृत्य नाट्य विधा के लिए वे किसी प्रतिभावान् संगीतकार की खोज में थे। तिमिर बरन और उनके दोनों बंधुओं का वृंद वादन सुनने के बाद उन्होंने अपने नृत्य नाट्य के संगीत निर्देशन के लिए तिमिर बरन को आमंत्रित किया। उदयशंकर के साथ उन्होंने अनेक विदेशी दौरे किए, जहाँ उनके संगीत निर्देशन को भूरि-भूरि सराहा गया। उसके बाद उन्होंने साधना बोस के नृत्यों का भी संगीत निर्देशन किया। न्यू थिएटर्स के 'देवदास' चित्रपट के हिंदी संस्करण के संगीत निर्देशन के कारण तिमिर बरन तथा उनका संगीत रसिकों में लोकप्रिय हो गया। कुंदनलाल सहगल की स्वर्गीय आवाज, तिमिर बरन का संगीत और शरच्चंद्र की कथा के कारण 'देवदास' ने विलक्षण लोकप्रियता प्राप्त की। उसके बाद तिमिर बरन ने अनेक चित्रपटों को संगीत दिया। किंतु उन्हें आर्केस्ट्रेशन (वाद्यवृंद रचना) का विशेष मोह था। अत: चित्रपट और नाटकों की दुनिया में अपार यश प्राप्त करने के बाद भी वे उन्हींमें खो नहीं गए। विदेशों में वहाँ की संगीत रचनाओं को सुनते और उनका अध्ययन करते समय उन्होंने आर्केस्ट्रेशन के महत्त्व को जान लिया था। हमारे भारतीय संगीत में 'सिंफनी' तथा 'पॉलीफॉमी' नामक विधाएँ हैं ही नहीं। तिमिर बरन स्वयं शास्त्रीय संगीत के अच्छे जानकार थे। अत: उन्होंने इस दिशा में प्रयोग प्रारंभ किए कि क्या भारतीय

रागदारी को सिंफनी सरीखा संगीतबद्ध किया जा सकता है ?

इस परिप्रेक्ष्य में 'वंदे मातरम्' की उनकी संगीत रचना एक सर्वोत्कृष्ट रचना मानी जाएगी। उनके द्वारा उससे पूर्व किए गए सभी संगीत प्रयोगों का परम उच्च बिंदु उस संगीत रचना में है। यह रचना दुर्गा राग की बंदिश में है। उसे 'आनंद बजार एंड हिंदुस्थान स्टैंडर्ड' कंपनी ने बाजार में फैलाया। उसके एक ओर 'वंदे मातरम्' का समूह गान है तो दूसरी ओर वाद्यवृंदों द्वारा किया गया केवल वाद्यवादन है। इस ध्वनि मुद्रिका के वाद्यवृंद का ध्वनि मुद्रण इंग्लैंड में विदेशी वादकों ने तिमिर बरन के मार्गदर्शन में किया है। यह सारी जानकारी तिमिर बरन भट्टाचार्य के सुपुत्र विख्यात सितारवादक इंद्रनील भट्टाचार्य ने प्रत्यक्ष भेंट में दी है। यह संगीत रचना रवींद्रनाथ की संगीत रचना से सर्वथा भिन्न है। उनकी राय थी कि तर्ज बहुत ही जोशीली और संचलन गीत जैसी होनी चाहिए। भारतीय तथा पाश्चात्य संगीत का सुंदर मिश्रण इस तर्ज में है। गीताश्री इवादत्त (गीता दत्त ?) और बँगला पत्रिका 'देश' के संपादक सागरमय घोष के समूह स्वर में इसमें गायन किया गया है। नेताजी सुभाषचंद्र बोस को यह रचना बहुत पसंद थी। इसीलिए उन्होंने आजाद हिंद सेना की स्थापना के बाद सिंगापुर रेडियो से यही ध्वनि मुद्रिका प्रसारित की थी।

सुभाष बाबू सन् १९३९ में जब कांग्रेस अधिवेशन के अध्यक्ष थे, उन्होंने अधिवेशन में 'वंदे मातरम्' गाने के लिए तिमिर बरन को निमंत्रित किया था। कारण यह था कि 'वंदे मातरम्' शब्दों में निहित देशभक्ति, प्रत्येक शब्द से प्रकट होनेवाला मातृभूमि के प्रति आदरभाव श्रोताओं तक पहुँचाने का उद्देश्य तिमिर बरन की संगीत रचना से पूर्णत: सफ़ल होता है, ऐसा उन्हें विश्वास हो गया था।

सन् १९५२ में बंकिमचंद्र के 'आनंदमठ' उपन्यास पर फिल्मिस्तान ने चित्रपट तैयार किया। उसके संगीत निर्देशक हेमंत कुमार ने लता मंगेशकर के स्वरों में 'वंदे मातरम्' की एक सर्वथा निराली संगीत रचना की ध्वनि मुद्रिका तैयार की, जो आज भी अत्यंत लोकप्रिय है। भैरवी तथा मालकोंस रागों की मिश्र बंदिश में यह संगीत रचना इस उद्देश्य को ध्यान में रखकर बनाई गई है कि चित्रपटों में मातृभूमि के लिए लड़नेवाली उसकी संतानों के लिए प्रेरणा देनेवाली हो। इसीलिए उसकी बंदिश युद्ध गीत सरीखी बनाई गई है। वैसे तो 'वंदे मातरम्' विशिष्ट दायरे में फिट बैठनेवाला फिल्मी गीत नहीं है। इसके बावजूद हिंदी और बँगला में बने चित्रपट 'आनंदमठ' तथा हिंदी में 'आंदोलन' के लिए (सं. पन्नालाल घोष), 'महाभिलाभी अरविंदो', 'सबोज द्वीपेर राजा' इन बँगला चित्रपटों में भी इसका उपयोग किया गया है और मधुर तर्जों पर बंगाल में उन रचनाओं को लोक-मान्यता भी प्राप्त हुई है।

महाराष्ट्र में सार्वजनिक गणेशोत्सवों में अनेक गायकों की महफिलों का आयोजन किया जाता था। उसमें हिराबाई बडोदेकर, विष्णुपंत पागनीस, मास्टर कृष्णराव, पं. राम मराठे, पं. विनायकबुवा पटवर्धन आदि जाने-माने गायक अपनी-अपनी महफिलों के अंत

में 'वंदे मातरम्' का ही गायन किया करते थे। कुछ संगीत नाटक कंपनियों में नाटक समाप्ति के बाद 'वंदे मातरम्' का गायन करने की प्रथा थी।

१५ अगस्त, १९४७ को यानी स्वतंत्रता प्राप्ति के पहले ही दिन मुंबई आकाशवाणी केंद्र से हिराबाई बडोदेकर का गाया 'वंदे मातरम्' प्रसारित किया गया था। हिराबाई अपनी महफिलों में तिलक कामोद की बंदिश में 'वंदे मातरम्' का गायन किया करती थीं।

दिलीपकुमार राय अध्यात्म जगत् में अधिकारी व्यक्ति थे और एक गायक भी। भक्ति संगीत के गायन में उन्हें दक्षता प्राप्त थी। 'वंदे मातरम्' हमारा राष्ट्रगीत हो, इस हेतु २९ अक्तूबर, १९४७ को दिल्ली की प्रार्थना सभा में श्री दिलीपकुमार राय ने महात्माजी के समक्ष 'वंदे मातरम्' का गायन किया था। गांधीजी ने उनके गायन की प्रशंसा की थी, जिससे श्री दिलीपकुमार राय काफी उत्साहित हुए थे। उनके गाए 'वंदे मातरम्' की दो ध्वनि मुद्रिकाएँ हैं। एक में उन्होंने अकेले ही गीत को गाया है। उसके संगीत में बँगला तथा असमिया लोक संगीत की झलक मिलती है; साथ ही पहाड़ी लोक संगीत का भी आभास मिलता है। दूसरी ध्वनि मुद्रिका में दक्षिण की प्रख्यात गायिका एम.एस. सुब्बालक्ष्मी के साथ उन्होंने सहगायन किया है। उसमें राग बिलावल, बागेश्री और कर्नाटक संगीत के कुछ रागों का मिश्रण है। इस ध्वनि मुद्रिका में संगीत की लयों, तालों और उत्तर-दक्षिणी संगीत शैलियों के मिश्रण हैं। एम.एस. सुब्बालक्ष्मी ने सुब्रह्मण्यम् भारती द्वारा किया 'वंदे मातरम्' का तमिल अनुवाद जय वंदे मातरम् 'नलिरमणि निरूम' गाया है।

यदुभट्ट से प्रारंभ 'वंदे मातरम्' की यह संगीत यात्रा आज भी निरंतर चल ही रही है। 'वंदे मातरम्' को सहजता से संगीतबद्ध करनेवाले संगीतकारों के साथ ही उसके आशय के मर्म को समझते हुए उसके शब्दों में अपने आपको पूरी तरह से समर्पित पूर्णत: 'वंदे मातरम्' की संगीत आराधना करनेवाले संगीतकार भी थे। मास्टर कृष्णराव फुलंब्रीकर का 'वंदे मातरम्' के बारे में किया गया संपूर्ण कार्य इसी श्रेणी में आता है। मास्टर कृष्णराव गायनाचार्य भास्करबुवा बखले के शिष्य तथा गंधर्व नाटक मंडली से जुड़े गायक, अभिनेता और संगीत निर्देशक थे। शास्त्रीय गायक के नाते उन्हें भारत भर में आदरणीय स्थान प्राप्त था। 'गोपालकृष्ण' सरीखे चित्रपट की संगीत रचना के कारण वे 'प्रभात' चित्रपट कंपनी के मान्यवर संगीत निर्देशक तो बने ही थे, चित्रपट, नाटक और शास्त्रीय संगीत की महफिलों का अचूक मर्म पहचानकर उन्होंने काफी सुयश भी प्राप्त किया था। अति मधुर तर्जों में भारतीय वाद्यों का अचूक प्रयोग एवं उपयोग और आसानी से गुनगुनाते बनेगी, ऐसी संगीत रचना उनकी विशेषताएँ थीं। महफिल में समाँ बाँधनेवाले गायक के नाते ऐसी ख्याति उन्हें इसीलिए मिली थी। सन् १९३५ में मास्टरजी के मन में यह विचार प्रमुखता से आया कि 'वंदे मातरम्' को संगीतबद्ध किया जाय। उसकी संगीत रचना तैयार करने के बाद उन्होंने 'प्रभात' कंपनी में व्ही. शांताराम के आग्रह पर उसका ध्वनि मुद्रण अपनी ही आवाज में

किया। आगे चलकर वह ध्वनि मुद्रिका बाजार में भी आई। महाराष्ट्र में तो वह तर्ज अत्यंत लोकप्रिय हुई। मिश्र झिंझोटी जैसे बहुत आसान राग में विशाल जनसमूह भी आसानी से गा सके, ऐसी उसकी संगीत रचना की गई थी। उसकी स्वरलिपि के अनेक पत्रक छपवाकर उन्होंने विद्यालयों में बाँटे, ताकि छात्रों से लेकर बड़ों तक सब लोग उस बंदिश में 'वंदे मातरम्' गा सकें। आकाशवाणी से भी उसे प्रसारित करने के प्रयास उन्होंने आरंभ कर दिए। किंतु मूलत: 'वंदे मातरम्' गाने पर ही वहाँ पाबंदी थी। अत: इसकी अनुमति मिलने में भी विलंब हो रहा था। ७ अगस्त, १९३८ को मुंबई रेडियो स्टेशन पर मास्टरजी के शास्त्रीय गायन का कार्यक्रम चल रहा था। रेडियो पर 'वंदे मातरम्' गाने की अनुमति नहीं मिल रही है, यह देखकर मास्टरजी ने एक जुगत भिड़ाई। कार्यक्रम में अपने गायन को जोड़कर ही उन्होंने 'वंदे मातरम्' का गायन प्रारंभ कर दिया। यह देखकर वहाँ उपस्थित स्टेशन डायरेक्टर जेड. ए. बुखारी ने तत्काल बिजली गुल कर दी, जिससे ध्वनिक्षेपक बंद हो गए। इस घटना पर दूसरे दिन पुणे-मुंबई के अखबारों के प्रथम पृष्ठ पर समाचार छपे। पुणे के दैनिक 'त्रिकाल' ने लिखा—'मुंबई रेडियो केंद्र पर 'वंदे मातरम्' का गला दबोच दिया गया', 'मास्टर कृष्णराव के कर्ण-मधुर गायन का निंदनीय अंत'। इस मामले के कारण सर्वत्र खलबली मच गई। इस घटना का विरोध जताने के लिए मास्टर कृष्णराव ने 'वंदे मातरम्' गाने की अनुमति जब तक नहीं मिलती, आकाशवाणी पर गायन का अन्य कोई कार्यक्रम नहीं करूँगा—ऐसा ऐलान कर आकाशवाणी का बहिष्कार कर दिया। और वह लगभग दस वर्ष तक जारी रखा। आजादी की आहट मिलने लगी। तब १९४७ की वर्ष प्रतिपदा के दिन सरदार वल्लभभाई पटेल के आग्रह पर मास्टरजी ने स्टेशन डायरेक्टर बुखारी की उपस्थिति में ही संपूर्ण 'वंदे मातरम्' का गायन आकाशवाणी से प्रसारित किया और तब वह बहिष्कार समाप्त हुआ।

संगीतकार
तिमिर बरन भट्टाचार्य

संगीतकलानिधि
मास्टर कृष्णराव

यह वह समय था जब मास्टर कृष्णराव की गायकी पूरी बुलंदी पर थी। चित्रपट, नाट्य क्षेत्र में सुयश, कीर्ति और पैसा यद्यपि मिल रहा था, नियमित आमदनी का जरिया बनी तथा अपनी कला को भारत के कोने-कोने में पहुँचानेवाली आकाशवाणी को प्रसार माध्यम के नाते बड़ी

प्रतिष्ठा प्राप्त थी। ऐसे प्रतिष्ठा प्राप्त माध्यम पर तथा उससे होनेवाली आमदनी एवं कीर्ति की प्राप्ति पर उस जमाने में 'वंदे मातरम्' के लिए पानी छोड़ना आसान नहीं था। मास्टरजी ने एक दृढ़ संकल्प से वह कर दिखाया। परिणामत: केवल 'वंदे मातरम्' की स्वयं की हुई संगीत रचना को लोकप्रिय करने के इरादे से सभा-सम्मेलनों में जानेवाले गायकों से सर्वथा भिन्न कोटि के चंद गायकों में मास्टर कृष्णराव को गिना और माना जाने लगा।

सन् १९३८ से १९४७-४८ तक मास्टरजी अपनी ही महफिलों में 'वंदे मातरम्' का गायन किया करते थे। किंतु साथ ही सभा-समारोहों में, विविध अधिवेशनों तथा शिविरों आदि में भी विशाल जनसमुदाय से 'वंदे मातरम्' का सामूहिक गायन भी करवा लेते थे। उनका प्रयास था कि हजारों लोग इस तर्ज पर वंदे मातरम् का सामूहिक गायन कर सकें, इतनी आसान तर्ज होनी चाहिए। पुणे में लगभग पचास हजार श्रोताओं से उन्होंने 'वंदे मातरम्' का सफल सामूहिक गायन करवाया था। उनकी संगीत रचना की बंदिश राग झिंझोटी में, किंतु मिश्र स्वरूप की थी। इस राग को मास्टरजी 'राष्ट्रीय राग' कहते थे। राग झिंझोटी में होने के बावजूद उसका स्वरूप एकदम सादा और आसान था। इतने आसान राग में बंदिश करने पर उस समय के अनेक संगीतज्ञों ने मास्टरजी की आलोचना भी की थी। गंधर्व महाविद्यालय ने पारंपरिक काफ़ी राग की बंदिश में 'वंदे मातरम्' की संगीत रचना की थी और मास्टरजी द्वारा अपनी पठडी के राग झिंझोटी में बंदिश बनाने को लेकर पुणे में उस समय काफी विवाद चला था। इस विवाद ने इतना तूल पकड़ लिया था कि कभी-कभी तो दोनों के अनुयायियों में मार-पीट भी होने लगी थी। संगीतज्ञ गोविंदराव टेंबे ने इस विवाद पर एक लंबा लेख भी लिखा था। जो भी हो, एक बात तो साफ थी कि अपने सादे तथा आसान रूप के कारण ही मास्टरजी की यह बंदिश लोकप्रिय हो गई और अनेक स्कूलों में उसी तर्ज पर 'वंदे मातरम्' गाया जाने लगा था। स्कूली बच्चों से लेकर बड़े-बुजुर्गों तक उसी तर्ज पर 'वंदे मातरम्' गाने लगे थे।

२५ अगस्त, १९४८ को पं. नेहरू ने संसद् में बयान दिया, जिसमें उन्होंने 'जन-गण-मन' के पक्ष में अपने विचार प्रकट किए और 'वंदे मातरम्' को संगीत तथा बैंड पर बजाने पर अनेक संदेह उपस्थित किए थे। 'जन-गण-मन' का समर्थन तो उनके बयान में था ही। अखबारों में उस बयान को पढ़कर मास्टरजी काफी बेचैन हो गए। उस समय वे सावदा में अपने मित्र बालासाहब देशमुख सावदेकर के यहाँ किसी काम से गए हुए थे। तब बालासाहब ने मास्टरजी से कहा था, 'आप क्यों नहीं स्वयं कुछ प्रयास करते?' पुणे लौटने पर मास्टरजी ने उस दिशा में तुरंत ही प्रयास ओरंभ कर दिए। उन्होंने पं. नेहरू को तार देकर अनुरोध किया कि एक संगीतज्ञ के नाते 'वंदे मातरम्' के बारे में मेरी राय जान लें। पं. नेहरू ने अनुरोध स्वीकार किया। इस बीच मास्टरजी पुणे में पुलिस परेड के साथ-साथ स्वयं कदम मिलाकर चलते हुए यह देख रहे थे कि अपनी तर्ज कितनी उपयोगी है। उनका यह प्रयोग

सफल रहा और वंदना-संचलन (मार्च पास) के लिए भी अपनी संगीत रचना एकदम अनुकूल बनी है, इसका विश्वास मास्टरजी को हो गया। दिल्ली में प्रत्यक्ष दिखाने के लिए उन्होंने एच.एम.वी. में समूह गान की कुछ ध्वनि मुद्रिकाएँ भी तैयार करवाईं, जो विभिन्न लय-तालवाली थीं। दिल्ली में जनरल करिअप्पा और पं. नेहरू के सामने उन्होंने सब प्रत्यक्ष कर दिखाया। मिलिटरी बैंड के प्रमुख लजपत सिंह ने इसे बजाकर देखा और दुहाई दी थी कि यह बहुत सफल संगीत रचना है। अनेक प्रमुख नेताओं के सामने इसका प्रचार-प्रसार और पार्श्व गायन मास्टर कृष्णराव ने किया। किंतु पं. नेहरू के उस बयान की एक बात उन्हें लगातार चुभ रही थी कि यह राष्ट्रगीत दुनिया के अन्य घोष पथकों को भी अपने वाद्यों पर आसानी से बजाना आना चाहिए। पाश्चात्य बैंड के पथकों से भी इसे मान्यता मिलनी चाहिए। अत: मास्टरजी मुंबई आए और वहाँ नायगाँव पुलिस मुख्यालय के ब्रिटिश कमांडर द्वारा संचालित घोष विभाग के प्रमुख सी.आर. गार्डनर के सहयोग से उन्होंने विदेशी शैली की स्वर रचना के कारण अपनी मूल तर्ज पर कोई आँच न आने देते हुए उसे घोष पर बजाया। नेवल बैंड के प्रमुख स्टेनले हिल्स ने इस तर्ज को ब्रास वाद्यों पर ताल-सुरों में बिठाया। स्टेनले हिल्स तथा सी.आर. गार्डनर दोनों ने मास्टर कृष्णराव की संगीत रचना के बारे में अनुकूल अभिमत दिए। गार्डनर ने अपने पत्र में लिखा कि पाश्चात्य रसिकों ने भी इसकी दाद दी है तथा विदेशी बैंडों को भी इसे बजाना आसान होगा और सुननेवालों पर इसका योग्य परिणाम होता है। यही नहीं, यह संगीत रचना 'जन-गण-मन' से भी अधिक अच्छी तथा निर्दोष है।

इससे अत्यंत उत्साहित होकर मास्टर कृष्णराव ने संविधान सभा के समक्ष पुन: वंदे मातरम् का गायन प्रस्तुत करने की अनुमति पं. नेहरू से माँगी। इसके लिए उन्होंने घोष पथकों द्वारा 'वंदे मातरम्' की तीन अलग-अलग विधाओं में बजाई गई ध्वनि मुद्रिकाएँ साथ ली थीं—१. संचलन गीत, २. आम सलामी और ३. राष्ट्रगीत। गार्डनर के पत्र की मुद्रित प्रतियाँ तथा 'वंदे मातरम्' की स्वरलिपि की जानकारी देनेवाली प्रतियाँ भी सांसदों में वितरित करने के लिए तैयार रखी थीं। उनके साथ स्वर संगत करने के लिए श्री बापूराव अष्टेकर (भोपे) तथा सचिव के नाते भतीजे विनायकराव फुलंब्रीकर भी गए थे। संसद् भवन में संविधान सभा की बैठक में मास्टर कृष्णराव ने इन ध्वनि मुद्रिकाओं तथा अपने गायन को प्रस्तुत किया। सी.आर. गार्डनर का पत्र तथा गीत के बारे में अपने विचार उन्होंने प्रस्तुत किए (इसी अध्याय के अंत में उन्हें देखा जा सकता है)। सच कहा जाए तो विदेशी बैंडों का मुद्दा मास्टर कृष्णराव ने अपने कृतित्व से यहीं निरस्त कर दिया था; किंतु लगता है कि पं. नेहरू ने अपना मन पहले ही बना लिया था और ये मुद्दे तो महज बहाना थे। 'जन-गण-मन' का स्थान उन्होंने पहले ही तय कर रखा था, यह उनके विचारों से स्पष्ट हो जाता है।

उस समय पं. नेहरू ने मास्टरजी के कंधे पर हाथ रखकर उनकी प्रशंसा में कहा था, 'आपने अत्यंत महत्त्व का कार्य किया है। आप तो भारत के समरगीत-संगीतकार के नाते प्रख्यात हो गए हैं।' वहाँ उपस्थित एक और सदस्य ने कहा, 'हम वंदे मातरम् को राष्ट्रगीत का स्थान देंगे।' इसपर पं. नेहरू ने जल्दी से वाक्य जोड़ा, 'समान स्थान देंगे।'

१७ जनवरी, १९५० को मास्टर कृष्णराव ने दिल्ली में एक पत्र परिषद् में 'वंदे मातरम्' का संगीत प्रस्तुत किया। अनेक सांसदों ने तो भरोसा दिलाया था कि मास्टरजी द्वारा तैयार की गई बंदिश अधिक अच्छी है। किंतु इन सब बातों का कोई असर होनेवाला नहीं था। 'जन-गण-मन' का स्थान अलिखित रूप में ही क्यों न सही, पहले ही निश्चित हो चुका था (!) इसीलिए शायद २४ जनवरी, १९५० को संविधान सभा की बैठक में इसपर कोई चर्चा या मतदान कराए बिना ही अध्यक्ष डॉ. राजेंद्र प्रसाद ने 'जन-गण-मन' को राष्ट्रगान का तथा 'वंदे मातरम्' को राष्ट्रगीत के समान दर्जा देने की घोषणा कर दी।

अब जबकि संविधान सभा ने 'जन-गण-मन' को राष्ट्रगीत का स्थान दे दिया तो उसके बाद उसके बारे में कोई विवाद खड़ा करना या उसकी आलोचना करना उचित नहीं। मास्टर कृष्णराव निराश होकर पुणे लौट गए। किंतु उस निराश मानसिकता में भी उन्हें इसका संतोष था कि 'वंदे मातरम्' को पूरी तरह से उपेक्षित नहीं किया गया है। आखिर मास्टरजी के इन प्रयासों के कारण ही 'वंदे मातरम्' को राष्ट्रगीत के समान दरजा तो मिला। लोकमत का दबाव 'वंदे मातरम्' के पीछे खड़ा था। इसीलिए 'वंदे मातरम्' की पूरी उपेक्षा करना समिति के लिए संभव नहीं हुआ।

केवल संगीत पर आक्षेप लगाकर 'वंदे मातरम्' का स्थान छीने जाने की विश्व इतिहास में शायद यह पहली घटना होगी। अपने देश के राष्ट्रगीत के लिए विदेशी संगीत रचना का आग्रह रखा ही किसलिए? हमारे राष्ट्रगीत से हमारी ही संस्कृति प्रतिबिंबित होनी चाहिए। ऐसे सभी निष्कर्षों पर 'वंदे मातरम्' कहीं थोड़ा भी कम नहीं पड़ रहा था। विदेशी संगीतविदों ने भी मास्टरजी की संगीत रचना को ही सराहा था। फिर भी सरकार के आग्रह पर 'वंदे मातरम्' को दोयम स्थान दिया गया। वास्तव में रवींद्रनाथ से लेकर विष्णु दिगंबर समेत उसे संगीत देनेवाले सभी संगीतकारों का यह अपमान जैसा ही हुआ। किंतु उससे भी बड़ा अपमान उन क्रांतिकारियों का हुआ जिन्होंने 'वंदे मातरम्' को राष्ट्रगीत बनाने की माँग न करते हुए भी उसका जयघोष करते-करते मृत्यु का आलिंगन किया। और उन देशभक्तों का भी यह बड़ा अपमान रहा, जिन्होंने यही नारा लगाते-लगाते निःशस्त्र अवस्था में सीने पर अंग्रेजों की गोलियाँ झेली थीं।

संविधान सभा द्वारा 'वंदे मातरम्' को राष्ट्रगीत के समान दरजा दिए जाने पर भी मास्टरजी निराश नहीं हुए। 'वंदे मातरम्' के संगीत के बारे में उनका चलाया अभियान यहीं समाप्त नहीं हुआ। विभिन्न सभा-समारोहों में उसके बाद भी वे 'वंदे मातरम्' का गायन

BOMBAY CITY POLICE BAND

(MILITARY & PIPE)

C.R. Gardner
A.R.C.M.
Director of Music

Telephone 19811-Ex.260

'L' Division
Naigaum Police H.Q.
Bombay-14.
Oct. 22nd 1948

To,
Master Krishna,

Sir,

In reply to your querries I consider your version of 'VANDE MATARAM' most suitable for a National Anthem for the following reasons :

1. It is simple and lends itself to simple and pure harmonies. It has the dignity and majesty that I find so favourable in 'God Save The King' i.e. the prayer of a nation.

2. In Western notation it is so simple to play that it can be rendered effectively by even a mediocre Band. This is a great asset one must consider in an anthem that has to be played 'at sight' by Bands at Embassy Functions all over the world.

3. The harmonies are so pure and simple it can be sung by choirs and children in its complete four parts.

4. It has a pleasing effect to Western ears and all Europeans. I know, who have heard me play it, definitely prefer it to 'JANA GANA MANA'.

5. 'JANA GANA MANA' is 'jumpy' and undignified in my opinion. It has a bad fault known as 'Musical Tautology' that is a constant repetition of one note in the melody. Furthermore it is too easily distorted into a cheap and nasty fox-trot rythmn by any Band particularly an European one who do not know the tune.

Personally I prefer your version of 'VANDE MATARAM' infinitely more than 'JANA GANA MANA'. This is merely my own unbiased opinion—for what it is worth.

Sd. C.R. GARDNER,
A.R.C.M.
Inspector of Police (D.of M.)
"LA" Division,
Naigaum H.Q.

पाश्चात्य संगीतज्ञ सी.आर. गार्डनर द्वारा मास्टर कृष्णराव को लिखा गया पत्र।

बीजिंग में 'वंदे मातरम्' का गायन करते हुए मास्टर कृष्णराव के साथ ज्योत्स्ना भोळे, हिराबाई बडोदेकर और नृत्यचंद्रिका दमयंती जोशी।

लोकमान्य टिळकांचें राजकीय तत्वज्ञान प्रतिपादणारें पत्र

दैनिक त्रिकाळ–सोमवार ता. ८ माहे ऑगस्ट सन १९३८

मुंबई रेडिओ स्टेशनवर राष्ट्रगीताची गळचेपी

मास्तर कृष्णांच्या मंजूळ गायनाचा निषेधार्ह शेवट

(त्रिकाळच्या बातमीदाराकडून)

मुंबई, ता. ७–येथील रेडियो स्टेशनवर 'वंदेमातरम्'ची गळचेपी करण्याचा अनुचित प्रकार आज झाल्यानें खळबळ उडाली आहे.

पुण्याचे कृष्णा मास्तर यांच्या गायनाचा रेडीओवरील कार्यक्रम झाल्यानंतर शेवटीं त्यांनीं 'वंदेमातरम्'ला सुरुवात केली. परंतु त्यांचे तोंडातून 'वंदे' हों शब्द निघताच स्टेशन डायरेक्टरनें यंत्र बंद करून त्याची गळचेपी केली.

'राष्ट्रगीताची गळचेपी करण्याची इतकी उत्सुकता डायरेक्टरानें कां दाखवावी याविषयीं येथील श्रोतवर्गांत पूर्ण खळबळ उडाली असून या प्रकरणा चौकशीचाहि अवज्ञा ठरो झाली ही गोष्ट राष्ट्रगीताचा अपमान करणारी व निषेधार्ह झाली असें म्हणण्यांत येत आहे. या निषेधाला वाचा फुटण्याचाहि संभव असल्याचें कळतें.

किया ही करते थे। अपनी गायन महफिलों के अंत में भी वे सभी श्रोताओं को खड़े होने का अनुरोध कर 'वंदे मातरम्' से ही किया करते थे। उन्होंने 'वंदे मातरम्' को केवल एक गीत माना ही नहीं, उसे एक चुनौती भरी रचना ही माना। सन् १९५२ में चीन की यात्रा पर गए भारतीय कलाकारों में मास्टर कृष्णराव, ज्योत्स्ना भोळे, हिराबाई बडोदेकर आदि नामी कलाकार थे। पीकिंग (आज का नाम बीजिंग) में हुए कार्यक्रम में इन सभी कलाकारों ने राष्ट्रगीत के नाते 'वंदे मातरम्' का ही गायन किया था। मास्टरजी के पश्चात् पं. राम मराठे अनेक महफिलों में मास्टरजी द्वारा संगीतबद्ध किया गया 'वंदे मातरम्' संपूर्ण स्वरूप में गाया करते थे।

आजादी के बाद भी 'वंदे मातरम्' गीत को अपने सुरों में स्वरबद्ध करने का मोह अनेक संगीतज्ञों को हुआ है। हेमंतकुमार, गीता दत्त और जी.एम. दुराणी, पुरुषोत्तमदास जलोटा, पं. भीमसेन जोशी, पं. जसराज आदि ने भी अनेक महत्त्वपूर्ण अवसरों पर 'वंदे मातरम्' का गायन किया है। १४ अगस्त, १९९७ को, आजादी की स्वर्ण जयंती के उपलक्ष्य में उसकी पूर्व संध्या पर संसद् भवन में आयोजित विशेष अधिवेशन में पं. भीमसेन जोशी ने 'वंदे मातरम्' गाया था। १५ अगस्त, १९९८ को आजादी के स्वर्ण महोत्सव समापन समारोह में पं. जसराज ने 'वंदे मातरम्' गाया था। शास्त्रीय संगीत के इन दिग्गजों की भाँति उषा उत्थप (संगीत वनराज भाटिया), शुभा मौद्गल्य, ए.आर. रहमान और शंकर महादेवन सरीखे पॉप संगीत के गायकों तथा संगीतकारों ने 'वंदे मातरम्' को नए रूप में पेश किया था। इन पाश्चात्य संगीत रचनाओं में 'माँ, तुझे सलाम' वाला भाव आया है। 'माँ, तुझे प्रणाम' वाला शरणभाव उसमें व्यक्त नहीं होता। मातृभूमि को वंदन कर उसकी महानता को अभिव्यक्ति देनेवाली भावना इस संगीत में नहीं है। इस सबके बावजूद यह आशाजनक ही माना जाना चाहिए कि 'वंदे मातरम्' को ही भुलाते जा रहे जमाने में नई पीढ़ी नई दृष्टि से 'वंदे मातरम्' की ओर देख रही है।

गान तपस्वी अल्लादिया खाँ साहेब ने मास्टर कृष्णराव द्वारा की गई 'वंदे मातरम्' की संगीत रचना के बारे में एक प्रशंसा-पत्र भेजा। यह पत्र उन्होंने पुणे से ६ फरवरी, १९३८ को लिखा था। इसमें खाँ साहेब कहते हैं, 'आज पुणे नगरवासियों ने मास्टर कृष्णराव का 'वंदे मातरम्' को नई तर्ज देने के लिए जो सत्कार किया उसे देखकर मुझे बहुत आनंद आया। इसके लिए मास्टर एकदम पात्र हैं। उनकी तर्ज के बारे में कह सकता हूँ कि यह तर्ज अत्यंत गंभीर होते हुए भी बहुत आसान है और हर कोई इसे गा सकता है। आज के अनुभव से यह बात साफ है। भगवान् उनके कार्य में उन्हें पूर्ण यश दे, यही कामना करता हूँ।'

गायन सम्राट् फैयाज खाँ गुलाम अब्बास खाँ ने अपने गौरव-पत्र में लिखा, 'महाराष्ट्र के सुप्रसिद्ध गायक एवं गायनाचार्य पं. भास्करबुवा बखले के पट्टशिष्य संगीत कलानिधि मास्टर कृष्णराव ने 'वंदे मातरम्' राष्ट्रगीत को आसान, गंभीर और मधुर तर्ज दी है, जो

जनसमूह भी आसानी से गा सकता है। मेरी अपनी राय में यही तर्ज अन्य किसी तर्ज से अधिक माकूल है।'

मास्टरजी अपने कार्यक्रमों के बारे में अपनी कॉपी में लिख रखते थे। डायरीनुमा कॉपी में उनके हस्ताक्षर में लिखा है—१. 'वंदे मातरम् राष्ट्रगीत के लिए रेडियो पर किए स्वार्थ-त्याग के बारे में लोकशाही स्वराज्य पक्ष ने आज सम्मान किया। २. कांग्रेस, ए.आई.सी.सी. की मीटिंगों में गया। ३. हिंदू महासभा के कलकत्ता अधिवेशन में 'वंदे मातरम्' का गायन करने के लिए अपने खर्च से गया था। अनेक नेताओं की उपस्थिति में उसे गाया। परिणामत: मन-मस्तिष्क तथा गले में 'वंदे मातरम्' सदा ही सिद्ध रहने लगा है।'

□

'वंदे मातरम्' : महापुरुषों की नजर में

'वंदे मातरम्' के जन्मदाता बंकिमचंद्र चट्टोपाध्याय के जमाने में बंगाल में अनेक महान् विभूतियाँ पैदा हुईं। इनमें रामकृष्ण परमहंस, ईश्वरचंद्र विद्यासागर विशेष उल्लेखनीय हैं। उनके बाद की पीढ़ी में स्वामी विवेकानंद, जगदीशचंद्र बोस, रवींद्रनाथ ठाकुर आदि अनेक लोगों ने अपने धार्मिक, सामाजिक तथा वैज्ञानिक विचारों से समूचे बंगाल को हिलाकर रख दिया था।

रामकृष्ण परमहंस

बंकिमचंद्र के जमाने को बँगला साहित्य का प्रबोधन काल और बंकिम युग ही माना जाता है। अत: उनके साहित्य का प्रभाव उनके समकालीन सामाजिक नेताओं तथा अगली पीढ़ी के लेखकों और पाठकों पर पड़ा।

स्वातंत्र्यवीर सावरकर

विवेकानंद के गुरु रामकृष्ण परमहंस बंकिमचंद्र के समकालीन थे। सन् १८८४ में आधारचंद्र सेन के निवास पर इन दोनों की भेंट हुई थी। तब रामकृष्णजी ने मजाक में ही उनसे पूछा था, 'आपको बंकिम किसने बना

दिया ? 'बंकिम' शब्द का अर्थ 'वक्र' भी होता है। इसपर बंकिमचंद्र ने हँसकर कहा था, 'ब्रिटिशों के बूटों की ठोकरों ने।' इन मसखरी भरे शब्दों में भी अंग्रेजों एवं विदेशी सत्ता के प्रति मन में भरा क्रोध प्रकट होता है। इस भेंट के बाद बंकिमचंद्र ने रामकृष्णजी को फिर भेंट करने का आमंत्रण दिया; किंतु स्वयं जा न पाने के कारण उन्होंने नरेंद्र (विवेकानंद) को अन्य कुछ शिष्यों के साथ बंकिमचंद्र से मिलने भेजा था। बंकिमचंद्र के अनेक उपन्यास श्री रामकृष्ण को पढ़कर सुनाए गए थे। संभव है कि युवा नरेंद्र को 'आनंदमठ' उपन्यास से प्रेरणा मिली हो। हालाँकि आगे चलकर विश्वप्रख्यात हुए विवेकानंद के भाषणों में 'वंदे मातरम्' शब्दों अथवा उस काव्य का उल्लेख नहीं था, उनके अनेक प्रवचनों तथा व्याख्यानों पर 'वंदे मातरम्' काव्य तथा 'आनंदमठ' उपन्यास का निश्चित प्रभाव साफ दिखाई देता है। विवेकानंद ने अच्छी तरह से जान लिया था कि देश की जनता में आजादी के लिए आंदोलन खड़ा करने के लिए संगठन तथा वैचारिक क्रांति की आवश्यकता है। 'आनंदमठ' उपन्यास में मातृभूमि के लिए अपना सबकुछ न्योछावर करते हुए युद्ध के लिए सिद्ध संन्यासियों के मुख से 'वंदे मातरम्' गीत गवाया गया है। 'स्वदेश और स्वधर्म का संरक्षण करने के लिए बलिदान के वास्ते तैयार रहो।' यह संदेश देनेवाले विवेकानंद कहते हैं, 'संन्यासी हमारे धर्म की प्रतिरक्षा करते हैं। वे देश के सैनिक हैं। देखिए न···प्रदीर्घ रात समाप्त होकर उषाकाल हो रहा है। हमारा भारत नींद से जाग रहा है। अब उसे कौन रोक सकता है? अब वह फिर से सो नहीं जानेवाला है। भारत माता के स्वरूप में साक्षात् महाकाली जाग्रत् हो रही है।'

'वंदे मातरम्' में बंकिमचंद्र ने महाकाली दुर्गा को देखा था। विवेकानंद ने उसी जमाने में ठीक वही अनुभव अपने शब्दों में वर्णित किया है। विवेकानंद के ऐसे उपदेश से ही अनेक बँगला युवकों को क्रांति की प्रेरणा मिली। हृदय में विवेकानंद का उपदेश और होंठों पर 'वंदे मातरम्' शब्द लिये क्रांतिकारियों ने अपने आपको क्रांति कार्य में झोंक दिया।

महाराष्ट्र में वासुदेव बलवंत फड़के के विद्रोह के कारण क्रांति कार्य को पुनः गति प्राप्त हुई। चापेकर बंधुओं के बलिदान के बाद सावरकर सरीखे क्रांतिकारियों को प्रेरणा मिली—

'हे मातृभूमि तुझको मन है समर्पित,
वक्तृत्व वाङ्विभव भी तुझको ही अर्पित।
तुम्हें ही समर्पित नई कविता रसीली,
तुम्हारे प्रति है कलम भी समर्पित।'

यह काव्य रचना करनेवाले विनायक दामोदर सावरकर का पिंड एक प्रतिभा के धनी लेखक का ही था। किंतु सारा जीवन मातृभूमि के चरणों में समर्पित करने के कारण उनके

सारे साहित्य में मातृभूमि के प्रति असीम आदर ही परिलक्षित होता गया।

लगता है कि छात्र सावरकर ने अवश्य ही बंकिम साहित्य, विशेषत: 'आनंदमठ' उपन्यास, पढ़ा होगा। यही कारण है कि सावरकर साहित्य पर कुछ मात्रा में 'आनंदमठ' का प्रभाव पाया जाता है। स्पष्ट है कि उन्होंने 'वंदे मातरम्' का चिंतन अवश्य ही किया होगा। इसका कारण यह है कि 'वंदे मातरम्' शीर्षक से लिखा उनका लेख यानी 'वंदे मातरम्' का एक गद्य काव्य ही है। सावरकर क्रांति कार्य में कूद पड़े। अंदमान सरीखे स्थान में काला पानी की सजा काटते हुए उन्होंने अनंत यातनाएँ झेलीं। फिर भी उनकी काव्य प्रतिभा सदैव जाग्रत् ही रही। उनकी कालकोठरी की दीवारों पर भी कविता ने जन्म लिया। सावरकर का सारा जीवन ही काव्यमय था और उनके सारे जीवन में काव्य का मूल स्रोत था देशभक्ति। सावरकर साहित्य की किसी भी रचना से देशभक्ति की इस भावना को अलग किया ही नहीं जा सकता। उनकी भाषा पर संस्कृत का प्रभाव है। अधिक क्या, सारा साहित्य ही संस्कृत प्रचुर है। मराठी और संस्कृत का मिश्रण करते समय उसमें कहीं भी कृत्रिमता का लेश भी नहीं है। भाषा बोझिल नहीं है। शब्दों की कसरत जरूर है, किंतु कहीं भी कलाबाजी नहीं है। बिलकुल सीधे-सादे शब्दों को घुमाते हुए उन्होंने मातृभूमि की भक्ति का मंत्र दिया है—'तवहित मरण है जनन। तुम्हारे बिन जनन है मरण॥' जैसी पंक्तियाँ वे आसानी से लिख जाते हैं। बंकिमचंद्र की भाषा भी संस्कृतप्रधान ही है। विद्वत्ता, प्रचुरता दोनों के काव्य की विशेषता है। इसीलिए सावरकर की 'जयोस्तुते' कविता 'वंदे मातरम्' काव्य से बहुत नजदीकी नाता दरशाती है। दोनों कविताएँ मातृभूमि के मंगल-स्तोत्र हैं। 'वंदे मातरम्' में संस्कृत का अधिक और बँगला का प्रयोग कम है, तो 'जयोस्तुते' में संस्कृत कम और मराठी ज्यादा है।

केवल तेईस वर्ष की उम्र में सन् १९०६ में छात्रावस्था में मुंबई की 'विहारी' मासिक पत्रिका के अंक में प्रकाशित सावरकर का 'वंदे मातरम्' शीर्षक लेख, यानी बंकिमचंद्र के 'वंदे मातरम्' गीत का भावार्थ बतानेवाला ओजस्वी भाषा में प्रस्तुत एक चिंतन ही है। सन् १९०५ में बारिसाल में हुई घटना ने 'वंदे मातरम्' शब्दों को भारत भर में पहुँचा दिया। सावरकर की विद्वत्ता तथा अन्य भाषाओं की पुस्तकों का उनके द्वारा किया गया पठन सूचित करता है कि उन्होंने 'आनंदमठ' तथा 'वंदे मातरम्' का वाचन और मनन-चिंतन अवश्य ही किया होगा। उनके 'वंदे मातरम्' लेख तथा 'जयोस्तुते' काव्य पर 'वंदे मातरम्' गीत का प्रभाव है। उस लेख में 'वंदे मातरम्' काव्य या बंकिमचंद्र का उल्लेख नहीं है; क्योंकि यह लेख उस काव्य अथवा बंकिमचंद्र के गौरवार्थ नहीं लिखा गया है। न ही वह समीक्षात्मक है। भारत की प्राचीन परंपरा तथा यहाँ के महापुरुषों का गौरव गान करते समय सावरकर इस लेख में भारत द्वारा ज्ञान से विज्ञान तक के क्षेत्रों में की गई प्रगति का आलेख प्रस्तुत करते हैं। इस लेख का प्रारंभ ही स्वदेश और भारत माता की वंदना से होता है। मुलाहिजा

फरमाइए—

'भरतखंड को 'स्वदेश' कहने का भाग्य परमात्मा ने किन लोगों के ललाटों का अलंकरण करने के लिए आरक्षित रखा है ? भारतभूमि को मातृभूमि मानने के पवित्र अधिकार का अभिषेक लगतचालक ने किन लोगों पर किया है ? इसकी भक्ति के सुधा धवलस्तन्य का दिव्य आस्वाद लेकर इसे 'हे मातर, हे माँ' कहते हुए किन लोगों की जिह्वाएँ धन्य हो गई हैं ? वह धन्यता केवल हमारी ही जिह्वाओं को प्राप्त है। भारतभूमि को मातृभूमि मानने के अधिकार का अभिषेक केवल हम भारतीयों के ही मस्तक पर हुआ है। भरतखंड को 'स्वदेश' कहने के अहोभाग्य से हम भारतीयों के अलावा किसीके भालों का अलंकरण नहीं हुआ है। हम सभी हिंद बांधव ही इस हिंद माता की सच्ची संतान हैं। हिंद माता हमारी जन्मदात्री है। हिंद माता ही हमारी परिपालयित्री है। उसीका दूध पीकर हम बड़े हुए हैं। उसके दूध पर ही हमारे पूर्वज भी पोषित थे। उसके दूध पर ही हमारे वंशज भी परिपुष्ट होने वाले हैं। यह हमारी भारतभूमि वात्सल्य की मूर्ति है। वह साक्षात् प्रेमलता है। वह वेद वर्णित 'पुराणी देवी युवति: पुरन्ध्री' है। वह अनुभव-समृद्ध है। सौंदर्य में वह चिरयुवा है। हम तीस करोड़ लोगों पर उसे समान प्रेम है। तीस करोड़ कंठों से निकला 'वंदे मातरम्' का मधुर कलरव सुनकर उसका दिल प्रेम से भर आता है। ऐसी प्रेममयी को 'माँ' कहने का अहोभाग्य जिसके कृपाप्रसाद से हमें प्राप्त हुआ है, उस चिच्छक्ति को तथा हमारी एक ऐहिक परमेश्वरी आर्य भू माता को हमारा सदैव प्रणाम है।'

इस लेख के प्रत्येक परिच्छेद के अंत में 'तुम्हें हमारा प्रणाम' वंदन है। 'तुम्हारी जय हो', ऐसा गौरव वचन है। 'वंदे मातरम्' गीत में जिस तरह हर कड़ी के बाद 'वंदे मातरम्', माते तुम्हें प्रणाम—ये शब्द आते हैं उसी तरह इस लेख के प्रत्येक परिच्छेद के अंत में यही गौरवोद्गार आते हैं। सावरकर के फुटकर लेखों में इस लेख का अहम स्थान है। उसमें मातृभूमि का वर्णन है, उसमें भक्तों का आह्वान किया है, शत्रु को चुनौती है तथा उसकी भाषा किसी व्याख्यान के समान धाराप्रवाह है। इस लेख में सावरकर के शब्द माँजी हुई पैनी तलवार बन गए हैं। लेख के अंत में उन्होंने बंकिमचंद्र की भाँति संस्कृत प्रचुर विशेषणों का मुक्त प्रयोग किया है। 'वंदे मातरम' गीत की अंतिम कड़ी तथा इस लेख के अंतिम भाग में अत्यंत समानता है। सावरकर लिखते हैं—

'हे आर्यवसुंधरे ! तुम सुभग हो, सुजला हो, सुवर्णा हो, सुरला हो। तुम्हें हमारा प्रणाम। हे ॠतुमती, वसुमती, सुलते व सुफलिते, तुम्हें हमारा प्रणाम। हे विविधविहंगमे, विविधकुसुमे, तुम्हें हमारा प्रणाम। हे निरसर्गरम्ये व निसर्गरक्षितं, तुम्हें हमारा प्रणाम। हे पुराणी, देवी युवती, पुरंध्री, तुम्हें हमारा प्रणाम। हे तत्त्वज्ञे, शास्त्रज्ञे, तुम्हें हमारा प्रणाम। हे प्रभामयी व धर्ममयी, तुम्हें हमारा प्रणाम। हे सत्त्वमती व वीर्यवती, तुम्हें हमारा प्रणाम। हे स्वातंत्र्यतिलकविभूषिते, तुम्हें हमारा वंदन। श्री शंकरादि त्रिदेव तुम्हारे रक्षणकर्ता हैं, तुम्हें

हमारे प्रणाम। नारद, तुंबर, व्यास, वाल्मीकि तुम्हारी चारों ओर तुम्हारे स्तोत्र गा रहे हैं, तुम्हें हमारा वंदन हो। श्री शिवाजी और प्रताप आदि तुम्हारे शत्रुओं का गला घोंट रहे हैं, ऐसे तुम्हें हमारे वंदन हों।

'वंदे मातरम्! वंदे मातरम्!! वंदे मातरम्!!!'

इस लेख की भाँति 'वंदे मातरम्' से प्रभावित सावरकर की दूसरी साहित्य रचना है 'जयोस्तुते' कविता। यह कविता उन्होंने 'वंदे मातरम्' लेख से तीन वर्ष पूर्व लिखी। तब तक 'वंदे मातरम्' का प्रसार भारत के कोने-कोने तक नहीं पहुँचा था। अत: 'जयोस्तुते' कविता 'वंदे मातरम्' का अनुवाद नहीं है। संयोगवश उसमें किया हुआ वर्णन तथा आशय 'वंदे मातरम्' गीत के समान ही है। सावरकर स्वतंत्र प्रतिभा के कवि थे। 'वंदे मातरम्' पूर्णत: मातृभूमि की भक्ति से उत्पन्न एक ऊर्मि से, उत्स्फूर्तता से जनमी कविता है—और भाषा का सुंदर अलंकार धारण कर आई 'जयोस्तुते' कविता 'वंदे मातरम्' के बाद जनमी, किंतु उसी जैसी कोटि की रचना है। प्रादेशिक भाषा के वर्चस्व के कारण यह मराठी कविता संपूर्ण देश में ख्याति प्राप्त नहीं कर सकी।

सावरकर ने इस कविता में स्वतंत्रता देवी का आह्वान किया है—

'जयोस्तुते श्री महन्मंगले शिवास्पदे शुभदे, स्वतंत्रते भगवती त्वामहं यशोयुतां वंदे।' 'वंदे मातरम्' में बंकिमचंद्र कहते हैं, 'तुमि विद्या तुमि धर्म, तुमि हृदि तुमि मर्म, त्वं हि प्राणा: शरीरे शरीरे', तो सावरकर लिखते हैं, 'मोक्ष, मुक्ति भी रूप तुम्हारे तुम्हें ही वेदांती।'

'वंदे मातरम्' का प्रभाव इस प्रकार देश के बाहर भी अनुभव किया जाने लगा। मादाम कामा ने उसे विदेशों में अभिव्यक्ति प्रदान की। 'वंदे मातरम्' गीत तथा 'आनंदमठ' दोनों बंकिम रचनाओं के सार ने भारतीय साहित्य को भी काफी समय तक प्रभावित किया था। भाषा का बंधन इस गीत तथा उपन्यास ने तोड़ दिया था। अनेक भारतीय भाषाओं में 'आनंदमठ' उपन्यास के रूपांतरण हुए हैं। तो क्या इस उपन्यास के पीछे बंकिमचंद्र को कुछ प्रेरणा मिली थी? इतनी वीर रसपूर्ण और फिर भी मानवीय भाव-भावनाओं का उत्कट चित्रण करनेवाली दूसरी साहित्य कृति शायद ही मिलेगी। 'वंदे मातरम्' गीत को प्रसिद्धि देनेवाला यह उपन्यास 'गीता' के समान एक आध्यात्मिक सतह पर पहुँच जाता है। उसके योद्धा संन्यासी आनेवाले समय में अनेक देशभक्तों के लिए सशस्त्र क्रांति की राह दिखाते रहे।

□

'आनंदमठ' और 'वंदे मातरम्'

वासुदेव बलवंत फड़के 'आनंदमठ' का प्रेरणाकेंद्र ?

बंकिमचंद्र ने सन् १८७५ में 'वंदे मातरम्' लिखा और १८८० से धारावाहिक रूप में प्रकाशित 'आनंदमठ' उपन्यास में उसको समाविष्ट किया। यह गीत उस उपन्यास के साथ बिलकुल एकरूप हो गया। किसी कथानक के लिए बाद में गीत लिखना एक बात है और किसी सुंदर गीत के लिए उतने ही सुंदर कथानक की रचना करना दूसरी। यह दूसरी अद्‌भुत बात बंकिमचंद्र ने 'आनंदमठ' के माध्यम से कर दिखाई है। 'वंदे मातरम्' उनकी अंत:प्रेरणा से निकली उत्स्फूर्त रचना है। वह आजादी के संघर्ष की पृष्ठभूमि है। इसीलिए वह बाद के जमाने में क्रांतिकारियों के लिए पथ-प्रदर्शक 'गीता' बन गई।

बंकिमचंद्र के जीवन के अंतिम कालखंड में उनके लिए 'आनंदमठ' (१८८२), 'देवी चौधुरानी' (१८८४) तथा 'सीताराम' (१८८७) : तीनों उपन्यास बंकिमत्रयी के नाम से जाने जाते हैं। तीनों में इतिहास का आधार लिया गया है। फिर भी परिप्रेक्ष्य में इतना परिवर्तन किया है कि स्वयं बंकिमचंद्र को कहना पड़ा कि इन्हें ऐतिहासिक उपन्यास न माना जाए। 'आनंदमठ' उपन्यास सन् १८८२ में पुस्तक के रूप में प्रकाशित हुआ और पाठकों ने उसका इतना जबरदस्त स्वागत किया कि सन् १८८२ से १८८४ तक, यानी बंकिमचंद्र के निधन तक उसके पाँच संस्करण निकले। अनेक भारतीय भाषाओं में भी उसके अनुवाद प्रकाशित हुए हैं।

श्रीअरविंद तथा उनके बंधु बारींद्रकुमार घोष ने उसे अंग्रेजी में अनूदित किया है। वह 'कर्मयोगीन' पत्रिका में प्रकाशित भी किया गया था।

'आनंदमठ' की कथा सन् १७७० में बंगाल में पड़े अकाल और उसके तुरंत बाद हुए संन्यासियों के विद्रोह की कहानी है। कुछ पात्रों के नाम ऐतिहासिक हैं। संन्यासियों ने विद्रोह किया था, इसके ऐतिहासिक प्रमाण उपलब्ध हैं। किंतु अनेक इतिहास अन्वेषकों ने लिखा है कि ये लोग लुटेरे थे, पश्चिम गिरिपुरी पंथवाले थे और मातृभूमि का उद्धार आदि कल्पनाएँ भी इनके मन को कभी छू नहीं गई थीं। किंतु इन घटनाओं का थोड़ा आधार लेते हुए बंकिमचंद्र ने उन्हें एक ऊँची सतह पर पहुँचाया है। 'आनंदमठ' उपन्यास के संन्यासियों को 'संतान' कहा गया है। वे लुटेरे नहीं हैं। 'गीता' और 'योगशास्त्र' में पारंगत वैष्णव हैं, ऐसा 'महाराष्ट्र टाइम्स' में १४ जनवरी को प्रकाशित अपने लेख में श्री बा. जोशी ने लिखा है। उपन्यास का प्रारंभ होता है इस कहानी से कि महेंद्र नामक एक धनिक अपनी पत्नी कल्याणी तथा छोटी कन्या सुकुमारी को साथ लेकर अकाल में गाँव छोड़कर निकला है। रास्ते में तीनों एक-दूसरे से बिछुड़ जाते हैं, भटक जाते हैं। कल्याणी और सुकुमारी साथ रहती हैं, किंतु महेंद्र उनसे अलग पड़ जाता है। डाकू कल्याणी और सुकुमारी को भगाकर ले जाते हैं। किंतु उनके आपसी झगड़ों का लाभ उठाकर दोनों उनके चंगुल से भाग निकलने में सफल हो जाती हैं। घने जंगल में स्थित 'आनंदमठ' में दोनों आ जाती हैं। मठ का प्रमुख सत्यानंद वैष्णवपंथी होता है। उसके साथ सर्वसंग परित्याग किए अनेक 'संतान' रहते हैं। वृद्ध सत्यानंद कल्याणी को शरण देता है और अपने शिष्य भवानंद को उसके पति की खोज करने का आदेश देता है। इस बीच, चोर समझकर महेंद्र को सूबेदार के सैनिक पकड़ लेते हैं। भवानंद और उसकी 'संतान सेना' सूबेदार की पलटन पर धावा बोलकर सारी लूट हस्तगत कर लेते हैं और महेंद्र को रिहा कर देते हैं। महेंद्र भवानंद को डाकू ही समझता है। बिना कुछ बोले दोनों आनंदमठ की ओर चलने लगते हैं। रास्ते में भवानंद गाने लगता है—

'वंदे मातरम्…
सुजलां सुफलां मलयजशीतलाम्
शस्यश्यामलां मातरम्।'

महेंद्र चकित होता है और पूछता है, 'यह माता कौन है?' उसके प्रश्न का उत्तर भवानंद गाकर ही देता है—

'शुभ्रज्योत्स्नापुलकितयामिनीं फुल्लकुसुमितद्रुमदलशोभिनीम्।
सुहासिनीं सुमधुरभाषिणीं सुखदां वरदां मातरम्॥'

इसपर महेंद्र कहता है, 'यह तो देश का वर्णन है, यह तो कोई माता-वाता नहीं है।' भवानंद जवाब में कहता है, 'हम लोग अन्य किसी माता को जानते ही नहीं। जननी

जन्मभूमिश्च स्वर्गादपि गरीयसि। हमारा कहना है कि यह जन्मभूमि ही हमारी जननी है। हमारी कोई माँ नहीं, बाप नहीं, भाई नहीं, बहन नहीं, मित्र नहीं, पत्नी नहीं, पुत्र नहीं, हमारा कोई घरबार नहीं। हमारी है केवल यह सुजलां, सुफलां, मलयज शीतलां, शस्यश्यामलां माता।' आनंदमठ में आया महेंद्र मातृभूमि तथा काली माता की मूर्ति देखकर उसके चरणों में लीन हो जाता है और 'संतानों' के कार्य में सहायता करने के लिए अपने गाँव लौटकर गुप्त रूप से गोला-बारूद और बंदूकें तैयार करने के काम में जुट जाता है। उनका कारखाना शुरू करता है। उसकी पत्नी कल्याणी पति के इस कार्य में कोई व्यवधान न आवे, इस भावना से आत्महत्या करना चाहती है। उधर संन्यासी बने जीवानंद नामक अपने पति की खोज में पुरुष वेश धारण कर संतान सेना में दाखिल हुई शांति पराक्रम करती हुई अपना स्थान सेना में सुदृढ़ बना लेती है। भवानंद, महेंद्र, जीवानंद, सत्यानंद, कल्याणी और शांति ही इस उपन्यास के मुख्य पात्र हैं। ये संतान अपने ध्येय की ओर अग्रसर होते हुए मातृभूमि के लिए कोई भी बड़ा-से-बड़ा त्याग करने को तैयार होते हैं। उपन्यास में अनेक युद्ध प्रसंग आते हैं, गुप्त बैठकों का वर्णन आता है। उपन्यास की भाषा अत्यंत ओजस्वी है। उपन्यास के अंत में यह जानकर कि अब अपना अवतार कार्य समाप्त हो गया है, सत्यानंद एक तेज-पुंज व्यक्ति के साथ जाने को निकला है। उपन्यास के अंत में यह आशावाद जताया है कि अंग्रेजों के राज में सभी सुखी होंगे। अंग्रेज हमारे मित्र हैं। उनके विरुद्ध लड़कर विजय पाने का सामर्थ्य किसीमें नहीं है, ऐसे उद्गार भी अंत में आते हैं।

वैसे तो संतानों ने अंग्रेजों के विरुद्ध कुछ लड़ाइयाँ जीती भी हैं। फिर सवाल उठता है कि बंकिमचंद्र ने अंग्रेजों के राज का स्वागत करनेवाला इस तरह का उपसंहार इस उपन्यास का क्यों किया? उपन्यास के प्रथम संस्करण में अंग्रेजों को ही संतानों का शत्रु निरूपित किया गया था। फिर उसे बदलकर यवनों को शत्रु बताया गया। उस समय बंकिमचंद्र सरकारी सेवा में थे। ऐसे उपन्यास लेखन के कारण वरिष्ठ सतह से इस उपन्यास को जब्त करने का आदेश आने का संदेह उत्पन्न हो गया था। ऐसे में बंकिमचंद्रजी ने संभवत: यही सोचा होगा कि उपन्यास को जब्ती से बचाने के लिए उसके उपसंहार में इस प्रकार थोड़ा बदल करने के बावजूद भी यदि उसका मूल आशय लोगों तक बराबर पहुँचाया जा सकता हो, तो क्यों न ऐसा परिवर्तन कर लिया जाय? उपन्यास के कुछ संदर्भ ऐतिहासिक दस्तावेजों से लिये हैं और उनका उद्देश्य इतिहास कथन ही है, ऐसा स्पष्टीकरण बंकिमचंद्र ने 'इंडियन मिरर' नामक अंग्रेजी दैनिक में छपवा दिया। इसके कारण अंग्रेजी कागजातों में 'आनंदमठ' को ऐतिहासिक उपन्यास निरूपित किया गया।

किंतु ऐसे कुछ परिवर्तन करने के बावजूद उपन्यास का अचूक आशय पाठकों तक बराबर पहुँचा। तभी तो अल्पावधि में यह उपन्यास इतना लोकप्रिय हो गया। बंकिमचंद्र का यह उद्देश्य भी पूरा हो गया। मराठी में काकासाहब खाडीलकर का लिखा 'कीचकवध'

नाटक जनमानस में इसी तरह गहरे पैठ गया था। उसे देखते समय दर्शक कीचक के रूप में कर्जन तथा भीम के रूप में लोकमान्य तिलक को देखते थे। उसी रूपकात्मक दृष्टि में 'आनंदमठ' का पाठक 'संतानों' को भारत माता के सच्चे सपूतों और उनके शत्रु के रूप में अंग्रेजों को आसानी से देखता था। इस उपन्यास को लिखते समय सरकारी सेवा में होने के कारण बंकिमचंद्र को अनेक नए-पुराने दस्तावेजों का अध्ययन करने को मिला था। उपन्यास का लेखन चल रहा था, लगभग उसी समय महाराष्ट्र में वासुदेव बलवंत फड़के इने-गिने साथियों समेत अंग्रेजों के विरुद्ध एकाकी लड़ाई लड़ रहे थे। वासुदेव बलवंत की गिरफ्तारी, बाद में उनपर चलाए गए मुकदमे से संबंधित कागजातों एवं दस्तावेजों तथा वासुदेव बलवंत को काला पानी की सजा दिए जाने के बाद उनपर आए विविध पत्रों के संपादकीय लेखों को बंकिमचंद्र ने अवश्य ही पढ़ा होगा। वासुदेव बलवंत और आनंदमठ में अनेक स्थानों पर साम्य दिखाई देता है। 'आनंदमठ' में जिस भीषण अकाल का वर्णन आया है, वैसा ही भीषण अकाल सन् १८७५ से ७७ के बीच वासुदेव बलवंत ने भी अनुभव किया था। वे अपने देशबांधवों को एक ही माता की संतानें कहा करते थे। बंकिमचंद्र ने उन्हीं के लिए 'संतान' शब्द प्रयोग किया है। किंतु 'आनंदमठ' के शेष कथानक का वासुदेव बलवंत के चरित्र से कोई साम्य नहीं है। डॉ. विमानविहारी मजूमदार और चित्तरंजन बंदोपाध्याय सरीखे साहित्यिकों ने निष्कर्ष निकाला है कि वासुदेव बलवंत फड़के की जीवन-कहानी से बंकिमचंद्र ने प्रेरणा प्राप्त की होगी। किंतु बंकिमचंद्र के पत्रों से इस बात का निश्चित प्रमाण नहीं मिलता।

इस उपन्यास में संतानों का जयघोष है—'हरे मुरारे, मधुकैटभारे'। उसी तरह 'गीत गोविंद' काव्यकथा के रचयिता जयदेव के उस काव्य से 'जय जगदीश हरे' का जयघोष भी लिया गया है। किंतु उपन्यास पूरा पढ़ने के बाद पाठकों के ध्यान में प्रमुखता से 'वंदे मातरम्' गीत तथा उसपर भवानंद, सत्यानंद आदि पात्रों के मुख से कहलवाया गया विवेचन ही बना रहता है। आज यह उपन्यास कृत्रिम प्रतीत होता है। उसमें वर्णित घटनाएँ फिल्मी लगती हैं। किंतु बंकिमचंद्र के अनुसार, उन्होंने यह उपन्यास एक कला की अभिव्यक्ति के रूप में नहीं लिखा है। वे कहते हैं, 'यह उपन्यास मैंने अत्यंत मधुर और पवित्र भावना से लिखा है।' यह ठीक है कि 'वंदे मातरम्' को 'आनंदमठ' उपन्यास में समाविष्ट किया गया है। बाद में यह गीत अधिक लोकप्रिय हो गया जरूर, किंतु इससे काफी पहले से ही बंगाल में उसका प्रचार-प्रसार होने लगा था। यह एक सच्चाई है कि 'आनंदमठ' उपन्यास में समाविष्ट किए जाने के बाद अत्यंत अल्पावधि में इस गीत की लोकप्रियता खूब बढ़ गई। इस गीत को 'आनंदमठ' उपन्यास में समाविष्ट करने में बंकिमचंद्र का जो अंतःस्थ उद्देश्य रहा था, वह भी इसके कारण सफल हो गया।

□

'वंदे मातरम्' का जन्म-स्थान

राधाजीऊ मंदिर की मूर्तियाँ

मजिस्ट्रेट पद पर काम करते समय बंकिमचंद्र ने संपूर्ण बंगाल और उड़ीसा प्रांत में काफी प्रवास किया था; किंतु अपने जन्मस्थान 'काँटालपाडा' से उन्हें अत्यधिक प्रेम था। उनके पिता यादोबचंद्र दीर्घायु प्राप्त व्यक्ति थे। वे काँटालपाडा में ही रहा करते थे। इसलिए नौकरी के निमित्त लगातार प्रवास, लेखन कार्य का व्याप, 'बंग दर्शन' के संपादक पद के दायित्व तथा सेवाकाल में अंग्रेज अधिकारियों से आनेवाला निरंतर दबाव के झमेले में वे कभी मन बहलाने तो कभी विश्राम के लिए समय निकालकर काँटालपाडा अवश्य जाते थे। 'बंग दर्शन' का संपादन कुछ समय के लिए उन्होंने वहीं से किया था। कलकत्ता से कोई चालीस कि.मी. पर नैहाटी नामक छोटा सा गाँव है। यद्यपि काँटालपाडा पहले एक स्वतंत्र ग्राम के नाते जाना जाता था, तथापि आज वह नैहाटी गाँव का ही एक हिस्सा है। नैहाटी रेलवे स्टेशन से बिलकुल समीप ही बंकिमचंद्र का पुश्तैनी मकान है। पहले के जमाने में वह अनेक घरों का एक समूह था। यही बंकिम बाबू का विशाल निवास-स्थान था। आज वह अनेक भागों में बँट गया है। इनमें उस स्थान पर, जहाँ बंकिमचंद्र ने 'वंदे मातरम्' गीत की रचना की थी, एक छोटा सा संग्रहालय बनाया गया है।

एक बड़ा सा हॉल तथा दो कमरे इस एकमंजिली इमारत का

विस्तार है। सन् १९५४ में डॉ. बिधानचंद्र राय के प्रयासों के कारण इस बंकिम स्मृति मंदिर को इसी रूप में बनाए रखने का निर्णय लिया गया। आज इस संग्रहालय में बंकिमचंद्र की अनेक वस्तुएँ, ग्रंथ, कपड़े आदि सामान हिफाजत से रखा हुआ है। उनके परिवारजनों की तसवीरें भी प्रदर्शित की गई हैं। स्मारक स्तंभ पर मूल पाठ के रूप में 'वंदे मातरम्' बँगला भाषा में खोदा गया है। उसपर दो चित्र भी शिल्पांकित किए गए हैं। एक में ठाठें मारता हुआ सागर दिखाया है, जो 'वंदे मातरम्' द्वारा प्रभावित राष्ट्र का प्रतीक है। स्तंभ के निचले हिस्से पर तुरही, शंख आदि पारंपरिक वाद्यों की संगत पर राष्ट्रगान गानेवाले देशभक्तों का समूह शिल्पित किया है। इसी सभागार के पड़ोस में वह कमरा, जिसमें 'वंदे मातरम्' गीत लिखा गया था, उसके मूल रूप में हिफाजती रख-रखाव द्वारा सुरक्षित रखा गया है। इस संग्रहालय के सामने बंकिमचंद्र के दुमंजिले घर का एक हिस्सा है। कभी किसी राजमहल की नाईं यह एक विशाल भवन रहा होगा। उसका कुछ हिस्सा सन् १९६७ में ढह गया था। किंतु आज शासकीय प्रयासों के कारण उसकी मूल रचना को ध्यान में रखते हुए उसका पुनर्निर्माण किया गया है। तल मंजिल पर वहाँ एक ग्रंथालय भी है। उसका भी पुनर्निर्माण मूल रचना के अनुसार किया जाने के कारण इमारत की मूल शान कायम है। सन् १९५४ में यहाँ की इमारत को बंकिम स्मृति संग्रहालय में रूपांतरित किया गया। तब से श्री गोपालचंद्र सेन संग्रहालय के व्यवस्थापक हैं। वे आज चौरासी वर्ष के हैं, फिर भी व्यवस्थापक का दायित्व बराबर निभा रहे हैं। श्रीमान सेन स्वयं बँगला भाषा में चरित्र-लेखन करनेवाले प्रख्यात लेखक हैं। उन्होंने ही हमें इस वास्तु के बारे में बड़ी ही महत्त्वपूर्ण जानकारी दी। इस वास्तु के सामने राधाजीऊ मंदिर है। यहाँ नवरात्रि उत्सव विशाल पैमाने पर धूमधाम से मनाया जाता था। इस अध्याय के तुरंत बादवाले

'वंदे मातरम्' स्मारक स्तंभ : बंकिम स्मृति संग्रहालय

*बंकिम स्मृति स्मारक, **नैहाटी** (नूतनीकरण से पहले)*

'विविधा' शीर्षक अध्याय में बंकिमचंद्र के बंधु पूर्णचंद्र चट्टोपाध्याय का लिखा एक लेख—'कमलाकांतेर एसो-एसो बंधु एसो' दिया है। उसमें इस वास्तु का वर्णन विस्तृत रूप में आया है। दुर्गा पूजा के दिनों पहले कभी लकड़ी का एक रथ निकाला जाता था। वह रथ आज राधाजीऊ मंदिर के पड़ोसवाले कमरे में रखा हुआ है। बंकिमचंद्र के बंधु के वंशज पास ही में रहते हैं। बंकिमचंद्र का खानदान जमींदार-खानदान था। इसके प्रमाण इस वास्तु के आज शेष खंडहरों से तथा वैभव की निशानियों से ध्यान में आते हैं।

किंतु लगता है कि बंकिमचंद्र और 'वंदे मातरम्' की स्मृतियों को ताजा रखनेवाले इस सादे, फिर भी साफ-सुथरे छोटे से संग्रहालय की लोग उपेक्षा कर रहे हैं, उसकी ओर दुर्लक्ष कर रहे हैं। होना तो यह चाहिए कि कलकत्ता तथा शांति निकेतन को भेंट देने के लिए जानेवाले लोग 'वंदे मातरम्' तथा बंकिमचंद्र के इस जन्म-स्थान को देखने के लिए अवश्य जाएँ। यहाँ जाने के लिए मुश्किल से आधा घंटा ही पर्याप्त होता है। कलकत्ता उपनगर के सियालदाह स्टेशन से नैहाटी जाने के लिए रेलगाड़ियाँ लगातार चलती रहती हैं। 'वंदे मातरम्' सरीखे प्रेरणा-मंत्र की यह जन्मस्थली हमारे राष्ट्रीय स्मारकों में गिनी जानी चाहिए।

□

भारत माता
चित्रकार अवनींद्रनाथ ठाकुर द्वारा जलरंगों में बनाया गया चित्र।

विविधा

'वंदे मातरम्' के अनुषंग से विविध साहित्य कृतियों तथा चरित्रों को पढ़ते समय इस गीत के लिए पूरक होनेवाला काफी साहित्य उपलब्ध हुआ। इस 'विविधा' अध्याय में 'वंदे मातरम्' के जन्म से जुड़े हुए लेखों व 'वंदे मातरम्' के आशय से संबंधित संस्कृत या हिंदी रचनाओं का एकत्रित संकलन प्रस्तुत किया गया है।

आमार दुर्गोत्सव

—बंकिमचंद्र चट्टोपाध्याय

सप्तमी के दिन किसने मुझे इतना अफीम लेने को कहा? क्यों मैं प्रतिमा देखने गया? जिसे कभी नहीं देखना था, उसे क्यों देखा? इस कुहक को किसने दिखाया?

देखा—अकस्मात् काल का स्रोत चतुर्दिक् दिगंत में व्याप्त होकर प्रबल वेग से दौड़ रहा है, मैं नाव पर बैठा बहता जा रहा हूँ। देखा—अनंत अकूल अंधकार में, वात्याविक्षुब्ध तरंग संकुल उस स्रोत में उज्ज्वल नक्षत्र उदित हो रहे हैं, बुझ रहे हैं, पुनः चमक रहे हैं। मैं बिलकुल अकेला हूँ—अकेला हूँ, जानकर भयभीत हो उठा—बिलकुल अकेला—मातृहीन माँ-माँ पुकार रहा हूँ। मैं इस काल-समुद्र में मातृ-संधान के लिए आया हूँ। कहाँ है माँ? किधर है मेरी माँ? कहाँ है कमलाकांत प्रसूति बंगभूमि? इस घोर काल समुद्र में कहाँ हो तुम? सहसा स्वर्गीय वाद्य से कर्णरंध्र परिपूर्ण हुआ—दिग्मंडल में प्रभातारुणोदयवत् लोहितोज्ज्वल आलोक विकीर्ण हुआ—स्निग्ध पवन बहने लगा—उसी तरंग संकुल जलराशि पर, दूर, बहुत दूर। देखा—सुवर्णमंडिता इसी सप्तमी की शारदीय प्रतिमा को, पानी में हँस रही हैं, तैर रही हैं, आलोक विकीर्ण कर रही हैं। क्या यही माँ है? हाँ, यही माँ है। पहचान गया। यही मेरी जननी है—जन्मभूमि है। यही मृण्मयी-मृत्तिकारूपिणी अनंत रत्नभूषिता—इस क्षण कालगर्भ में निहिता है। रत्नमंडित दस भुजा दस दिक्-दसों दिशाओं में प्रसारित, इसमें विभिन्न आयुध रूप में नाना शक्ति शोभित है। पदतल में शत्रु विमर्दित पदाश्रित वीरजन-केशरी शत्रु निपीड़न में नियुक्त हैं। इस मूर्ति को अभी नहीं देखूँगा, आज नहीं देखूँगा, कल

नहीं देखूँगा—काल स्रोत, पार न होने पर नहीं देखूँगा, किंतु एक दिन देखूँगा—दिग् भुजा नामा प्रहरण प्रहारिणी, शत्रुमर्दिनी, वीरेंद्र पृष्ठ विहारिणी, दक्षिण में लक्ष्मी भाग्यरूपिणी, वाम में विद्या-विज्ञान-मूर्तिमयी, साथ में बल रूपी कार्तिकेय, कार्यसिद्धि रूपी गणेश। मैंने उसी काल स्रोत में देखा—इस सुवर्णमयी बंग प्रतिमा को।

कहाँ से फूल प्राप्त किया, कह नहीं सकता, किंतु उसी प्रतिमा के पदतल में पुष्पांजलि अर्पण की। आह्वान किया—'सर्व मंगल मांगल्ये शिवे, मेरी सर्वार्थ साधिके, असंख्य संतान कुल पालिके, धर्म-अर्थ-सुख-दुःखदायिके, मेरी पुष्पांजलि ग्रहण करो। इसी भक्ति, प्रीति, वृत्ति और शक्ति को कर में लेकर तुम्हारे पदतल में पुष्पांजलि अर्पण कर रहा हूँ। तुम अनंत जल-मंडल त्याग करके अपनी इस विश्वविमोहिनी मूर्ति को एक बार सारे संसार के सामने प्रकट करो। आओ माँ, नवरागरंगिणी, नवलधारिणी, नव दर्प में दर्पिणी, नव स्वप्नदर्शिनी, आओ माँ, घर में आओ। छह कोटि संतानें एक साथ, एक ही समय बारह कोटि कर जोड़ते हुए तुम्हारे चरण-कमलों की पूजा करेंगे। छह करोड़ मुँह से कहेंगे—माँ प्रसूति अंबिके, धात्री-धरित्री, धनधान्यदायिके, नगाकंशोभिनी नगेंद्र बालिके, शरत् सुंदरी, चारु पूर्णचंद्र मालिके, कहेंगे—सिंधुसेवी, सिंधु पूजित सिंधु मंथनकारिणी, शत्रु-वध में दस भुजावाली, दस प्रहरण-धारिणी, अनंत श्री, अनंत काल स्थायिनी, संतानों को शक्ति दो। अनंत शक्ति-प्रदायिनी, तुम्हें क्या कहकर पुकारूँ, माँ? इन छह करोड़ मस्तकों को इस पदप्रांत में लुंठित कर दूँ—इन छह करोड़ कंठों में उस नाम को लेकर हुंकार करूँ—इन छह करोड़ शरीरों को तुम्हारे लिए झुका दूँ—नहीं कर सकता। ये द्वादश करोड़ आँखें तुम्हारे लिए रोएँगी। आओ माँ, घर में आओ। जिसकी छह करोड़ संतानें हैं उसके लिए चिंता किस बात की?

देखते-देखते उस अनंत काल समुद्र में वह प्रतिमा डूब गई, फिर नहीं देख सका, अंधकार में उक्त तरंग संकुल जलराशि व्याप्त हो गई। जल कल्लोल से विश्व संसार भर उठा। उस समय युक्त कर से, सजल नयन से पुकारने लगा—उठो माँ हिरण्यमयी बंगभूमि, उठो माँ। अब हम सुसंतान होंगे, सत्पथ पर चलेंगे, आपकी प्रतिष्ठा स्थिर रखेंगे। उठो माँ, देवी देवानुगृहीते—अब नहीं भूलेंगे, मातृवत्सल होंगे, दूसरों का मंगल करेंगे, अधर्म, आलस्य, इंद्रिय भक्ति त्याग देंगे। उठो माँ, अकेले रो रहा हूँ, रोते-रोते अंधा हो जा रहा हूँ। उठो, उठो, उठो माँ बंग जननी।

माँ नहीं उठीं। क्या नहीं उठेंगी?

आओ, मेरे सभी भाई, हम आज इस अंधकार रूपी काल स्रोत में कूद पड़ें। आओ, हम सब अपने द्वादश करोड़ हाथों से उस प्रतिमा को उठाएँ और छह करोड़ मस्तकों पर लादकर घर में लाएँ। आओ, अँधेरे से क्या डरना? वह देखो, नभ में तारामंडल रह-रहकर जल रहे हैं, बुझ रहे हैं, वे हमारा मार्गदर्शन करेंगे। चलो, चलें। असंख्य बाहुओं के प्रक्षेप से इस काल-समुद्र को भगाकर, मथकर, व्यस्त कर हम सब संतरण करें। उस स्वर्ण प्रतिमा

को मस्तक पर उठा लाएँ। डर की क्या बात है? बहुत होगा, डूब जाएँगे। मातृहीनों के लिए जीवन में काम ही क्या है? आओ, प्रतिमा को उठा लाएँ। पूजा की धूम मचाएँगे। द्वेष के छाग को कठघरे में फँसाकर सत्कीर्ति के खड्ग से माँ के निकट बलि चढ़ाएँगे। सभी प्राचीन ढोलक, नगाड़ा लेकर बंगाल के वाद्य यंत्रों से आकाश को कँपा देंगे। न जाने कितने ढोल, काड़ा, झाँझ, मृदंगों में बंगाल की जयकार गूँजेगी। कितनी शहनाइयाँ अपने स्वर में 'कत नाच गो' गाएँगी। पूजा की भारी धूम मच जाएगी। न जाने कितने ब्राह्मण-पंडित पूड़ी-मिठाई के लालच में बंग-पूजा में आकर पत्तल पर बैठेंगे। न जाने कितने देशी-विदेशी भद्राभद्र लोग आकर माँ के चरणों में भेंट देंगे। न जाने कितने दीन-दुःखी प्रसाद खाकर अपना पेट भरेंगे। कितनी ही नर्तकियाँ नाचेंगी, कितने गायक मंगल गान गाएँगे। न जाने कितने भक्त माँ-माँ कहेंगे!

जय जय जय जय जगद्धात्री।
जय जय जय बंग जगद्धात्री॥
जय जय जय सुखदे अन्नदे।
जय जय जय वरदे शर्म्मदे॥
जय जय जय शुभे शुभंकरी।
जय जय जय शांति क्षेमंकरी॥
द्वेषक दलिनी संतान पालिनी।
जय जय दुर्गे दुर्गतिनाशिनी॥
जय जय लक्ष्मी वारींद्र बालिके।
जय जय कमलाकांत पालिके॥
जय जय भक्ति शक्ति दायिके।
पाप ताप भय शोक नाशिके॥
मृदुल गंभीर धीर भाषिके।
जय माँ वटालि अंबिके॥
जय हिमालय जग बालिके।
अतुलित पूर्णचंद्र मालिके॥
शुभ शोभने सर्वार्थ साधिके।
जय जय शांति शक्ति कालिके॥
नमोऽस्तुते देवी वरप्रदे शुभे।
नमोऽस्तुते कामचरे सदा ध्रुवे॥
ब्रह्माणीन्द्राणी रुद्राणी भूतभव्ये यशस्विनी।
त्राहिं माँ सर्वदुःखेभ्यो दानवां भयंकरी॥

नमोऽस्तुते जगन्माता शैलपुत्री वसुंधरे।
त्रायस्वं माँ विशालाक्षि भक्तानामार्त्तिनाशिनी॥
नमामि शिरसा देवी बंधनीऽस्तु विमोचित:।

□

एक टी गीत

—बंकिमचंद्र चट्टोपाध्याय

जो देश से वास्तव में प्रेम रखता है, उसका वह प्रेम प्रत्येक वस्तु में बिखर जाता है। स्वदेश-प्रेम इतना गंभीर, इतनी एकांत प्रेरणा है कि उसके स्पर्श से जीवन की समस्त चेतना एकमुखी हो उठती है। कमलाकांत एक प्राचीन वैष्णव कविता की व्याख्या कर रहे हैं। आम लोग इसे प्रेम कविता समझते हैं। लेकिन कमलाकांत ने इस कविता के प्रत्येक अक्षर और प्रत्येक पद में देशप्रेम की अभिव्यक्ति देखी है। कमलाकांत के निकट समस्त प्रेम का एकमात्र आधार है—देश जननी।—संपादक।

'सुनो प्रसन्न, आज तुम्हें एक गीत सुनाऊँगा।'

सुर सुनते ही प्रसन्न दूध की हँड़िया अलग हटाकर मेरा कीर्तन सुनने लगी। मैंने उस गीत को आद्योपांत सुनाया—

'एसो एसो बंधु एसो, आधो आँचरे बोसो।
नयन भोरिया तोमाय देखी
अनेक दिवसे, मोनेर मानसे
तोमा धने मिलाइल विधि
मणि नओ, माणिक नओ, जे हार कोरे गले पोरी
फूल नओ जे केशेर कोरी वेश
नारी ना करित विधि तोमा हेन गुणनिधि
लइया फिरिताम देश-देश
बंधु तोमाय जखोन पड़े मने
आमी चाई वृंदावन पाने

आलुइले केश नाहि बाँधि।
रंधनशाला ते जाई, तुया बंधु गुण गाई।
धूँयार छलना कोरी काँदी।'

(—आओ, आओ मित्र, आओ। आधे अँचरा पर बैठो। जी भरकर तुम्हें देखूँ। अनेक दिनों के बाद मन के मानस में विधि ने तुम जैसे धन से मुलाकात कराई है। मणि नहीं हो, माणिक नहीं हो, जो तुम्हें गले का हार बनाकर पहन लूँ। फूल भी नहीं हो, जो अपने केशों की सज्जा कर लूँ। अगर विधि नारी न बनाते तो तुम्हारे जैसे गुणनिधि को देश-देश में लेकर घूमता। बंधु, तुम्हारी याद आती है तो मैं वृंदावन की ओर देखती हूँ। खुले हुए केशों को नहीं बाँधती। रसोईघर में जाकर तुम्हारा गुण गाती हूँ और धुएँ का बहाना करके रोती रहती हूँ।)

पदों का तुक तो उत्तम है। पर बँगला भाषा में इस तरह का एक और मोहमंत्र सुनने की मन में बड़ी साध है। जब यह गीत पहले-पहल जी भरकर सुना था तब ऐसा अनुभव कर रहा था कि नीले आकाश के नीचे नन्हा पक्षी बनकर इस गीत को गाता रहूँ। सोचता रहा, उस विचित्र सृष्टि कुशली कवि की सृष्टि से देव-वंशी लेकर, मेघों के ऊपर जो वायु स्तर शब्द शून्य, दृश्य शून्य स्थान है, जहाँ से पृथ्वी दिखाई नहीं देती, वहाँ अकेले बैठकर उसी मुरली में यही गीत गाता रहूँ। इस गीत को कभी भूल नहीं सका, कभी भूल भी नहीं सकूँगा।

एसो एसो बंधु एसो

लोग ऐसा सोचते हैं या नहीं, कह नहीं सकता, पर मैं कमलाकांत चक्रवर्ती समझ नहीं पाता कि इंद्रिय-परितृप्ति में कुछ सुख है या नहीं। जो पशु इंद्रिय-परितृप्ति के लिए पर-संदर्शन का आकांक्षी है, वह कभी कमलाकांत शर्मा के दफ्तर में मुक्तावली पढ़ने न बैठे। मैं विलासप्रेमियों के मुख से 'एसो एसो बंधु एसो' समझ नहीं पाता, पर यह समझ लेता हूँ कि मनुष्य मनुष्य के लिए ही हुआ था। एक हृदय दूसरे हृदय के लिए हुआ था। उसी हृदय, हृदय का संघात, हृदय-हृदय का मिलन, मनुष्य जीवन का सुख है। इस जन्म में मानव हृदय में एकमात्र तृषा है—अन्य हृदय की कामना। मनुष्य हृदय अनवरत हृदयांतर को पुकार रहा है—एसो एसो बंधु एसो। सभी क्षुद्रातिक्षुद्र प्रवृत्तियाँ, शरीर रक्षार्थ महती प्रवृत्तियों के उद्देश्य से कह रहा है—एसो एसो बंधु एसो। तुम नौकरी करते हो पेट भरने के लिए, पर यश की आकांक्षा करते हो दूसरों का अनुराग प्राप्त करने के लिए, जन समाज के हृदय को तुम्हारे हृदय के साथ मिलाने के लिए। तुम जो परोपकार करते हो, वह दूसरों के हृदय का क्लेश अपने हृदय में अनुभव करते हो इसलिए। तुम जो नाराज होते हो, वह इसलिए कि तुम्हारे मन लायक काम नहीं हुआ, हृदय-हृदय में नहीं आया इसीलिए। सर्वत्र यही रव है—'आओ, आओ बंधु, आओ।' सभी कार्यों में वही मंत्र मुखर है—आओ, आओ बंधु, आओ।

जड़ जगत् का नियम है—आकर्षण बृहद् ग्रह-उपग्रह को बुलाता है—आओ, आओ बंधु, आओ। परमाणु परमाणु को बुला रहा है—आओ, आओ बंधु, आओ। सभी जड़, पिंड, ग्रह, उपग्रह, धूमकेतु सभी इस मोहमंत्र में बँधकर घूम रहे हैं। प्रकृति पुरुष को बुला रही है—आओ, आओ बंधु, आओ। जगत् जगदंतर को बुला रहा है—आओ, आओ बंधु, आओ। जगत् की यह गंभीर अविश्रांत ध्वनि—आओ, आओ बंधु, आओ। कमलाकांत का बंधु क्या आएगा?

आधो आँचरे बोसो

इस तृणशस्य समाच्छन्न, कंटकाकीर्ण कर्कश संसारारण्य में हे वांछित, तुम्हें क्या आसन दे सकता हूँ, मेरे इस हृदयावरण के आधे में उपवेशन करो। कुशकंटकादि से तुम्हारे आच्छादन के लिए मैं अपने अंगों को अनावृत्त कर रहा हूँ। मेरे आँचल में बैठो, जिससे मेरी लज्जा रक्षा, मान रक्षा हो; जिससे मेरी शोभा बढ़े। हे मिलित, तुम भी उसका आधा ग्रहण करो। आधे आँचल में बैठो। हे दूसरों के हृदय, हे सुंदर, हे मनोरंजन, हे सुखद, पास आओ, मुझे स्पर्श करो, मैं तुममें संलग्न होऊँगा। दूर स्थित आसन ग्रहण मत करो—हमारे इसी शरीर-संलग्न अंचलार्द्ध में बैठो। हे कमलाकांत, हे दुर्विनित, हे आजन्म-विवाह शून्य, तुम इसे शांतिपुरी वल्कादार आँचल का आधा भाग मत समझना। तुम जिस अंचलार्द्ध में बैठोगे उसे बनानेवाला जुलाहा आज तक पैदा नहीं हुआ है। मन का नग्नत्व ज्ञान-वस्त्र में आवृत्त है। आधे से तुम अपना हृदय आवृत्त रखो, आधे पर वांछित को बैठाओ। तुम मूर्ख हो, फिर भी तुमसे अधिक मूर्ख कोई हो तो उसे बुलाओ—आओ, आओ बंधु, आओ—आँचल पर बैठो।

नयन भोरिया तोमाय देखी

कभी किसीने देखा है? तुमने काफी रकम पैदा की है—कभी नयन भरकर आत्मधन देख सके हो? तुम यशस्वी बनने के लिए जान की बाजी लगा रहे हो, पर कब आत्मयशोराशि देखकर तुम्हारे नयन भर उठे हैं? रूप तृष्णा में तुमने यह जीवन गँवाया, जहाँ फूल फूलते हैं, फल हिलते हैं, जहाँ चिड़ियाँ उड़ती हैं, जहाँ मेघ दौड़ते हैं, गिरिश्रृंग उठते हैं, नदी बहती है, पानी झरता है, क्या तुमने वहाँ रूप की खोज की है? जहाँ बच्चे प्रफुल्ल मुखमंडल आंदोलित कर हँसते हैं, जहाँ युवतियाँ ब्रीड़ा रूप में टूटकर शंकित भाव से गमन करती हैं, जहाँ प्रौढ़ाएँ नितांत स्फुटिता मध्याह्न पद्मिनीवत् निस्संकोच रूप का विकास करती हैं, तुम वहीं रूप की तलाश कर रहे हो। कभी जी भरकर रूप देखा है? क्या यह नहीं देखा है कि कुसुम देखते-ही-देखते सूख जाता है, देखते-ही-देखते फल पक जाता है, गिरता है, सड़ता है, गल जाता है, चिड़िया उड़ जाती है, मेघ चला जाता है, गिरि धुएँ में छिप जाता

है, नदी सूख जाती है, चाँद डूब जाता है, नक्षत्र बुझ जाते हैं? शिशु की हँसी रोग-हरण कर लेती है, युवती की लज्जा लुट जाती है? प्रौढ़ा अधिक उम्र में सूख जाती है। यही इस दुनिया का दूरदृष्ट है, कोई कुछ भी नयन भरकर देख नहीं पाता—यानी इस दुनिया की शुभादृष्ट—कोई नयन भरकर देख नहीं पाता। गति ही संसार का सुख है—चंचलता ही संसार का सौंदर्य है। नयन नहीं भरते। वह नयन हमें नहीं मिला है। अगर मिलता तो संसार दुःखमय लगता। परितृप्ति-राक्षसी हमारे सभी सुखों को ग्रास करती है। जिस कारीगर ने इस परिवर्तनशील संसार और इन अतृप्त नयनों का सृजन किया है उनकी कारीगरी पर कारीगरी, यही वासना है—नयन भरकर तुम्हें देखूँ, जगत् परिवर्तनशील है, नयन भी अतृप्त, फिर भी वासना है—आँखों में भरकर देखूँ।

हे रूप, हे वासना—सौंदर्य, हे अंत:प्रकृति के साथ संबंध विशिष्ट, पास आओ, तुम्हें आँखों में भरकर देखूँ। दूर बैठोगे तो देख नहीं पाऊँगा, क्योंकि देखना केवल नयनों से नहीं है। संस्पर्श या नैकट्य-व्यतीत मन में विद्युत् प्रवाह नहीं होता। हम लोग अपना सर्व शरीर देखते हैं। मन से मन में विद्युत् प्रवाह होने पर ही नयन भरेंगे। हाय, किससे नयन भरेगा। नयनों के ऊपर पलकें जो हैं।

अनेक दिवसे, मोनेर मानसे तोमा धने मिलाइल विधि

कभी-कभी मैं सोचता हूँ कि दुःख के परिमाण के लिए ही दया करके विधाता ने दिवस की सृष्टि की है। वरना काल-अपरिमेय और मनुष्य दुःख अपरिमित होता। इन दिनों हम यह कह सकते हैं कि हम दो दिन, दो माह या दो साल दुःख भोग चुके हैं, पर अगर दिन-रात का परिवर्तन न होता, काल का पथ चिह्न-शून्य रहता तो कौन यह न समझता कि मैं अनंतकाल से दुःख भोग रहा हूँ। आशा को तब खड़े रहने के लिए स्थान न मिलता—इतने दिनों बाद दुःखों का अंत होगा, यह बात कोई सोच भी नहीं सकता। वृक्षादि शून्य-अनंत प्रांतरवत् जीवन का मार्ग अनुत्तीर्य होता। जीवन यात्रा दुस्सह यंत्रणा से भर जाती। अतएव यह वृहद् जगत् केंद्र सूर्य का मार्ग हमारे सुख-दुःख का मानदंड है। दिवस-गणना में सुख है। सुख है, तभी तो दुःखी जन दिवस गिनते रहते हैं। दिवस-गणना दुःख विनोदन। पर कुछ ऐसे दुःखी हैं जो दिवस को गिनते नहीं। दिवस-गणना उनके लिए चित्र विनोदन नहीं है। मैं कमलाकांत चक्रवर्ती—मैंने इस पृथ्वी पर भूल से मनुष्य जन्म लिया है। सुखहीन, आशाहीन, उद्देश्यशून्य, आकांक्षाशून्य, मैं क्यों दिवस गिनने जाऊँ? इस संसार-समुद्र में मैं भासमान तृण हूँ, संसार के वातावरण में चक्कर काटनेवाला धूल का कण हूँ, संसाराण्य में मैं एक निष्फल वृक्ष हूँ। संसाराकाश में मैं वारिशन्यू मेघ हूँ, मैं क्यों दिवस गिनूँ?

गिनूँगा। मेरा एक दुःख, एक संताप, एक भरोसा है। सन् १७९७ से दिवस गिनूँगा। जिस दिन से बंगाल में 'हिंदू' नाम लोप हो गया उसी दिन से········जिस दिन सप्तदश

अश्वारोहियों ने बंगाल विभाजन किया था, उस दिन से गणना करूँगा। हाय कितना········ दिन गिनते-गिनते वर्ष, वर्ष गिनते-गिनते शताब्दी········भी सात बार गिनना पड़ता है। पर कहाँ अनेक दिवस में, मन से मानस में, विधि ने कहाँ मिलाया। जो चाहता हूँ, वह कहाँ मिला? मनुष्यत्व कहाँ मिला? एक जातीयत्व कहाँ मिला? एकता कहाँ, विद्या कहाँ? गौरव कहाँ? श्री हर्ष कहाँ? भट्टनारायण कहाँ? हलायुध कहाँ? लक्ष्मण सेन कहाँ? क्या ये नहीं मिलेंगे? हाय, क्या सभी की इप्सित मिलती है जो कमलाकांत को मिलेगी?

मणि नहीं, माणिक नहीं जो हार बनाकर गले में पहनूँ

विधाता ने जगत् को जड़मय क्यों किया है? रूप जड़ पदार्थ क्यों है? सभी भूत क्यों नहीं हुए? होने पर हृदय-हृदय से कैसा मिल जाता। अगर रूप के लिए शरीर की आवश्यकता थी तब विधाता ने हमारा-तुम्हारा शरीर एक ही क्यों नहीं बनाया? तब विच्छेद न होता। क्या अब भी एक शरीर नहीं हो सकता? मेरे शरीर में इतनी जगह है कि क्या उसमें तुम्हें रख नहीं सकता? तुम्हें गले से लगाकर हृदय में निलंबित कर रख नहीं सकता। हाय, न तो तुम मणि हो, माणिक भी नहीं, जो हार बनाकर गले में पहनूँ।

और बंगभूमि, तुम क्यों मणि-माणिक नहीं हुईं, तुम्हें क्यों नहीं अपने गले का हार बना सका? तुम्हें अगर गले में पहन लेता तो जब तक यवन मेरे हृदय पर पदाघात न करते तब तक उनका पदरेणु तुम्हें स्पर्श न कर पाते। तुम्हें सुवर्ण के आसन पर बैठाकर, हृदय में झुलाते हुए देश-देश की यात्रा करता। योरप, अमेरिका, मिस्र, चीन देखते तुम मेरी उज्ज्वल मणि हो।

मुझे नारी न बनाते विधि, तुम्हारे जैसे गुण-निधि को देश-देश में घुमाता।

पहले आह्वान, आओ, आओ बंधु, आओ, बाद में आकर आधे आँचल में बैठो, बाद में भोग आँखों में भरकर देखूँ। तब सुख भोग-कालीन पूर्व-दुःख स्मृति अनेक दिवस में, मन के मानस में, तुम्हारे जैसे धन से विधि ने मिलाया। सुख द्विविध, संपूर्ण एवं असंपूर्ण। असंपूर्ण जैसे मणि नहीं, माणिक नहीं, जो हार बनाकर गले में पहनूँ।

बाद में संपूर्ण-सुख
मुझे नारी न बनाते विधि
तुम्हारे जैसे गुण-निधि को
देश-देश में लेकर घूमता।

संपूर्ण असह्य सुख का लक्षण है शारीरिक चंचलता, मानसिक अस्थैर्य। यह सुख कहाँ रखूँ? लेकर क्या करूँगा? मैं कहाँ जाऊँ, इस सुख के भार को लेकर कहाँ फेंक दूँ? इस सुख के भार को लेकर मैं नाना देश के चक्कर काटूँ? यह सुख एक ही स्थान में रखा नहीं

जा सकता। पृथ्वी पर जहाँ-तहाँ स्थान है वहाँ-वहाँ इस सुख को ले जाऊँगा। इस जगत् को इस सुख से भर दूँगा। संसार को इस सुख में देखता रहूँगा, मेरु से मेरु तक सुख के तरंगों को नचाऊँगा। स्वयं डूबूँगा, तैरूँगा, उठूँगा, चलूँगा और दौड़ूँगा। इस सुख पर न कमलाकांत का अधिकार है और न बंगालियों का। सुख की बात पर बंगालियों का अधिकार नहीं है। गोपी को दुःख है कि विधाता ने उसे नारी क्यों बनाया? हम लोगों को इस बात का दुःख है कि विधाता ने हमें नारी क्यों नहीं बनाया—तब तो यह चेहरा दिखाना न पड़ता।

सुख की बात पर बंगालियों का अधिकार नहीं है, पर दुःख की बात पर है। कातरोक्ति कितनी ही गंभीर, कितनी ही हृदय-विदारक क्यों न हो, वही बंगालियों की मर्मोक्ति है; फिर कातरोक्ति कहाँ नहीं है? नव-प्रसूत पक्षी शावक से लेकर महादेव की श्रृंगध्वनि तक सभी कातरोक्ति ध्वनि करते हैं। संपूर्ण सुख में सुखी भी सुख के दिनों में पूर्वकाल का स्मरण करते हुए कातरोक्ति करता है। अन्यथा सुख की संपूर्णता क्या है? दुःख-स्मृति व्यतीत सुख की स्मृति कहाँ है? सुख भी दुःखमय है।

तुम जब याद आते हो,
मैं वृंदावन की ओर देखती हूँ।
बिखरे हुए केशों को नहीं बाँधती।

यह बात सुख-दुःख की सीमा-रेखा है। जिसमें नष्ट सुखों की स्मृति जाग्रत् होने पर सुख का निर्देशन अब भी दीख जाता है, वह आज भी सुखी है, उसका सुख पूर्णरूप से नष्ट नहीं हुआ है, उसका बंधु, उसका प्रिय, वांछित चला गया, पर वृंदावन है, इच्छा होने पर वह उस सुखभूमि की ओर देख सकती है जिसका सुख गया, सुख का निर्देशन गया, बंधु गया, वृंदावन भी गया, उसके लिए कहीं देखने का स्थान नहीं रहा, वही दुःखी है, अनंत दुःखी। विधवा युवती अपने मृत पति की सँजोकर रखी हुई पादुका के खोने पर जितना दुःखी होती है, ठीक उसी प्रकार के दुःख में दुःखी।

हमारे इस बंग देश में सुख की स्मृतियाँ हैं, निर्देशन कहाँ है? देव पालदेव, लक्ष्मण सेन, जयदेव, श्री हर्ष—प्रयाग तक फैला राज्य, भारत अधीश्वर के नाम से प्रसिद्ध गौड़ी रीति, इन सबकी स्मृतियाँ हैं, पर निर्देशन कहाँ है? सुख की याद आई, पर किस दिशा की ओर देखूँ? वह गौड़ कहाँ है? वह तो केवल शत्रु-लांछित भग्नावशेष है। आर्य राजधानी के चिह्न कहाँ हैं? आर्यों का इतिहास कहाँ है? जीवन-चरित्र कहाँ है? कीर्ति कहाँ है? कीर्ति स्तंभ कहाँ है? समरक्षेत्र कहाँ है? सुख चला गया है, सुख-चिह्न भी चला गया है, बंधु चला गया, वृंदावन भी चला गया—अब किधर देखूँ?

देखने के लिए एक श्मशान भूमि है—नवद्वीप। जहाँ सप्तदश यवनों ने बंगाल पर विजय प्राप्त की थी। बंग माता की याद आ गई। मैं उसी श्मशान भूमि की ओर देख रहा हूँ।

जब मैं देखता हूँ कि छोटे से गाँव के किनारे आज भी वही कलधौतवाहिनी गंगा कल-कल रव ध्वनि कर रही है तब मैं गंगा को बुलाकर पूछता हूँ—तुम तो हो, पर वह राजलक्ष्मी कहाँ है? जिनके पैर धोती थीं, वह माता कहाँ है? तुम जिसे घेर-घेरकर नाचा करती थीं, वह आनंदरूपिणी कहाँ है? तुम जिसके लिए सिंहल, बाली, सुमात्रा से अपने कलेजे पर धन ढोकर लाती थीं, वह धनेश्वरी कहाँ है? तुम जिसके रूप की छाया पकड़कर रूपसी सजती थीं, वह अनंत सौंदर्यशालिनी कहाँ है? तुम जिसके प्रसाद फूल लेकर अपने स्वच्छ हृदय में माला पहनती थीं, वह पुष्पाभरण कहाँ है? वह रूप-ऐश्वर्य कहाँ है? धोकर ले गई क्या? विश्वासघातिनी। तुम क्यों फिर श्रवण-मधुर कल-कल रव से मन बहला रही हो? समझ रहा हूँ, तुम्हारे अतल गर्भ में यवनों के भय से वह लक्ष्मी डूब गई है। जानता हूँ—'कुपुत्रों का मुँह नहीं देखूँगी' कहती हुई वे डूब गई हैं। मन-ही-मन मैं उस दिन की कल्पना करता हुआ रोता रहता हूँ। मन-ही-मन देखता रहता हूँ—मार्जित वर्छा-फलक उन्नत किए, अश्व पद शब्द मात्र से नैश नीरवता विघ्नित करते हुए यवन सेना नवद्वीप की ओर आ रही है। काल-पूर्ण होते देख नवद्वीप से बंगाल की लक्ष्मी अंतर्हिता हो गईं। सहसा आकाश अंधकारमय हो गया, राजप्रासाद के शिखर टूटकर गिरने लगे। पथिक भयभीत होकर मार्ग से हट गए, नागरी (नगर में रहनेवाली स्त्री) के तन से अलंकार गिर पड़े, कुंजवन में पक्षी नीरव हो गए; गृह-मयूर कंठ में अर्धव्यक्त केकार शेषांश पुनः प्रस्फुटित नहीं हुआ। दिवस में ही निशीथ आ गया, पण्य-वीथिकाओं की दीपमालाएँ बुझ गईं, पूजागृहों में बजाने के समय शंख नहीं बजे, पंडितों ने अशुद्ध मंत्र पढ़े, सिंहासन से शालिग्राम लुढ़क गए, युवाओं में सहसा बल-क्षय हुआ, युवतियाँ वैधव्य की आशंका से रोने लगीं, शिशु बिना किसी रोग के माताओं की गोद में गिर पड़े। गाढ़तर-गाढ़तर अंधकार से चारों दिशाएँ घिर गईं। आकाश, अट्टालिका, राजधानी, राजवर्त्म, देवमंदिर, पण्य-वीथिकाओं को उस अंधकार ने घेर लिया। कुंज तीर भूमि, नदी-सैकत, नदी-तरंग उस घने अंधकार में डूब गए। मैं अपनी आँखों से सबकुछ देख रहा हूँ, आसमान में मेघ गरज रहे हैं। उस सोपानावली को अवतरण करती हुई राजलक्ष्मी पानी में उतर रही है। अंधकार में निर्वाणोन्मुख आलोक बिंदुवत् पानी में क्रमशः वह तेज-राशि विलीन हो रही है। अगर गंगा के अतल जल में नहीं डूब गईं तो मेरी वह देश-लक्ष्मी आखिर कहाँ गईं?

□

कमलाकांतेर 'एसो-एसो बंधु एसो'

—पूर्णचंद्र चट्टोपाध्याय
(बंकिमचंद्र के बंधु)

रजनी गंभीर ग्राम निस्तब्ध ठीक इसी समय किसी गृहस्थ के घर से एक व्यक्ति तेज कदमों से बाहर निकलकर कुछ दूर गया और बंदूक से गोली चलाई। साथ-ही-साथ गाँव की गंभीर निस्तब्धता को भंग करते हुए सुषुप्त ग्रामवासियों को जगाने के लिए चारों ओर से ढोल-ढाक बजने लगे। उक्त गृहस्थ के घर में भी ढोल-ढाक बजने लगे। महाष्टमी की रात को संधि-पूजा आरंभ हुई। उन दिनों हर किसीके घर में घड़ी नहीं होती थी, इसलिए उक्त भवन के गृहस्थ बंदूक की आवाज से अन्य पूजा करनेवाले गृहस्थों को संधि-पूजा की सूचना देते थे। उस समय रात के कितने बजे थे, मुझे यह स्मरण नहीं है, क्योंकि यह बहुत पुरानी घटना है। अनुमान है कि रात के दो पहर समाप्त हो गए थे। अष्टमी का चाँद अस्त नहीं हुआ था। इस गृहस्थ का समस्त भवन प्रकाश से जगमगा रहा था। जिधर देखिए उधर ही रोशनी जगमगा रही थी। छोटे-छोटे दीपकों का प्रकाश, संधि-पूजा का प्रकाश था। कुछ बच्चे उस प्रकाश के निकट चहलकदमी कर रहे थे। जो दीपक बुझ जाता उसे तुरंत जला देते। पूजा के बरामदे में भी वैसी ही रोशनी थी। दशभुजा (दुर्गा) के सामने से लेकर आँगन तक दीप-मालिकाएँ सजी हुई थीं। कुछ देर बाद ढाक-ढोल बजना बंद हो गए। अब दशभुजा के सामने पुरोहित और तंत्रधारकों के मंत्रों से वातावरण ध्वनित होने लगा। भीतर बरामदे के बीच सिंह-पृष्ठ पर असुरमर्दिनी पूरे भवन को प्रकाशमय कर रही थी। सामने स्तूपाकार बिल्व पत्र और नाना प्रकार के फूल थे। इसमें अधिकतर

पद्म फूल थे। पास ही पुरोहित और तंत्रधारक बैठे पूजा कर रहे थे। इन लोगों के समीप ही एक खंभे से टेक लगाए पृथक् आसन पर एक व्यक्ति बैठे थे। देखने पर वे साधारण मनुष्य नहीं लगते थे। इन्हें देखते ही समझ में आ जाता था कि ये अन्य लोगों से भिन्न स्वतंत्र प्रकृति के हैं। ये ही हैं बंकिमचंद्र के पिता। किसी महापुरुष के मंत्र-शिष्य, निष्काम धर्मावलंबी। बंकिमचंद्र ने अपनी पुस्तक 'देवी चौधुरानी' आपको समर्पित करते हुए लिखा है, 'जिनके लिए प्रथम निष्काम धर्म सुना था, जिन्होंने स्वयं निष्काम धर्म का व्रत लिया था।' इस महापुरुष की वय उन दिनों अस्सी से ऊपर हो चुकी थी। दीर्घाकार गौरवर्ण देह, न क्षीण और न स्थूल। फिर भी वयोपयोगी बलिष्ठ, खड्ग की भाँति नासिका, आँखों में तीव्र चमक, मस्तक और मुखमंडल केशहीन। केवल एक चादर ओढ़कर स्थिर भाव से प्रसन्न-मुख बैठे थे। भवन के बरामदे में ही कुछ वृद्ध सज्जन सिर पर चादर लपेट एक गलीचे पर बैठे जप कर रहे थे। प्रतिमा के पश्चिम की ओर अंत:पुर के प्रवेश द्वार के समीप कुछ सधवा, विधवा और वृद्धाएँ गले में आँचल लपेटे जप कर रही थीं।

मैं एक खंभे से टेक लगाए खड़ा था। क्या देखता रहा, यह स्मरण नहीं है। लड़के दीपकों के पास चक्कर काटते रहे। कहीं उनके कपड़े में आग न लग जाए, शायद यही देख रहा था। ठीक इसी समय न जाने कौन मेरे पीछे आकर खड़ा हो गया। पलटकर देखा, बंकिमचंद्र थे। उन्हें देखकर मैं जरा पीछे हटकर खड़ा हो गया। उन्होंने मेरे कंधे पर हाथ रखते हुए मुझे खींचा, अर्थात् हटने के लिए मना किया। उन दिनों उनकी उम्र पैंतीस से चालीस के बीच थी। मूँछों के बाल पकने लगे, सिर के बाल काफी सफेद हो गए थे। उन दिनों 'बंग दर्शन' का पूर्ण यौवन बंग साहित्य था, समाज में एकाधिपत्य था। वे देर तक स्थिर भाव से प्रतिमा की ओर देखते रहे। मुँह से एक शब्द नहीं बोले।

मैंने उनके आने के कुछ देर पहले असुर के सिर पर कृष्ण वर्ण का एक पदार्थ देखा था; पर वह क्या चीज थी, दूर से समझ नहीं पा रहा था। बाद में पता लगा कि वह बिल्व पत्र था।

बंकिमचंद्र से मैंने पूछा, 'असुर के सिर पर वह क्या चीज है?'

कुछ देर बाद उत्तर मिला, 'गणेश का चूहा है।'

मैंने पूछा, 'गणेश का चूहा असुर के सिर पर क्यों है?'

उन्होंने कहा, 'क्षुद्र जानवरों के लिए असुर के कंधे पर चढ़ने का ठीक समय है। देखो, कार्तिक की सवारी मयूर ने असुर काटने के लिए गरदन घुमाई है। और वह देखो, प्रतिमा के चारों ओर जो पक्षी हैं, वे अपने पंख फड़फड़ा रहे हैं। वे सभी उड़कर असुर के कंधे पर बैठ जाएँगे और उसे कुतरने लगेंगे।'

मैंने पूछा, 'असुर का अपराध?'

उन्होंने कहा, 'अपराध कुछ भी नहीं है। जो लोग प्रबल प्रतापान्वित अपराजेय हैं,

जिनसे सभी डरते हैं, उनकी मुमूर्षु अवस्था में क्षुद्र प्राणी भी उनपर यथासाध्य अत्याचार करते हैं।'

मैंने पूछा, 'अभी असुर की मुमूर्षु अवस्था कहाँ है? वह देखिए, भीषण मूर्ति धारण कर देवी को तलवार उठाकर मारने जा रहा है।'

उन्होंने उत्तर दिया, 'जरूर, जरूर। वीर पुरुष, तेजस्वी पुरुष शत्रु के हाथों इसी तरह मरते हैं, वे मरकर भी नहीं मरते। पर असुर जीवित कहाँ है? सिंह के भीषण दाँतों ने उसे काट लिया है और देवी ने उसके ऊपर एक भयानक साँप छोड़ दिया है। वह रह-रहकर चोट कर रहा है और देवी स्वयं दाहिने हाथ बरछा उसके कलेजे पर चला चुकी हैं, बाकी आठों हाथ भिन्न-भिन्न अस्त्र-निक्षेप करते हुए उसे क्षत-विक्षत कर रहे हैं। असुर मर चुका है—और यही समय है जब प्राणी उसपर चढ़ेंगे।'

मुझे ये सारी बातें याद हैं। केवल अपनी भाषा में उन्हें स्पष्ट कर रहा हूँ। इस बातचीत के बाद बंकिमचंद्र चले गए। मैं भी बैठक में जाकर बैठ गया। वहाँ कोई हुक्का पी रहा था तो कोई गप्प लड़ा रहा था। ये लोग बंकिम के पड़ोसी थे। कुछ लोग रात को फलाहार करने के बाद घर वापस न जाकर वहीं ठहर गए थे। इनमें एक सज्जन बाहरी थे। इस गाँव के एक व्यक्ति ईस्ट इंडिया रेलवे के ऑफिस में नौकरी करते हैं, पर इनका मुख्य कार्य है कलकत्ता स्थित प्रधान कार्यालय में खुशामद करना। जब इनकी पत्नी नैहर रहती थी तब प्रत्येक शनिवार और अन्य छुट्टियों के दिन काँटालपाड़ा आकर बंकिमचंद्र और उनके भाइयों के पास रहते थे। आपकी कहानी आगे चलकर बताऊँगा। एक अन्य परदेशी व्यक्ति भी मौजूद थे। आपका नाम बलहरि दास है। रानीहाटी परन्ना में आपका घर है, जहाँ का कीर्तन 'रैनिटी' नाम से प्रसिद्ध है। आप बड़े सुंदर ढंग से कीर्तन गाने का अभ्यास कर चुके हैं। बंकिमचंद्र के ज्येष्ठ भ्राता के समीप रहते हैं। आज उन्हींके आदेशानुसार आए हैं। कुछ देर बाद सभी भाई उपस्थित हुए। प्रसिद्ध डिप्टी मजिस्ट्रेट स्व. ईश्वरचंद्र मित्र ने एक बार मुझसे कहा था कि बंकिमचंद्र जब किसी मजलिस में आता है तब जैसे सभास्थल लोगों के शरीर में इलेक्ट्रिसिटी दौड़ा देता है। सभी उल्लसित हो उठते हैं। यह बात मैं स्वयं देख चुका हूँ कि यह गुण न केवल बंकिमचंद्र में था बल्कि दीनबंधु, हेमचंद्र और मधुसूदन में भी था। पर उसका रूप कुछ और था। बहरहाल, ज्यों ही बंकिम ने भीतर प्रवेश किया त्यों ही मजलिस में सरगर्मी आ गई। जो लोग चादर ढके सो रहे थे, वे उठकर बैठ गए। हास्य से वातावरण मुखरित होने लगा। तंबाकू के धुएँ से प्रकाश मटमैला होने लगा। शायद आप लोगों को यह जानकर परेशानी होगी या आप चौंक उठ सकते हैं कि हम चारों भाई एक साथ बैठकर हुक्का पीते थे—और काफी पीते थे, यहाँ तक कि मुँह से सटक नहीं हटाते थे।

इसके बाद उक्त सज्जन बंकिमचंद्र को प्रसन्न करने के लिए या किसी उद्देश्य से यह

बताने लगे कि बंकिमचंद्र के बारे में किसने कब क्या कहा।

उन आलोचनाओं की बातें मुझे विशेष रूप से स्मरण नहीं हैं, पर वे सभी बंकिम की रचनाओं के बारे में थीं। बंकिम की रचनाओं का उन दिनों काफी विरोध होता रहा।

बहरहाल, अब मैं महाष्टमी की रात की बात पर पुन: आ रहा हूँ। उस समय रात गहरी हो गई थी। नींद के झोंके आने के कारण मैं सो गया था। पता नहीं कब तक सोता रहा। अचानक सुदूर नि:सृत मधुर संगीत ने कर्ण-कुहरों में प्रवेश किया। जो लोग अर्द्ध निद्रावस्था में संगीत सुन चुके हैं, वे ही इसका सुखानुभव कर सकते हैं। उस समय गायक एक गीत गा रहा था, वह गीत था—

'एसो एसो एसो, बंधु, आध आँचरे बसो।'

काफी देर बाद बंद हुआ। गायक बाहर चला गया। मैं उठकर बैठ गया। चारों ओर गौर से देखा, बंकिमचंद्र बाएँ हाथ पर सिर टेके चुपचाप बैठे हैं। मुँह से सटक गिर गया है। पर उनकी दृष्टि कहाँ है? वे एक चित्र को एकटक देख रहे थे। वह एक विलायती तसवीर थी, एक अनुपम सुंदरी की। उसके गले में मोती की माला थी। उक्त सुंदरी एक डिब्बे से एक और मोती की माला निकाल रही थी। संकोच के साथ पीछे न जाने किसकी ओर देख रही थी; जैसे बिना उसकी अनुमति लिये ऐसा कर रही हो।

अलंकार-प्रिया सुंदरी का हृदय एक लड़ी मोतियों की माला से खुश नहीं हुआ है। अत: एक और लड़ी निकाल रही है। वह जिस किसीकी ओर देख रही थी, उसकी आकृति तसवीर में नहीं थी। चित्र बहुत ही सुंदर था। सभी उसकी प्रशंसा कर रहे थे। पर बंकिमचंद्र उस तसवीर में क्या देख रहे थे? उनके मन में कौन सी भावना उदय हो रही थी? मानव का स्वभाव है कि जब वह एकाग्र चिंतन करता है तब साधारण तौर पर अंतर्मन से किसी पदार्थ विशेष की ओर दृष्टि जमा लेता है। उसकी दृष्टि एक स्थान पर जम जाती है। मुझे समझते देर नहीं लगी कि उनका हृदय उच्छ्वासोन्मुख समुद्र की भाँति स्फीत हो उठा है और शायद इसीलिए उनकी दृष्टि उक्त तसवीर पर जम गई है। उन्होंने स्वयं ही 'बंग दर्शन' में लिखा है, 'जब यह गीत पहले-पहल जी भरकर सुना था तब ऐसा अनुभव कर रहा था कि नीले आकाश के नीचे नन्हा पक्षी बनकर इस गीत को गाता रहूँ। सोचता रहा, उस विचित्र सृष्टि कुशली कवि की सृष्टि से देव-वंशी लेकर, मेघों के ऊपर जो वायु स्तर शब्दशून्य, दृश्यशून्य स्थान है, जहाँ से पृथ्वी दिखाई नहीं देती, वहाँ अकेले बैठकर उसीमें, यही गीत गाता रहूँ। इस गीत को कभी नहीं भुला सका, कभी भूल भी नहीं सकता।'

जिस प्रकार गीत समाप्त होने पर तसवीर की ओर एकटक बंकिमचंद्र देखते रहे उसी प्रकार उनके अग्रज संजीवचंद्र गीत समाप्त होने पर लेटकर धरन की ओर देखते रहे। वे भी प्रतिभाशाली थे। उनके मन में कौन सी भावना उत्पन्न हो रही थी, कौन जाने!

गायक पुन: कमरे के भीतर आया। पुन: गीत शुरू हुआ। इस बार नया प्रारंभ हुआ—

'एसो तोमाये नयने लुकाये थोबो।'

सोचा, यह तो किसी और कवि की रचना है। ठीक इसी समय संजीवचंद्र बोले, 'यह अन्य कारीगर की रचना है।'

इसके बाद चंडीदास, गोविंददास, विद्यापति आदि के गीत चलते रहे। अंत में पुन: 'एसो एसो एसो' गीत गाने की फरमाइश हुई। सुर की तरंग उठी। शरीर रोमांचित हो उठा। सभी निस्पंद सुनते रहे। गायन समाप्त हुआ।

इसी बीच न जाने कौन खिड़कियों को खोल गया था। बाहर की ओर झाँककर देखा, भोर हो गया था। नीले आकाश में नक्षत्र ज्योतिहीन हो रहे थे, केवल पूर्व दिशा में शुक्र तारा चमक रहा था। बंकिमचंद्र के भवन के सामने एक बड़ा मैदान था। उसके पूर्व की ओर दक्षिण में आम्र कानन था। उन पेड़ों पर असंख्य पक्षी कलरव कर रहे थे। धीरे-धीरे सफेदी बढ़ती गई और पक्षी भोजन की तलाश में उड़ गए। बैठकखाने के बाबू लोग अपने-अपने घर चले गए। इस प्रकार महाष्टमी की रात्रि के अंत में 'एसो, एसद' गीत को बंकिमचंद्र ने सुना। इस घटना के बहुत दिनों बाद कमलाकांत चक्रवर्ती ने प्रसन्न अहीरिन को 'बंग दर्शन' में यह गीत सुनाया था।

□

'वंदे मातरम्'

—प्रा. मा. स. गोलवलकर (गुरुजी)

[राष्ट्रीय स्वयंसेवक संघ के द्वितीय सरसंघचालक प्रा.मा.स. गोलवलकर (गुरुजी) ने ४ फरवरी, १९७३ को बंगलौर में एक जनसभा में भाषण दिया था। उस भाषण में 'वंदे मातरम्' के संबंध में आए महत्त्वपूर्ण अंश।]

हम जब कहते हैं कि हम इस भूमि के पुत्र हैं, तो इस भावना का उचित ज्ञान हमें रखना चाहिए। किसी-न-किसी कारणवश यहाँ केवल रहनेवाले सभी लोग इस भूमि के पुत्र नहीं हो जाते। इसका एक बहुत ही सुस्पष्ट उदाहरण सामने आया है। ऐसे उदाहरण हों, यह दुर्भाग्य की बात है। 'वंदे मातरम्' गीत को हम अतीव श्रद्धा से गाते हैं। इस गीत के बारे में हम सबके मन में आदर तथा सम्मान की भावना है। यह हमारा राष्ट्रगीत है। इसने ही हमारे सभी नेताओं को मातृभूमि की सेवा और उसकी आजादी के लिए सर्वस्व का त्याग करने की प्रेरणा दी है। यही जयघोष करते हुए कई महापुरुष निर्भय होकर फाँसी पर चढ़ गए। 'वंदे मातरम्' कहने के कारण फाँसी की सजा मिली, तब भी वे विचलित नहीं हुए। हाथ में 'गीता' लेकर और मुख से 'वंदे मातरम्' का जयघोष करते हुए उन्होंने आत्मबलिदान कर दिया। इस आंदोलन के कारण ही अंत में अंग्रेजों को यहाँ से चला जाना पड़ा। हमें आजादी मिली और आज हम उसका उपभोग कर रहे हैं।

किंतु हमारे देश में कुछ लोग ऐसे भी हैं जिन्हें 'वंदे मातरम्' कहने पर भी आपत्ति है। हमारे ही नेताओं ने इस अप्रतिम गीत को खंडित किया है और उसकी केवल दो या तीन कड़ियाँ ही आज गाई जाती हैं।

आप सब लोग इस बात को जानते ही होंगे। आज भी इस गीत का खंडित गायन ही हो रहा है। जिनके अंत:करण में मातृभूमि के प्रति अपार भक्ति है, और यह भूमि केवल हमारे निवास का स्थान नहीं, तो वह पवित्र जगज्जननी का साकार रूप है, ऐसा माननेवालों की ही सभाओं में इस गीत को संपूर्ण गाया जाता है।

इस महान् प्रेरणादायी राष्ट्रगीत को पहली बार कांग्रेस के काकीनाडा अधिवेशन में तोड़ा-फोड़ा गया। उस अधिवेशन के अध्यक्ष श्री मोहम्मद अली ने कांग्रेस के सभा मंच से इस गीत के गायन पर आपत्ति उठाई। हाल ही में कुछ मुसलमान सज्जनों ने, जिनमें कुछ लोग सत्ताधारी दल के भी हैं, मुंबई महानगर पालिका के स्कूलों में 'वंदे मातरम्' के आंशिक रूप में गायन पर भी आपत्ति उठाई है। वहाँ बहुत दिनों से 'वंदे मातरम्' के गायन की प्रथा चली आ रही है। विद्यालय उर्दू पढ़ानेवाला हो अथवा मराठी, गुजराती या हिंदी पढ़ानेवाला—सभी विद्यालयों के छात्र लंबे अरसे से इस गीत को गाते रहे हैं। किंतु अचानक उसपर आपत्ति उठाई गई है। समाचार तो यह भी है कि सत्ताधारी कांग्रेस दल के महासचिव ने इस आपत्ति का समर्थन किया है। मुझे लगता है कि उर्दू अखबारों ने इस महासचिव के मुँह में गलत तथा झूठे शब्द डालकर छापे होंगे।

किंतु यदि इस आपत्ति का वाकई में समर्थन किया गया होता और तदनुसार सत्तारूढ़ दल ने 'वंदे मातरम्' का गायन ऐच्छिक रखने के निर्देश दिए हों, तो हम निश्चय ही कह सकते हैं कि समूचे देश के प्रति जो राष्ट्रभक्ति की भावना है, उसे कुचल डालने का सुनियोजित प्रयास किया जा रहा है। मैं तो नहीं सोचता कि ऐसे दमनचक्र से देश या समाज का कुछ भला होगा। हिंदू अपनी मातृभूमि का गुणगान करता है, उसके सामने नतमस्तक होता है, उसके चरणों पर माथा टेकता है और मातृभूमि की महानता की रक्षा के वास्ते आत्मबलिदान का संकल्प भी करता है; क्योंकि वह जानता है कि वह इस भूमि का, इस मातृभूमि का पुत्र है।

हिंदू ही इस भूमि के पुत्र हैं, इस सत्य की ओर भी यह आपत्ति हमारा ध्यान दिलाती है। मुसलमान भी यदि कहता हो कि मैं भी इस भूमि का पुत्र हूँ, तो उसे अपनी पूरी श्रद्धा एवं भावनाओं के साथ 'वंदे मातरम्' कहना चाहिए। इसपर यदि आपत्ति उठाई गई तो यही निष्कर्ष निकालना पड़ेगा कि मातृभूमि के नाते इस देश के बारे में उसके अंत:करण में कतई कोई प्रेम नहीं है। वह इस देश की संतान नहीं है। हम सभी धार्मिक कलहों से दूर रहना चाहते हैं। किंतु विभिन्न धार्मिक गुट अपने पृथक् अस्तित्व तथा इस देश पर अपने प्रभाव को बनाए रखना चाह रहे हैं। इनमें से अनेक लोग तो मुगलकालीन सपने भी देख रहे होंगे। कुछ सज्जनों से बात करते समय मैंने उनसे कहा, 'आप यदि ये सपने देखना भूल जाएँगे, फिर से मुगलों की सत्ता लाने के इरादे छोड़ देंगे और यह समझने लगेंगे कि आप भी इस भूमि के पुत्र हैं तो केवल आपकी ईश्वरोपासना एक विशिष्ट ढंग की होती है, इस बात के

कारण आपमें और हममें कोई अंतर नहीं रहेगा, कोई भेदभाव नहीं बचेगा। ईश्वर की उपासना करने के मार्ग अनगिनत हो सकते हैं। कितने ही नामों से उसकी आराधना की जा सकती है। अपनी-अपनी सीमित समझ क्षमता के अनुसार ईश्वर अपनी अभिव्यक्ति किया करता है। अपनी इस मातृभूमि और इस समाज की महानता के लिए कंधे से कंधा मिलाकर काम करने में फिर कोई दिक्कत उत्पन्न नहीं होगी। किंतु यदि आप अपना वर्चस्व निर्माण करने की इच्छा रखते हैं, यहाँ फिर से मुगलों का जमाना आने की आशा रखते हैं, तो प्रत्येक मुसलमान को संदेह की निगाह से देखने की स्थिति बनी रहेगी। यह अवस्था देश की दृष्टि से भी किसी तरह से अच्छी नहीं है।

'वंदे मातरम्' का विरोध करनेवालों का निषेध करने के लिए सभी नेताओं को एकजुट होना चाहिए। मुसलिम समाज में सुधार लाने के लिए कार्यरत लोगों को भी आगे आकर असंदिग्ध शब्दों में कहना चाहिए कि मातृभूमि की उपासना जिसमें है, ऐसे 'वंदे मातरम्' गीत का गायन होना ही चाहिए। जो लोग इसका विरोध कर रहे हैं, वे देशभक्ति के विरुद्ध कार्य कर रहे हैं—और ऐसे लोगों का निषेध सभी लोगों को करना चाहिए। मैं आशा करता हूँ कि सत्ताधारी दल के समेत सभी दल इस विषय में दृढ़ता दिखाएँगे और 'वंदे मातरम्' का विरोध करनेवालों तथा उनका समर्थन करनेवालों को किसी भी दल में कोई स्थान नहीं दिया जाएगा। ऐसा करने पर ही इस देश में रहनेवाले विभिन्न जनसमूहों तथा देश में माता-पुत्र का वातावरण बनेगा।

हिंदू कहता है कि यह मेरी मातृभूमि है। वह इसे अनुभव भी करता है। यह रिश्ता उसके लिए खून का रिश्ता है। कई पीढ़ियों से वह अपनी मातृभूमि की उपासना करता आया है। गृह निर्माण का प्रारंभ भी वह भूमिपूजन से करता है। हर शुभ कार्य के प्रारंभ में वह मातृभूमि की आराधना करता है। यह बात तो हमारे विचारों तथा प्रकृति में ही घुली हुई है, हमारी घुट्टी में मिली है। इसीलिए हम इस भूमि के पुत्र हैं। और इस भूमि के पुत्र होने के कारण ही हम सब भाई-बंधु हैं।

□

वैदिक राष्ट्रगान

आ ब्रह्मन् ब्राह्मणो ब्रह्मवर्चसी जायतामा राष्ट्रे राजन्यः शुरऽ इषव्योऽतिव्याधी महारथो जायतामं दोग्ध्रीं धेनुर्वोढानुड्वानाशुः सप्तिः पुरन्धिर्योषा जिष्णूरथेष्ठाः सभेयो युवास्य यजमानस्य वीरो जायतां निकामे-निकामे नः पर्जन्यों वर्षतु फलवत्यो नऽओषधयः पच्यन्तां योगक्षेमो नः कल्पताम्॥

(यजुर्वेद, २२.२२)

(—राष्ट्र में विश्वभावन ब्राह्मण ब्रह्मतेज से संपन्न हो, क्षत्रि शूरवीर धनुर्धर हो, रोगमुक्त महारथी हो। गौ मधुर दुग्ध-धार बहाए, वृषभ बलवान् हो भारी बोझ उठाए, अश्व आशुगामी हो। स्त्रियाँ सती सुंदरी सयानी शोभामयी हों, रथी विजयशील हों। युवक सभ्य, सुशिक्षित, सौम्य, सरल, सुविचारी, निर्भय वीर हों। धन समय से रस बरसाए। अन्न, ओषधि, फल स्वयं पक जाएँ, हमारा योगक्षेम स्वतः सिद्ध हो।)

□

मातृ भू वंदना

—राष्ट्रकवि मैथिलीशरण गुप्त

क्षमामयी तू दयामयी है, क्षेममयी है
सुधामयी, वात्सल्यमयी, तू प्रेममयी है
विभवशालिनी, विश्वपालिनी, दुःखहर्त्री है
भय-निवारिणी, शांतिकारिणी, सुखकर्त्री है
हे शरणदायिनी देवि, तू करती सबका त्राण है,
हे मातृभूमि! संतान हम तू जननी, तू प्राण है।

□

'वंदे मातरम्'

वंदेत्वां भूदेवीमार्यमातरम्
जयतु जयतु पद युगलं ते निरंतरम्
मंदस्मित हास्य वदन चारु यामिनीम्
विकसित नव कुसुम मृदुल दाम शोभिनीम्
धर्मस्त्वं मर्मस्त्वं त्वं यशोबलम्॥

—कविवर्य नारायण वामन टिळक

□

भारतभूमातृस्तोत्रम्

श्रीगणेशाय नमः॥ वन्दे मातरमव्यक्तां व्यक्तांच जननी पराम्।। दीनोऽहं बालकः कांक्षे सेवां जन्मनि॥ १॥ सागरालिंगितां लक्ष्मी जगज्जनककन्य काम्॥ स्थितां हिमनगस्याङ्के पार्वतीमपरां मजे॥ २॥ शुभ्रं धर्मध्वजं मातुः किंवा राशीकृतं यशः॥ रौप्यंवा मुकुटं दिव्यं वन्दे हं तं हिमालयम्॥ ३॥ जाह्नवीयमुनासिन्धु ब्रह्मपुत्राशतद्र भिः॥ भूदेवी पच्चधाराभिः सततं सा भिषिंचति॥ ४॥ नगाधिपं धारयन्ती मस्तके रत्नमद्वयम्॥ काश्मीरं च ललाटे भ्रूमध्ये नेपालिकां शुभाम् ॥ ५॥ नर्मदातापती विन्ध्य सप्तपीठकमेखलाम्॥ पूर्वापराचलोरू च मलयं पादपीठके॥ मध्येदेशोदरे गुप्तानक्षयान् धनसच्चयान्॥ ६॥ असुराणां पुरी लंका दासी यच्चरणयोः कृता॥ तां देवी भारतीं वन्देमातरं विश्वपूजिताम्॥ ७॥ द्रष्टारश्वोपनिषदां गीताशास्त्रप्रवर्ततकः॥ पड्दर्शनप्रवक्ता च भगवान्पाणिनिर्मुनिः॥ ८॥ वाल्मीकिश्व तथा व्यासः कालिदासो महाकविः॥ आर्यभट्ट भरतः शंकरो द्वैतकेसरी॥ ९॥ भीष्मरामार्जुना वीरा नृपौ रामयुधिष्ठिरौ॥ सावित्री द्रौपदी सीता दमयन्ती च तारका॥ १०॥ महार्धान्यद्वितीयानि रत्नान्येतानि भूतले॥ जननी भारती तेपा रत्नगर्भा कथं न सा॥ ११॥ वसुन्धरारत्नगर्भा रसा विश्वम्भराक्षमा॥ सर्वसहा स्थिरा चैव भारती भसुकन्यका॥ १२॥ रत्नाकरः स्वयं भक्त्या मुक्ती पायनपूर्वकम्॥ चरणान्क्षालयत्सस्या अतंद्रश्व दिवानिशम्॥ १३॥ कैलासद्वारकाधीशौ रामेश्वरपुरीश्वरौ॥ द्वारपाला बभूवुश्व सौभाग्यं मातुरद्भूतम्॥ १४॥ पोषयन्ति सदा मातुः पर्वतस्नमण्डलात्॥ निःसृताश्व पयोधाराः सन्ततीनां परम्पराः॥ १५॥ पुत्रवत्सलता मातुरगाधा हरिणा स्वयम्॥ अवतीर्योदरे सोढं गर्भदुःखं पुनःपुनः॥ १६॥ मरणे जन्मकाले च मुमूर्षुर्नवबालकः॥ त्वदंके चैव संशेते अहो वत्सलता तव॥ १७॥ पद्मालया त्वमेवासि त्वमेव च सरस्वती॥ अन्नपूर्णा त्वमेवासि त्वमेव च शिवा सती॥ १८॥ त्वद्वृक्षाः कल्पवृक्षाश्व चिन्तामणिशिलाः शिलाः॥ त्वद्वनं नन्दनं साक्षात्साक्षात्वं स्वर्गदेवता॥ १९॥ प्रतिजन्मनि मे चित्तं वित्तं देहश्व सन्ततिः॥ त्वत्सेवानिरता भूयुर्माता त्वं करुणामयी॥ २०॥ न मे वांछास्ति यशसि विद्वत्वे न च वा सुखे॥ प्रभुत्वे नैव वा स्वर्गे

मोक्षेत्यानन्ददायके ॥ २१ ॥ परं च भारते जन्म मानवस्य च वा पशीः ॥ विहंगस्य च वा जन्तोवृक्षपाषाणयोरपि ॥ २२ ॥ निरन्तरं भवतु मे मातृसेवांशभाग्यभाक् ॥ एषैव वांछा हृदय साक्षी सर्वात्मकः प्रभुः ॥ २३ ॥

('बृहत्स्तोत्र रत्नाकर' से)

□

मातृ वंदनम्

—महाकवि वल्लोत्तोल्

(मूल)

वंदिप्पिन् माताविन, वंदिप्पिम् माताविन,
वंदिप्पिन् वरेण्ययें, वंदिप्पिन् वरदय।
ऍत्रयुं तपश्शक्ति पूण्ट जामदग्ग्यन्नु,
सत्राजित्तुनु पण्टु सहस्रकरन् पोलँ,
पश्चिमरत्नाकरं प्रीतियालदानं चॅय्त
विश्वंकमहारत्नमल्लि नम्मुटॅ राज्यं ?
पच्चयां बिरिप्पिट्ट सह्यनिल्त्तवलवच्चुं,
स्वच्छाब्धिमणल्त्तिट् टां पादोपधानं पूण्टुं
पल्लिकॉण्टीटुन्न निन् पार्श्वयुग्मत्तक्कात्तु-
कॉल्लुन्नू कुमारियुं गोकर्णेशनुमम्मे।
वंदिप्पिन् मातावि‍नॅ वंदिप्पिन् मातावि‍नॅ,
वंदिप्पिनुपास्यरायुल्लोर्क्कुमुपास्ययें।

(हिंदी अनुवाद)

माता की वंदना करो, माता की वंदना करो,
जो श्रेष्ठ हैं उनकी वंदना करो,
जो वर देनेवाली हैं उनकी वंदना करो।
जैसे प्राचीनकाल में
आदित्यदेव ने सत्राजित् को वर दिया था,
वैसे ही पश्चिम रत्नाकर का
ओजस्वी तपस्वी जामदग्ध को
प्रतिदान किया हुआ यह हमारा देश
विश्वैक महारत्न है न ?
हरी चादर ओढ़े सह्याद्रि में सिर रखती हुई
स्वच्छ रेती का पादोपधान लिये हुए
विराजनेवाली
हे माता, कन्याकुमारी और गोकर्णेश दोनों
तुम्हारे
पार्श्वयुग्म की रक्षा करते हैं।
माता की वंदना करो, माता की वंदना करो,
उनकी वंदना करो जो उपास्यों की भी
उपास्य हैं।

□

अवर इंड

—एनी बेसेंट

गॉड सेव अवर इंड
गॉड सेव अवर मदरलैंड
गॉड ब्लैस अवर मच बिलवैड लैंड—गॉड सेव
सिंग ऑफ हर स्टोरी ओल्ड
सिंग ऑफ हर ही रौज बोल्ड
सिंग ऑफ हर हार्टस ऑफ गोल्ड···गॉड सेव
सिंग रामचंद्राज प्रेज
सिंग ऑफ द राजपूत डेज···गॉड सेव
सिंग ऑफ ग्रेट अकबर्स स्वे
सिंग ऑफ शिवाजीस डे,
सिंग बोल्डली फ्रीडम्स ले···गॉड सेव
लॉर्ड ऑफ द बर्निंग ग्राउंड
सेंड फोर्थ दाइ डमरू साउंड···गॉड सेव
ग्रांट अस द हीरो हार्ट
केयर लेस ऑफ लास ऑर स्मार्ट,
एज मेन टु प्ले अवर पार्ट···गॉड सेव

स्वदेश गीत

इक सूत्रे बाँधियाछि सहस्रटि मन
एक कार्ये संपियाछि सहस्रटि जीवन
वंदे मातरम्॥
आसुक सहस्र बाधा, बाधुक प्रलय
आमरा सहस्र प्राण रहिब निर्भय
वंदे मातरम्॥
आमरा डराइब ना झटिका झंझाय
अयुत तरंग वक्षे सहिब हेलाय।
टुटे तो टुटुक एइ नश्वर जीवन,
तबु ना छिडिबे कझु एक दृढ़ बंधन
वंदे मातरम्॥ □

स्वरलिपी—रवींद्रनाथ ठाकुर

राष्ट्रीय पुकार

हम गरीबों के गले के हार वंदे मातरम्
छीन सकती है नहीं सरकार वंदे मातरम्
सर चढ़ों के सर में चक्कर उस समय आता जरूर
कानों में पहुँची जहाँ झनकार वंदे मातरम्
हम वही हैं जो कि होना चाहिए इस वक्त पर
आज तो चिल्ला रहा संसार वंदे मातरम्
जेल में चक्की घसीटूँ भूख से हूँ मर रहा
उस समय भी कह रहा वेजार वंदे मातरम्
मौत के मुँह पर खड़ा हूँ कह रहा जल्लाद से
भोंक दे सीने में अब तलवार वंदे मातरम्
डॉक्टरों ने नब्ज देखी सर हिलाकर कह दिया
हो गया इसको तो अब आजार वंदे मातरम्
ईद, होली और दशहरा, शुबरात से भी सौगुना
है हमारा लाडला त्योहार वंदे मातरम्
जालिमों का जुल्म भी काफूर-सा उड़ जाएगा
फैसला होगा सरे दरबार वंदे मातरम्।

(—'आजादी के तराने' से)

माँ! जीवन अंजलि में मेरे तर्पण-हित कुछ अर्पित फूल।
उन्हें करूँ क्या? चढ़ा दिया, लो, चरणों की लेने दो धूल॥
गूँज उठे यह चतु:पार्श्व में, गर्वीला मन:निर्भय नाद।
'बलि हो जाऊँगी' माँ-हित, माँ ऐसा दे तू आशीर्वाद॥

—महादेवी वर्मा

वंदना के इन स्वरों में, एक स्वर मेरा मिला लो।
बंदिनी माँ को न भूलो, राग में जब मत्त झूलो॥
अर्चना के रत्न कण में, एक कण मेरा मिला लो।
जब हृदय का तार बोले, शृंखला के बंद खोले॥
हों जहाँ बलि शीश अगणित, एक सिर मेरा मिला लो।

—सोहनलाल द्विवेदी

जन्म दिया माता सा जिसने
किया सदा लालन-पालन।
जिसके मिट्टी जल से ही है
रचा गया हम सबका तन॥
ऐसी मातृभूमि है मेरी
स्वर्गलोक से भी प्यारी।
जिसके पद-कमलों पर मेरा
तन-मन-धन सब बलिहारी॥

—मन्नन द्विवेदी

□

जेल में 'वंदे मातरम्'

चल दिए माता के बंदे जेल वंदे मातरम्
देशभक्तों की यही है गैल वंदे मातरम्
हैं जहाँ गांधी गए, बरसों तिलक भी थे वहाँ
हम भी वहाँ के कष्ट लेंगे झेल वंदे मातरम्।
जानते हैं क्रूर है, खूँखार है, सैयाद वह
जाँच लें, हरगिज न होंगे 'फेल' वंदे मातरम्।
एक को ले जाएगा तो सैकड़ों आगे बढ़ेंगे।
जेल जाने को समझते खेल वंदे मातरम्।
देशभक्तों ने जिसे सींचा है अपने खून से
लहराएगी फल लाएगी वह बेल वंदे मातरम्॥

—ठाकुर लक्ष्मणसिंह चौहान

□

ओजमय वंदे मातरम्

—कविवर्य बेनी माधव

आहा, क्या ओजमय है शब्द वंदे मातरम्।
बोल दो सब हिंदियो अब मंत्र वंदे मातरम्॥
मुख में वंदे मातरम् है मन में वंदे मातरम्।
नाड़ियों के रक्त में बहता है वंदे मातरम्॥
खंजरे कातिल भले ही कत्ल कर देना हमें।

चीख भी निकलेगी तो निकलेगा वंदे मातरम्॥
बल जरा मकतूल के चेहरे पे हो मुमकिन नहीं।
हर लहू के कतरे से टपकेगा वंदे मातरम्॥
खून मकतल में बेहाल यू हो क्या, हरगिज नहीं।
भूमि पर लिखता चलेगा शुद्ध वंदे मातरम्॥
बावजूद इसके कि बोले सबसे पहले और कुछ।
दुधमुँहे बच्चे भी बोलें शब्द वंदे मातरम्॥
बेनी माधव तप यही सिजदाँ यही मंदिर यही।
है यही मसजिद यही मजहब है वंदे मातरम्॥

वंदे मातरम्, वंदे मातरम्
वंदे मातरम्, वंदे मातरम्
राष्ट्र की जय चेतना का गान वंदे मातरम्
राष्ट्रभक्ती प्रेरणा का गान वंदे मातरम् ॥ धृ॥
वंशी के बहते स्वरों का प्राण वंदे मातरम्
झल्लरी झनकार झनके नाद वंदे मातरम्
शंख का संघोष चहुँदिश व्याप्त वंदे मातरम्॥ १ ॥
सृष्टि के बीजमंत्र का है मर्म वंदे मातरम्
राम के वनवास का है काव्य वंदे मातरम्
दिव्य गीता ज्ञान का आधार वंदे मातरम्॥ २ ॥
हल्दीघाटी के कणों में व्याप्त वंदे मातरम्
दिव्य जौहर ज्वाल का है तेज वंदे मातरम्
वीरों के बलिदान का आधार वंदे मातरम्॥ ३ ॥
कर दे पादाक्रांत धरती गर्जन वंदे मातरम्
अरिदल थरथर काँपे सुनकर नाद वंदे मातरम्
वीर पुत्रों की अमर ललकार वंदे मातरम्॥ ४ ॥
वंदे मातरम्, वंदे मातरम्,
वंदे मातरम्, वंदे मातरम्॥

□

गुलजार वंदे मातरम्

—विनोद कुमार 'तरंग'

थे गुलामी में पड़े बेजान वंदे मातरम्,
तहरीके आजादी हुए बलिदान वंदे मातरम्।

जेल में ठूसे गए थे, तख्ते फाँसी पर चढ़े,
हो रहा था घोर अत्याचार वंदे मातरम्।
खून से सींची गई है, बाग जलियाँ की जमीं,
खाकर हजारों गोलियों की मार वंदे मातरम्॥

वीर ऊधमसिंह ने लंदन में बदला ले लिया,
मार दी डायर को गोली तान वंदे मातरम्।
देख ली जनता ने उसकी तड़फड़ाती लाश को,
बढ़ गई दुनिया में अपनी शान वंदे मातरम्॥

श्रद्धांजलि अर्पित सदा है, देशभक्तों को 'तरंग',
कर में लेकर यह दिलों का हार वंदे मातरम्।
आज है शत वर्ष दिन जिस गीत की रचना हुई,
आजाद भारत हो गुले गुलजार वंदे मातरम्॥

(वंदे मातरम् शताब्दी पर)

□

वंदे मातरम्!

(शाब्दिक अनुवाद)

हे माते! तुम्हें प्रणाम है।

महाद्वीप जैसा यह हमारा विशाल देश प्रचुर मात्रा में सृष्टि-सौंदर्य और विविधता से संपन्न है। गंगा, यमुना, नर्मदा, कावेरी जैसी सदानीरा महानदियों का जल पवित्र है। ऐसे पावन जल से सिंचित यहाँ की धरती फलों, फूलों और धन-धान्य से समृद्ध हो गई है। इस लहलहाती फसल के कारण तुम हमें श्यामल वर्ण की प्रतीत हो रही हो। मलयगिरि से निकली हुई वायु वहाँ के चंदन वृक्षों की शीतल सुगंध अपने साथ ला रही है। यहाँ के चंदन जैसे वृक्ष भी खुद घिसकर दूसरों को प्रफुल्लित करने का तत्त्वज्ञान कहते हैं।

स्वच्छ धवल तारों के प्रकाश के कारण यहाँ का समूचा आकाश तेजोमय हो जाता है। ऐसे तेज से यहाँ की रातें पुलकित हो जाती हैं। इन तारों से बादल रहित स्वच्छ आसमान जिस तरह सुशोभित होता है उसी तरह दिन में यहाँ की जमीन पर पसरी हुई हरियाली के कारण भी तुम्हारी धरती सुंदरता प्राप्त करती है। ऐसी तुम सौंदर्यशालिनी माता, अपनी संतानों का लालन-पालन करने के लिए कष्ट उठाती हो; फिर भी अपने मुख पर मुसकराहट, प्रसन्नता और शांति का भाव धारण करके अपने कष्टों का आभास तुम हम संतानों को नहीं होने देतीं। हमारे उत्कर्ष के लिए अपनी मिठास भरी वाणी से प्रोत्साहित करती रहती हो। इसलिए हे माते! मैं तुम्हें वंदन करता हूँ। ऐसी हमारी इस माता पर हम संतानों को भी गर्व है।

हमारे करोड़ों कंठों से तुम्हारी ही जय-जयकार होती है। हमारे

करोड़ों हाथों में चमकनेवाले शस्त्रों से सबको तुम्हारे सामर्थ्य की प्रतीति होती है। फिर तुम्हारे इन संगठित और सामर्थ्यवान् पुत्रों के होते हुए तुम्हारे जैसी बल-संपन्न माता की तरफ टेढ़ी नजर से देखने की किसीकी हिम्मत ही नहीं होगी। फिर तुम्हें अबला कहने की धृष्टता कौन करेगा? तुम तो बहुबलधारिणी हो। यहाँ आक्रमण करने की बात सोचनेवाले दुश्मन का खात्मा करके सबको तारनेवाली ऐसी तेजस्विनी तुम हो। इसलिए हे माते! हम तुम्हें प्रणाम करते हैं।

हे भूमाते! तुम ज्ञानमयी हो, ज्ञानदायिनी हो, तुम तो विविध ज्ञान-शाखाओं की जननी हो, तुम धर्मस्वरूप हो। तुम्हारी रक्षा करना ही हमारा धर्म है; क्योंकि तुम हमारे अंत:करण का ही एक हिस्सा हो। हे माते! हमारी भुजाओं की शक्ति तुम ही हो। हमारे हृदय में स्थित जो भक्ति है वह तुम ही हो। तुम्हारी भक्ति करना ही हमारे जीवन का निष्कर्ष है। हमें सब तरफ तुम्हारी ही प्रतिमाएँ दिखती हैं। मंदिर-मंदिर में तुम्हारे ही रूप का दर्शन हमें होता है। इसलिए हे माते! हम तुम्हें प्रणाम करते हैं।

हे जगन्माते! तुम दस हाथों में दस शस्त्र धारण करके शत्रु का नाश करनेवाली भीषणस्वरूपा दुर्गा-काली हो। और कमल-पुष्पों में विराजमान कमला भी तुम हो। विद्यादायिनी सरस्वती भी तुम ही हो। हे ऐश्वर्यदायिनी माँ! तुम्हारी और किसीके साथ तुलना हो ही नहीं सकती। तुम पवित्र जल से युक्त और फलों से समृद्ध हो। यहाँ की लहलहाती फसल के कारण तुम्हारा रूप श्यामल वर्ण का प्रतीत होता है। सरल चारित्र्य का आदर्श जिसे कहना चाहिए, ऐसी प्रसन्नवदना तुम ही हमें धारण करती हो। तुम ही हमारा लालन-पालन करती हो। हे माते! तुम्हें प्रणाम है।

□

मराठी अनुवाद

वंदितो माते तुला मी

—प्रदीप आगाशे

वंदितो माते तुला मी, मातृभूमि आमची।
वर्णिता शब्दही सुचेना, ही अवस्था आमुची॥
पाणी आणि धान्य विपुलही, देसी सततची तू आम्हा।
वायूलहरी शीतल अशा, मलय शिखरावरुन ज्या॥
विपुल शेती, शीत लहरी, यामुळे श्यामल अशी॥ १॥
चांदण्यांची शुभ्रता, रात्री आनंदित या तुझ्या।
फूल, पाने, बहरती फळे, वृक्ष वेली सजती या।
वस्त्र ऐसे लेवूनी हे, शोभूनी दिसशी अशी॥ २॥
हसतमुख आणि मधुर वाणी, रूप हे तर सततचे।
सूख आणि वरही देसी, मोद येथे मिळतसे॥
म्हणून माते वंदन तुला, मातृभू तू आमुची॥ ३॥
गर्जती कोटी मुखे आणि कोटी, कोटी बाहू जे।
खड्ग पाती परजलेली, चमकती, सामर्थ्य हे॥
कोण अबला म्हणती तुजला, हिंमतही होई कशी॥ ४॥
असशी तू सामर्थ्यशाली आक्रमणे शत्रूची जी।
परतवूनी लावून तूही, रक्षिसी आम्हा कशी॥
स्मरण होई सतत माते, नित्य वंदन तव पदी॥ ५॥
तूच आमचे ज्ञान आणिक, धर्म आणि चारित्र्य तू।
तूच चैतन्याही आमच्या हृदय आमचे असशी तू।
प्राण देहातील आमुच्या, मनगटातील शक्तीही॥ ६॥

काली आमच्या अंतरिची तू, मंदिरातील देव ही।
भिन्न मूर्ती, भिन्न नावे, तूच माते सर्वही॥
म्हणूनी तुजाल वंदितो मी, नम्रता ही सततची॥ ७॥
दाही हाती शस्त्र धरूनि, शत्रू संहारिणी दुर्गा।
कमल पुष्पांनी बहरले, जे सरोवर परिसरा॥
कमल कोमल लक्ष्मी त्यातील तूच विद्यादायिनी॥ ८॥
तू असशी ऐश्वर्यदायी, पुण्यप्रद नी पावन।
जल प्रवाह, फळ अमृतमय, सर्व तूची कारण॥
समृद्धीचे दर्शन घडे, वैभवाची साक्ष ही जी॥ ९॥
वर्ण श्यामल, धवल परी, चारित्र्य दर्शन घडतसे।
सुंदर मुख, हास्य त्यावरी सतत येथे विलसते॥
करिसी धारण, भरण पोषण, तूच छाया आमची॥ १०॥

□

हिंदी अनुवाद

—आचार्य महावीर प्रसाद द्विवेदी

पानी की कुछ कमी नहीं है,
हरियाली लहराती है।
फल ओ फूल बहुत होते हैं,
रात-रात छवि छाती है॥
मलयानिल मृदु-मृदु बहती है,
शीतलता अधिकाती है।
सुखदायिनी, वरदायिनी तेरी,
मूर्ति मुझे अति भाती है॥
वंदे मातरम्!

तीस कोटि लोगों की कल-कल,
सुनी जहाँ पर जाती है।
उसकी दुगुन खडधारा की द्युति,
विकाश जहाँ पाती है॥
तिस पर भी 'तू अबला है',
यह बात व्यथा उपजाती है।
हे तारिनि! हे बहुबलधारिनि!
रिपु तू काट गिराती है॥
वंदे मातरम्!

तू ही धर्म, कर्म भी तू ही,
तू ही विद्यावानी है।
तू ही हृदय, प्राण भी तू ही,
तू ही गुण गण खानी है॥
बाहुशक्ति तू ही मम,
तेरी भक्ति महामन मानी है।
प्रति घट, प्रति मंदिर के भीतर,
तू ही सदा समाती है॥
वंदे मातरम्!

हे दुर्गे! दस भुजा तुम्हारी,
दुर्गति नाश निशानी है।
हे कमले! हे अमले! अचले!
तू सब सुख की खानी है॥
नहीं एक भी भारत खंड में ऐसा पापी
प्रानी है,
कहै न जो नित 'यही हमारी
महामहिम महारानी है'॥
वंदे मातरम्!

□

उर्दू अनुवाद

—भानू

सलाम, ऐ मादरेवतन सलाम,
ओ पुरअबेहयात, पुरसमर, तरोताज, संदली
हवावाली, फस्ले अख्जर,
खुशगवार पुरनूरशवेमाह, पुरबहार सरसब्ज, खंदहजन, शीरी गुत्फार,
पुरसुकून, नेमतबख्श माँ तुझे सलाम!

ओ माँ, तेरे करोड़ों बेटे बलंदी से आवाज देते हैं,
उनके करोड़ों हाथों में
शम्शीरे आबदार है, तब कौन कहता है कि तू नाचार
है? आ पुरताकत
नाखुदा, ओ दुश्मनों को नेस्तोनाबूद करनेवाली, माँ तुझे सलाम!
ओ माँ, तू ही इल्म है, तू ही मजहब है, तू ही दिल है,
तू ही गैवदाँ है, तू ही बदन में रूह है, बाजुओं में तू कुव्वत है,
दिल में तू परस्तारी है,
हर सनमखाने में तेरे ही बुत पैवस्त हैं;
तू ही दस हाथों से हिफाजत करनेवाली दुर्गा है, तू ही गुलेकमल पर
बैठी दौलत की देवी कमला है, तू ही इल्मो महारत की देवी बानी है
तुझे हम सलाम पेश करते हैं।
सलाम ओ बेऐब, बेमिसाल दौलत की देवी, तुझे सलाम
पुरआव, पुरसमर, ऐ मादरेवतन सलाम।
सरसब्ज मुस्तकीम खंदलब मुरस्सानिगार जीनते बज्म
ओ सरजमीं पर्वरिशगाह, ऐ मादरे वतन सलाम।

□

अंग्रेजी गद्यानुवाद

('वंदे मातरम्' के दो अंग्रेजी अनुवाद श्रीअरविंद ने किए—एक मुक्त गद्य में तथा दूसरा पद्य में।)

श्रीअरविंद लिखते हैं—'बंगाल के इस राष्ट्रगीत का माधुर्य, सरल स्पष्टोक्ति और उच्च कोटि की काव्यात्मकता के अनुपम संगम के कारण, किसी भी परिभाषा में पद्यानुवाद करना कठिन है। इस दिशा में किए गए प्रयास आज तक विफल रहे हैं। बँगला भाषा से परिचित पाठक को मूल गीत की सामर्थ्य थोड़ी तो समझ में आए, इस गीत का पंक्तिशः गद्यानुवाद मैं प्रस्तुत कर रहा हूँ।'

I bow to thee, Mother,
richly-watered, richly-fruited,
cool with the winds of the south
dark with the crops of the harvests,
the Mother!
Her nights rejoicing in the glory of
the moonlight,
her lands clothed beautifully with
her trees in flowering bloom,
sweet of laughter, sweet of speech,
the Mother, giver of boons, giver of
bliss!
Terrible with the clamorous shout of
seventy million throats,
and the sharpness of swords raised
in twice seventy million hands,
who sayeth to thee, Mother, that
thou art weak?
Holder of multitudinous strength,
I bow to her who saves,
to her who drives from her the
armies of her foemen, the
Mother!
Thou art knowledge, thou art
conduct,
thou art heart, thou art soul.
for thou art the life in our body.
In the arm thou art might,
O Mother,
in the heart, O Mother, thou art love
and faith,
it is thy image we raise in every
temple.
For thou art Durga holding her ten
weapons of war,
Kamala at play the lotuses
and speech, the goddess, giver of all
love
to thee I bow!
I bow to thee, goddess of wealth
pure and peerless,
richly watered, richly fruited,
the Mother!
I bow to thee Mother,
dark hued candid,
sweetly smiling jewelled and
adorned
the holder of wealth, the lady of
plenty,
the Mother!

Sri Aurobindo Birth Centenary Library.
Vol. 8, 1972, PP 311-14

□

अंग्रेजी पद्यानुवाद

—श्रीअरविंद

Hail To The Mother
(Vande Mataram)
Mother, I bow to thee!
Rich with thy hurrying streams,
Bright with thy orchard gleams,
Cool with thy winds of delight,
Dark fields waving, Mother of Might,
Mother Free.
Glory of moonlight dreams
Over thy ranches and lordly streams,
Clad in thy blossoming trees,
Mother, giver of ease,
Laughing low and sweet!
Mother, I kiss thy feet
Speakes sweet and low!
Mother, to thee I bow.

Who hath said thou art weak in thy lands,
When the swords flash out in twice seventy
million hands
And seventy million voices roar!
Thy dreadful name from shore to shore?
With many strengths who are mightly
and stored,
to thee I call, Mother and Lord!
Thou Who savest, arise and save!
To her I cry who ever her foemen drave

Back from plain and sea
And shook herself free.
Thou art wisdom, thou art law,
Thou our heart, our soul, our breath,
Thou the love divine, the awe
In our hearts that conquers death
Thine the strength that nerves the arm.
Thine the beauty, thine the charm.
Every image made divine
In our temples is but thine.

Thou art Durga, Lady and Queen,
With her hands that strike and her swords of sheen,

Thou art Lakshmi lotus-throned,
And the Muse a hundred toned,
Pure and perfect without peer,
Mother lend thine ear.
Rich with thy hurrying streams,
Bright with thy orchard gleams,
Dark of her, O candid-fair
In thy soul, with jewelled hair
And thy glorious smile divine
Lovliest of all earthly lands.

□

जन-गण-मन अधिनायक जय हे

—रवींद्रनाथ ठाकुर

जन-गण-मन अधिनायक जय हे,
भारत भाग्यविधाता॥
पंजाब सिंध गुजरात मराठा द्राविड उत्कल बंग
विंध्य हिमाचल जमुना गंगा उच्छल जलधितरंग
तव शुभ नामे जागे,
तव शुभ आशिष मागे,
गाहे तव जय गाथा।
जन-गण मंगलदायक जय हे,
भारत भाग्यविधाता
जय हे, जय हे, जय हे
जय, जय जय, जय हे॥

अहरह तव आव्हान प्रचारित सुनि तव उदार वाणी
हिंदु बौद्ध सिख जैन पारसिक मुसलमान ख्रिस्तानी
पूरब पश्चिम आसे, तव सिंहासन पासे, प्रेमहार हय गाथा।
जन-गण-ऐक्य विधायक जय हे, भारत भाग्यविधाता
जय हे, जय हे, जय हे, जय, जय जय, जय हे॥

पतन अभ्युदय-बंधुर पंथा जुग जुग धावित यात्री
हे चिर सारथि तव रथचक्रे मुखरित पथ दिन-रात्री
दारुण विप्लव माजे, तव शंखध्वनि बाजे, संकट दुःख-त्राता
जन-गण दुःख-त्रायक जय हे, भारत भाग्यविधाता
जय हे, जय हे, जय हे, जय, जय जय, जय हे॥

घोर-तिमिर घन निबिड निशीथे पीडित मूर्च्छित देशे
जाग्रत छिल तव अविचल मंगल नतनयने अनिमेषे
दुःस्वप्ने आतंके, रक्षा करिले अंके, स्नेहमयी तुमि माता
जन-गण-पथ परिचायक जय हे, भारत भाग्य विधाता
जय हे, जय हे, जय हे, जय, जय जय, जय हे॥

रात्रि प्रभातिल उदिल रवि-च्छवि पूर्व उदयगिरि भाले
गाहे विहंगम पुण्य समीरण नव जीवन रस ढाले
तव करुणारुण रागे, निद्रित भारत जागे, तव चरणे नत माथा
जय हे, जय हे, जय हे जय, जय जय, जय हे ॥

□

Jana Gana Man

Thou art the ruler of the minds of all people,
thou Dispenser of India's destiny.
Thy name rouses the hearts
of the Punjab, Sind, Gujarat and Maratha,
of Dravid, Orissa and Bengal.
It echoes in the hills of the Vindhyas and Himalayas,
mingles in the music of Jamuna and Ganges,
and is chanted by the waves of the Indian Sea...
They pray for the blessing and sing thy praise.
Thou Dispenser of India's destiny,
Victory, Victory, Victory to thee.

Day and night, thy voice goes out from land to land,
calling Hindus, Buddhists, Sikhs and Jains round thy throne
and Parsees, Mussalmans and Christians.
Offerings are brought to thy shrine by the East and the West
to be woven in a garland of love.
Thou Dispenser of India's destiny,
Victory, Victory, Victory to thee.

Eternal Charioteer, thou drivest man's history
along the road rugged with rises and falls of Nations.
Amidst all tribulations and terror
thy trumpet sounds to hearten those that despair and droop,
and guide all people in their paths of peril and pilgrimage.
Thou Dispenser of India's destiny
Victory, Victory, Victory to thee.

(Source : Poems, Rabindranath tagore, Calcutta. Visva-Bharati, 1946 pp 68-69). Translation of original Bengali poem by Rabindranath Tagore himself.

□

'वंदे मातरम्' स्वर रचना

स्वर रचना : रवींद्रनाथ टैगोर

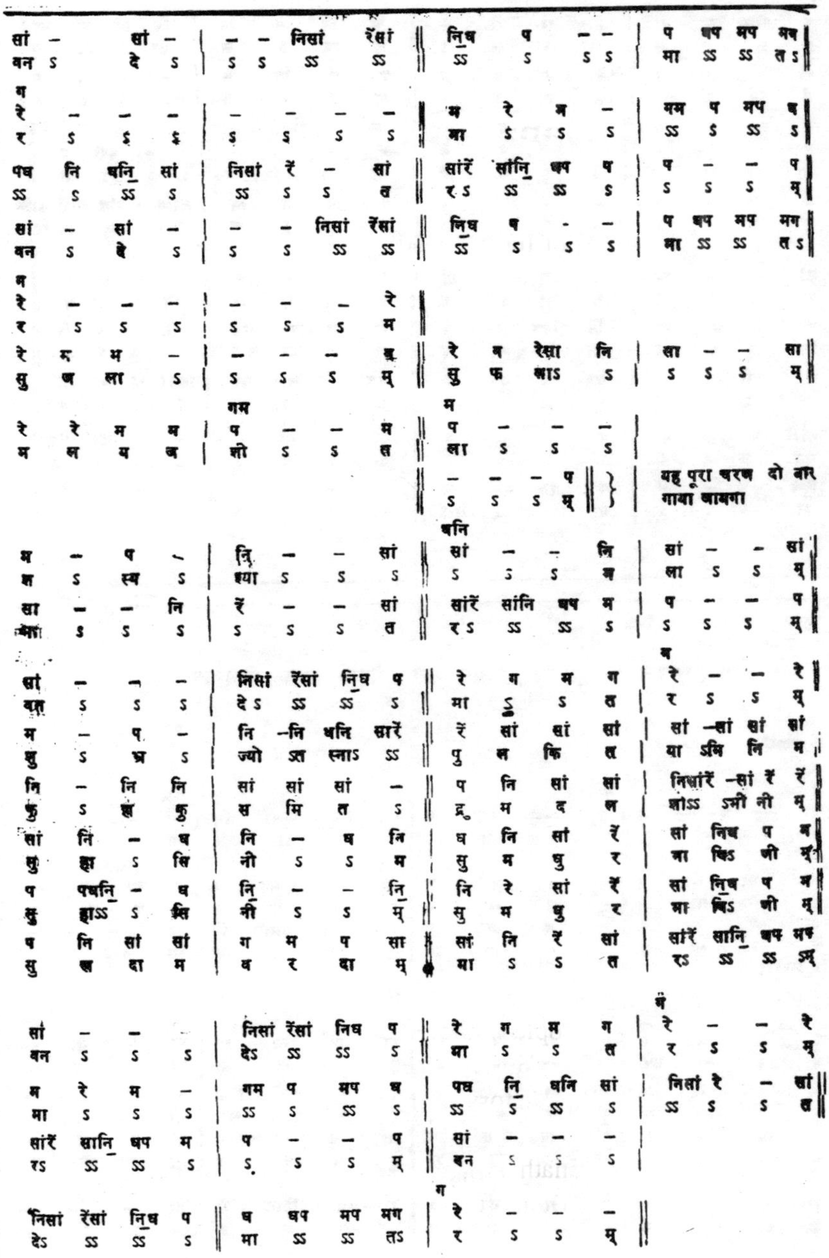

सां – सां –	– – निसां रेंसां	नि॒ध प – –	प धप मप मग
वन ऽ दे ऽ	ऽ ऽ ऽऽ ऽऽ	ऽऽ ऽ ऽ ऽ	मा ऽऽ ऽऽ त ऽ
ग			
रे – – –	– – – –	म रे म –	गम प मप ध
र ऽ ऽ ऽ	ऽ ऽ ऽ ऽ	मा ऽ ऽ ऽ	ऽऽ ऽ ऽऽ ऽ
पध नि धनि॒ सां	निसां रें – सां	सांरें सांनि॒ धप प	प – – प
ऽऽ ऽ ऽऽ ऽ	ऽऽ ऽ ऽ त	र ऽ ऽऽ ऽऽ ऽ	ऽ ऽ ऽ म्
सां – सां –	– – निसां रेंसां	नि॒ध ध - –	प धप मप मग
वन ऽ दे ऽ	ऽ ऽ ऽऽ ऽऽ	ऽऽ ऽ ऽ ऽ	मा ऽऽ ऽऽ त ऽ
ग			
रे – – –	– – – रे		
र ऽ ऽ ऽ	ऽ ऽ ऽ म		
रे ग म –	– – – म	रे म रेसा नि	सा – – सा
सु ज ला ऽ	ऽ ऽ ऽ म्	सु फ लाऽ ऽ	ऽ ऽ ऽ म्
	गम	म	
रे रे म म	प – – म	प – – –	
म ल य ज	शी ऽ ऽ त	ला ऽ ऽ ऽ	
		– – – प	यह पूरा चरण दो बार
		ऽ ऽ ऽ म्	गाया जायगा
		धनि	
म – प –	नि॒ – – सां	सां – – नि	सां – – सां
श ऽ स्य ऽ	श्या ऽ ऽ ऽ	ऽ ऽ ऽ म	ला ऽ ऽ म्
सा – – नि	रें – – सां	सांरें सांनि धप म	प – – प
मा ऽ ऽ ऽ	ऽ ऽ ऽ त	र ऽ ऽऽ ऽऽ ऽ	ऽ ऽ ऽ म्
			ग
सां – – –	निसां रेंसां नि॒ध प	रे ग म ग	रे – – रे
वं ऽ ऽ ऽ	दे ऽ ऽऽ ऽऽ ऽ	मा ऽ ऽ त	र ऽ ऽ म्
म – प –	नि –नि धनि सारें	रें सां सां सां	सां –सां सां सां
शु ऽ भ्र ऽ	ज्यो त्स्ना ऽ ऽऽ	पु ल कि त	या ऽमि नि म
नि – नि नि	सां सां सां –	प नि सां सां	निसांरें –सां रें रें
फु ऽ ल्ल कु	सु मि त ऽ	द्रु म द ल	शोऽऽ ऽभी नी म्
सां नि – ध	नि – ध नि	ध नि सां रें	सां निध प म
सु हा ऽ सि	नी ऽ ऽ म	सु म धु र	भा षि णी म्
प पधनि॒ – ध	नि॒ – – नि॒	नि रे सां रें	सां नि॒ध प म
सु हाऽऽ ऽ सि	नी ऽ ऽ म्	सु म धु र	भा षि णी म्
प नि सां सां	ग म प सा	सां नि रें सां	सांरें सानि॒ धप मप
सु ख दा म	व र दा म्	मा ऽ ऽ त	रऽ ऽऽ ऽऽ म्
			ग
सां – – –	निसां रेंसां निध प	रे ग म ग	रे – – रे
वन ऽ ऽ ऽ	देऽ ऽऽ ऽऽ ऽ	मा ऽ ऽ त	र ऽ ऽ म्
म रे म –	गम प मप ध	पध नि॒ धनि सां	निसां रे – सां
मा ऽ ऽ ऽ	ऽऽ ऽ ऽऽ ऽ	ऽऽ ऽ ऽऽ ऽ	ऽऽ ऽ ऽ त
सांरें सानि॒ धप म	प – – प	सां – – –	
रऽ ऽऽ ऽऽ ऽ	ऽ ऽ ऽ म्	वन ऽ ऽ ऽ	
		ग	
निसां रेंसां नि॒ध प	ध धप मप मग	रे – – –	
देऽ ऽऽ ऽऽ ऽ	मा ऽऽ ऽऽ तऽ	र ऽ ऽ म्	

स्वर रचना : श्रीमती इंदिरादेवी चौधुरानी

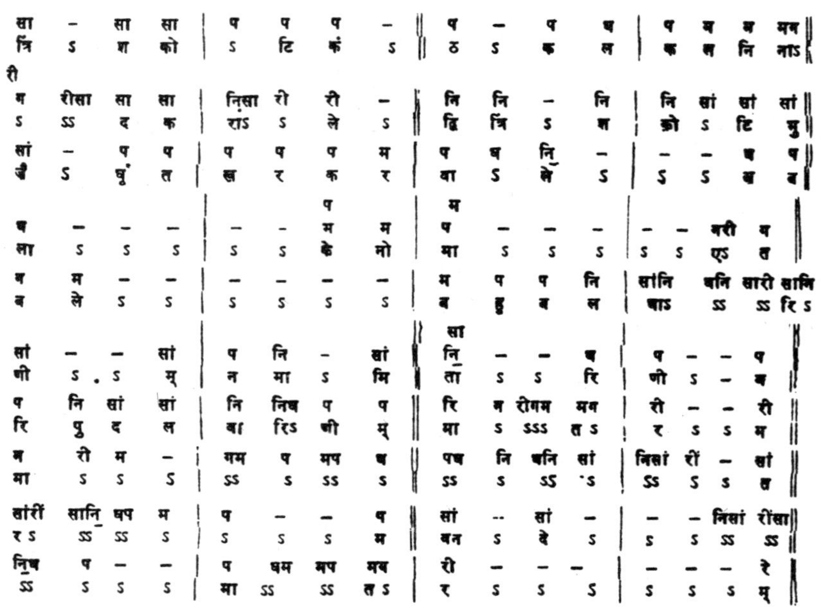

सा – सा सा | प प प – || प – प ध | प ध ध मध ||
त्रिं S श को | S टि कं S || ठ S क ल | क ल नि नाS ||

री
ग रीसा सा सा | निसा री री – || नि नि – नि | नि सां सां सां ||
S SS द क | राS S ले S || द्वि त्रि S श | को S टि भु ||

सां – प प | प प प म | प ध नि – | – – ध प ||
जै S धृं त | ख र क र | वा S ले S | S S अ ब ||

प म
ध – – – | – – म म | प – – – | – – मरी ग ||
ला S S S | S S के नो | मा S S S | S S एS त ||

ग म – – | – – – – | म प प नि | सांनि धनि सारी सानि
ब ले S S | S S S S | ब हु ब ल | धाS SS SS रि S

सा
सां – – सां | प नि – सां || नि – – ध | प – – प ||
णी S . S म् | न मा S मि || ता S S रि | णी S – ब ||

प नि सां सां | नि निध प प || रि ग रीगम मध | री – – री ||
रि पु द ल | वा रिS णी म् || मा S SSS त S | र S S म ||

म री म – | गम प मप ध || पध नि धनि सां | निसां रीं – सां ||
मा S S S | SS S SS S || SS S SS S | SS S S त ||

सांरीं सानि धप म | प – – प || सां -- सां – | – – निसां रींसा ||
र S SS SS S | S S S म || वन S दे S | S S SS SS ||

निध प – – | प धम मप मध | री – – – | – – – रे ||
SS S S S | मा SS SS त S | र S S S | S S S म् ||

स्वर रचना : एस.एल. निगम, राग : भैरवी, ताल : तिनताल

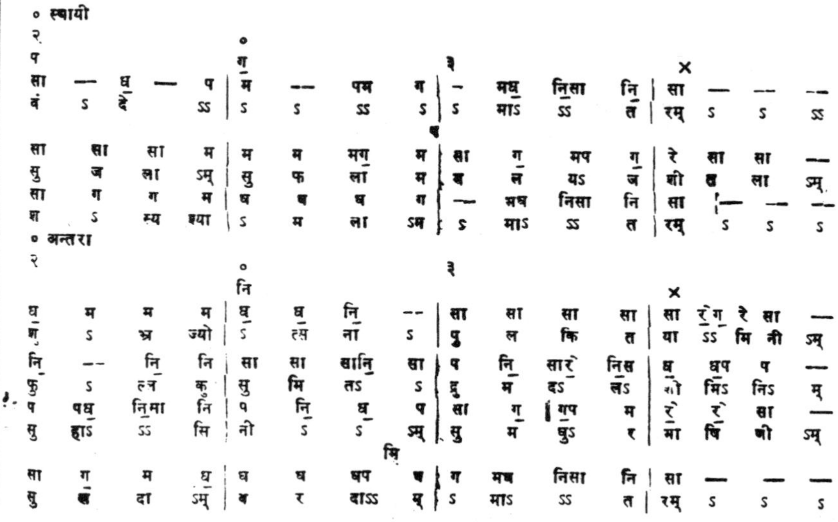

० स्थायी

२ ० ३ ×
प ग
सा — ध — प | म — पम ग | – मध निसा नि | सा — — —
वं S दे SS | S S SS S | S माS SS त | रम् S S SS

ध
सा सा सा म | म म मग म | सा ग मप ग | रे सा सा —
सु ज ला Sम् | सु फ ला म | म ल यS ज | शी त ला Sम्
सा ग ग म | ध ध ध ग | — मध निसा नि | सा — — —
श S स्य श्या | S म ला Sम | S माS SS त | रम् S S S

० अन्तरा

२ ० ३ ×
नि
ध म म म | ध ध नि -- | सा सा सा सा | सा रेग रे सा —
शु S भ्र ज्यो | S त्स्ना ना S | पु ल कि त | या SS मि नी Sम्
नि -- नि नि | सा सा सानि सा | प नि सारे निस | ध धप प —
फु S ल्ल कु | सु मि तS S | द्रु म दS लS | शो भिS निS म्
प पध निमा नि | प नि ध प | सा ग गप म | रे रे सा —
सु हाS SS सि | नी S S Sम् | सु म धुS र | भा षि णी Sम्

मि
सा ग म ध | ध ध धप ध | ग मध निसा नि | सा — — —
सु ख दा Sम् | व र दाSS म् | S माS SS त | रम् S S S

स्वर रचना : श्रीमती प्रतिभा सुंदरी देवी, राग : देस, ताल : कव्वाली (बालक पत्रिका अंक से)

सा — — सा — — । नी—(सा रे सा) —नि—ध । प — — ध
व न्दे म

प म ग । रे — — — — ॥
त रम्

म – रे – म – – । प – – ध – – । नि – सा (नि – सा – रे) –
मा त

सा । (सा – रे – सा) – नि – (ध – प – म) – प – ॥
रम् वम्

सा – –सा – – । नी – (सा रे सा) – नि – ध ।
दे ए

प – – ध प म ग । रे – – – – ॥
मा त रम्

रे – म – मं – ग । रे – ग – सा – – ।
सु ज लां सु फ लां

रे – रे – म – म – । प – प – प – – ॥ म – – प
म ल य ज शी त लां . श स्य

– – । नी – नी – सा – – ।
श्या म लां

सा – नि – ध – प – । रे – ग – म – ग – । रे – – – – ॥
मा त रम्

म – – प – – ।
शु भ्र

ज्नी – – ध नी सा रे । रे – सा – सा – सा – ।
योत् स्ना पु ल कि त

सा – सा – सा – – ॥ नी – – नी – नी – । सा – सा – सा
या मि नीं फु ल्ल कु सु मि त

प – नी – सा – सा – । नी सा रे सा रे
द्रु म द ल शो भि नीं

सां – नि – – ध – । नि – – ध नि – । नि – रे – सा – नि
सु हा सि नीं सु म धु र

नि – ध – प – – ॥
भा षि नीं

प – नि – – ध – । नि – – ध – नि – । नि – रे – सा –
सु हा सि नीं सु म धु

नि – । नि – ध – प – – ॥
र भा षि नीं

प – नी – सा – – । ग – म – प – सा – । नी – सा
सु ख दां व र दां मा

रे – सा – नि – ध । प – ध – प – म –
त रम्

प – ॥ सा – – – – । नी सा रे सा नी – ध – प – ।
वन दे

रे ग म – प ध प म ग । रे – – – – ॥
मा त रम्

'वंदे मातरम्' बैंड नोटेशन, रचनाकार : मा. कृष्णराव स्टॅनले हिल्स

स्वर रचना : मा. कृष्णराव फुलंब्रीकर, राग : झिंजोटी, ताल : तिनताल

ना तीं तीं ना	ना धीं धीं ना	ना धीं धीं ना	ना धीं धीं ना
०	१	+	३
वं ऽ दे ऽ	ऽ मा ऽ त	र ऽ ऽ म्	सु ज ला म्
रे ऽ सा ऽ	ऽ रे ऽ सा	रे ऽ ऽ रे	रे सा रे रे
सु फ ला म्	म ल य ज	शी ऽ ऽ त	ला ऽ ऽ म्
ग रे ग ग	ग म् प म्	ग रे ग म्	ग ऽ ऽ ग
स ऽ स्य शा	ऽ म ला ऽ	म् मा ऽ त	र ऽ ऽ म्
प ऽ ध प	ऽ ध प ऽ	प म् ग रे	सा ऽ ऽ सा
वं ऽ दे ऽ	ऽ मा ऽ त	र ऽ ऽ म् ॥	
रे ऽ सा ऽ	ऽ रे ऽ सा	रे ऽ ऽ रे	

अंतरा.

ना तीं तीं ना	ना धीं धीं ना	ना धीं धीं ना	ना धीं धीं ना
	१	–	३
ऽ शु ऽ भ्र	ज्यो ऽ त्स्ना ऽ	पु ल कि त	या ऽ ऽ मि नी
ऽ म् ऽ म्	म् ऽ म् ऽ	ग म् ग रे	मरे ग रे ग
म् फु ऽ ल्ल	कु सु मि त	द्रु म द ल	शो ऽ भि नीम्
ग प ऽ प	प प प प	प ध प प	ग सा ग पप
सु हा ऽ सि	नी ऽ म् सु	म धु र भा ऽ	ऽ षि णी म्
म् म् ऽ म	म् ऽ म् म्	ग म् ग गरे	सा रे ग ग
सु ख दा ऽ	ऽ म् व र	दा ऽ म् मा	ऽ त र
प म् प ऽ	ऽ प म् ग	म् ऽ म् म्	ग रे सा
वं ऽ दे ऽ	ऽ मा ऽ त	र ऽ ऽ म ॥	
रे ऽ सा ऽ	ऽ रे ऽ सा	रे ऽ ऽ रे	

VANDE-MATARAM

Dear Sir/Madam,

I need not stress before you what a significant part Music can play in encouraging a feeling of brotherhood and of national solidarity. To induce this feeling Music must embody something that is inspiring and uplifting. Actuated by this motive. I have composed a book entitled 'RASHTRA SANGIT', specially for the younger generation. The tunes which I have used are intended specifically to add a new joy and spice to the lives of the boys and girls of today, and to make them take genuine interest in life. A few marching unes have also been given which are to be sung while the drill is going on. They will, I hope, help in creating some intelligent understanding of tunes in addition to the benefit of exercise.

SOME SUGGESTIONS

The following few rules are intended for the students and teachers alike :

1. Words and tunes must be pronounced in a clear, emphatic manner.
2. In addition to the Harmonium and the Tabala, some four or five Flutes and a Drum should be used. At any rate a Drum should be there to ensure the same rhythmic beat for the Drill.
3. In schools where the English Notation prevails, the students must be introduced to the principles of Indian Notation. In the absence of a teacher, gramophone records may be profitably used. At present about five to six recorded songs are available, for which please refer to the last page.

I may point out that the Director of Public Instruciton in his communication to me of 11th July, No. 5.86 (e) 222-c, has graciously informed me that the book, in question, has been brought to the notice of heads of Government as well as private schools.

I sincerely hope that this little book will be widely used to induce in our younger generation such qualities as would enable them to live life with a new zest.

I remain,
Yours sincerely,
MASTER KRISHNA

— *JAI HIND* —

२ स्वर रचना : श्री वि.दे. अंभईकर, राग : खंबावती, ताल : तिनताल

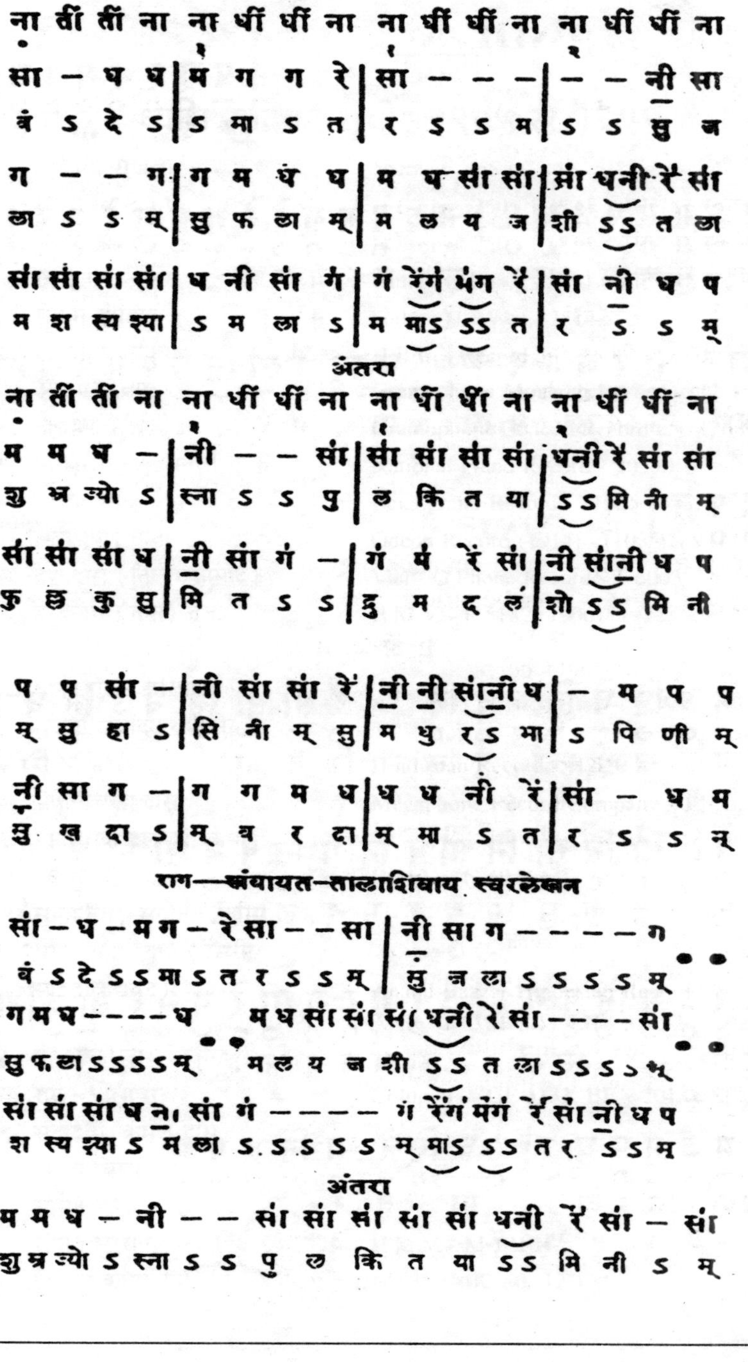

ना तीं तीं ना ना धीं धीं ना ना धीं धीं ना ना धीं धीं ना

सा – ध ध | म ग ग रे | सां – – – | – – नी सा
वं ऽ दे ऽ | ऽ मा ऽ त | र ऽ ऽ म | ऽ ऽ सु ज

ग – – ग | ग म ध ध | म ध सां सां | सां धनी रें सां
ला ऽ ऽ म् | सु फ ला म् | म ल य ज | शी ऽऽ त ला

सां सां सां सां | ध नी सां गं | गं रेंगं मंगं रें | सां नी ध प
म श स्य श्या | ऽ म ला ऽ | म माऽ ऽऽ त | र ऽ ऽ म्

अंतरा

ना तीं तीं ना ना धीं धीं ना ना धीं धीं ना ना धीं धीं ना

म म ध – | नी – – सां | सां सां सां सां | धनी रें सां सां
शु भ्र ज्यो ऽ | त्स्ना ऽ ऽ पु | ल कि त या | ऽऽ मि नी म्

सां सां सां ध | नी सां गं – | गं मं रें सां | नी सांनी ध प
फु ल्ल कु सु | मि त ऽ ऽ | द्रु म द लं | शो ऽऽ मि नी

प प सां – | नी सां सां रें | नी नी सांनी ध | – म प प
म् सु हा ऽ | सि नी म् सु | म धु रऽ भा | ऽ षि णी म्

नी सा ग – | ग ग म ध | ध ध नी रें | सां – ध म
सु ख दा ऽ | म् व र दा | म् मा ऽ त | र ऽ ऽ म्

राग—खंबावत-तालाशिवाय स्वरलेखन

सां – ध – म ग – रे सा – – सा | नी सा ग – – – – ग
वं ऽ दे ऽ ऽ मा ऽ त र ऽ ऽ म् | सु ज ला ऽ ऽ ऽ ऽ म्

ग म ध – – – – ध म ध सां सां सां धनी रें सां – – – – सां
सु फ ला ऽ ऽ ऽ ऽ म् म ल य ज शी ऽऽ त ला ऽ ऽ ऽ ऽ म्

सां सां सां ध नी सां गं – – – – गं रेंगं मंगं रें सां नी ध प
श स्य श्या ऽ म ला ऽ ऽ ऽ ऽ ऽ ऽ म् माऽ ऽऽ त र ऽ ऽ म

अंतरा

म म ध – नी – – सां सां सां सां सां धनी रें सां – सां
शु भ्र ज्यो ऽ त्स्ना ऽ ऽ पु ल कि त या ऽऽ मि नी ऽ म्

स्वर रचना : पं. विनायकराव पटवर्धन, राग : मिश्र काफी, ताल : तिनताल
(मूल रचना : पं. विष्णु दिगंबर पलुस्कर)

प ग़ रे ग़ म प म ।
वं दे . . मा . त
\+ ७

प ऽ म म प ऽ ध प । म ऽ प म ग़ रे रे ग़ म ग़ रे ग़ रे ।
रम् . सु ज लां . सु फ लां . म ल य ज शी . . . . . त
१ ३ + ७ १ ३ + ७

सा ऽ सा रे म ऽ प ध । ’ध नि॒ रें सां नि॒ ध प म प ग़ रे ग़
लां . श स्य शा . म लां . मा . त रं . . . . वं दे . .
१ ३ + ७ १ ३ + ७

म प म । प
मा . त रम्
१

॥ अंतरा ॥

’म ऽ नि॒ ध नि॒ ऽ ध नि॒ । रें सां सां नि॒ ध ऽ नि॒ ध प
. शु . भ्र ज्यो त्स्नां . पु ल कि त या . . . . मि नीं
३ + ७ १ ३ +

ऽ प । सां नि सां नि सां ध नि॒ ध नि॒ प ध सां नि॒ ध । प ऽ
. फु ल्ल कु सु मि त द्रु म द ल शो . . . भि नीं .
७ १ ३ + ७ १ ३

म प ऽ म नि॒ प ग़ रे । ऽ रे ग़ रे ग़ सा रे म ग़ रे सा ऽ । सा
सु हा . . . सि नीं . . सु म धु र भा . . . षि णीं . सु
\+ ७ १ ३ + ७ १

रे म ऽ म प ध ऽ । ’ध नि॒ रें सां नि॒ ध प म
ख दां . व र दां . . मा . त रं . . . .
३ + ७ १ ३

राग : काफी, रचना : आचार्य श्रीकृष्ण नारायण रातंजनकर, संपादन : डॉ. के.जी. गिंडे, अभिनव गीत मंजरी, भाग-२

> इस चिह्न पर स्वर मुलायम करें

स्थायी

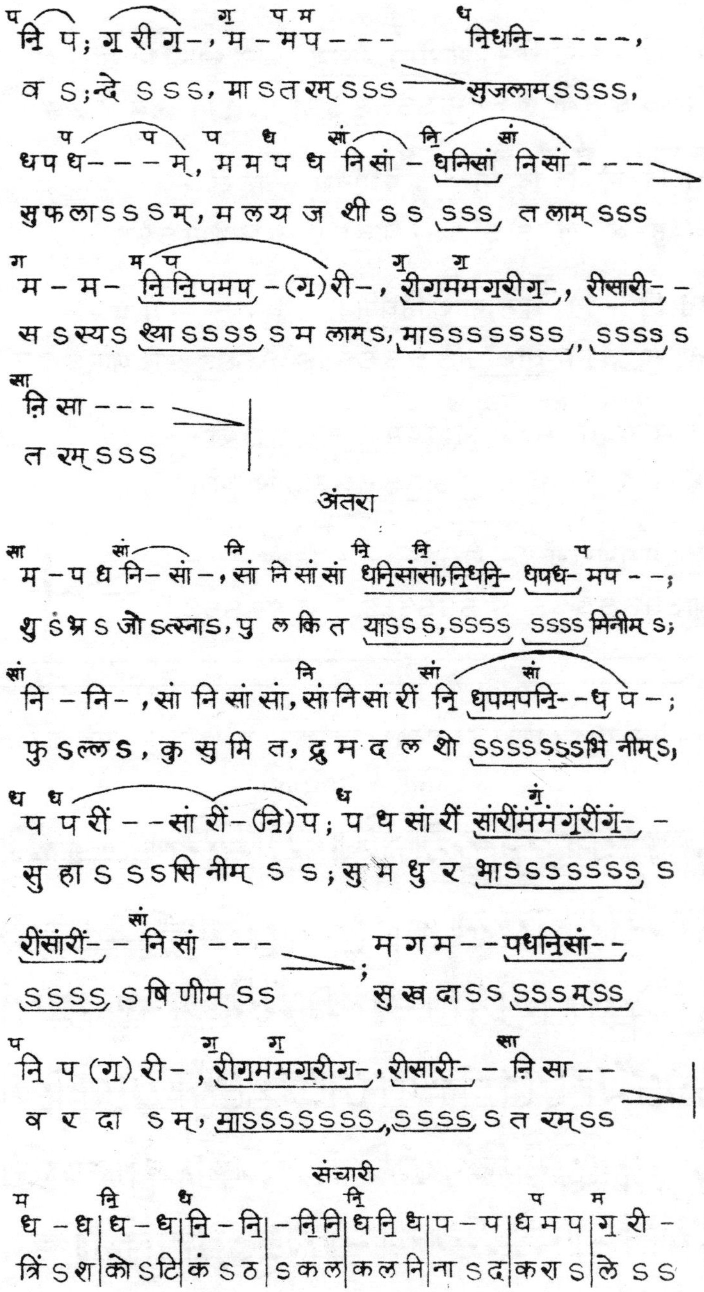

प ग़ प म ध
नि़ प; ग़ री ग़-, म-मप--- निधनि-----,
व ऽ; न्दे ऽऽऽ, माऽतरम् ऽऽऽ > सुजलाम् ऽऽऽऽ,

प प प ध सां नि़ सां
धपध---म्, ममप ध निसां-धनिसां निसां---->
सुफलाऽऽऽम्, मलय ज शी ऽऽ ऽऽऽ, तलाम् ऽऽऽ

ग म प ग़ ग़
म-म- निनिपमप, -(ग़)री-, रीगममगरीग-, रीसारी-, -
स ऽस्यऽ श्याऽऽऽऽ ऽम लाम्ऽ, माऽऽऽऽऽऽऽऽ, ऽऽऽऽ ऽ

सा
नि़ सा--- >|
त रम् ऽऽऽ

अंतरा

सा सां नि नि़ नि़ प
म-प ध नि-सां-, सां नि सां सां धनिसांसां, निधनि- धपध- मप--;
शु ऽभ्र ऽ जो ऽत्स्नाऽ, पु ल कि त याऽऽऽ, ऽऽऽऽ ऽऽऽऽ मिनीम् ऽ;

सां नि सां सां
नि-नि-, सां नि सां सां, सां नि सां रीं नि़ धपमपनि--ध प-;
फु ऽल्ल ऽ, कु सु मि त, द्रु म द ल शो ऽऽऽऽऽऽऽभि नीम् ऽ,

ध ध ध ग़ं
प परीं--सां रीं-(नि़)प; प ध सां रीं सांरींमंमंग़ंरींग़ं-, -
सु हा ऽ ऽऽसि नीम् ऽ ऽ; सु म धु र भाऽऽऽऽऽऽऽ ऽ

सां
रींसांरीं-, - नि सां--- >; म ग म--पधनिसां--
ऽऽऽऽ, ऽ षि णीम् ऽऽ सु ख दाऽऽ ऽऽऽम्ऽऽ,

प ग़ ग़ सा
नि़ प (ग़) री-, रीगममगरीग-, रीसारी-, -नि़ सा-- >|
व र दा ऽम्, माऽऽऽऽऽऽऽऽ, ऽऽऽऽ, ऽ त रम् ऽऽ

संचारी

म	नि़	ध	नि़			प	म
ध-ध	ध-ध	नि-नि	-निनि	धनि ध	प-प	धमप	ग़ री -
त्रिंऽश	कोऽटि	कंऽठ	ऽकल	कलनि	नाऽद	कराऽ	ले ऽऽ

सा
ग – ग | – ग – | म – म | म म – | री री म | म प प | प – म | ध प –
द्वा ऽ त्रिं | ऽ श ऽ | को ऽ टि | भु जै ऽ | धृ त ख | र क र | वा ऽ ऽ | ले ऽ ऽ

आभोग

प रीं – – रीं रीं –, सांरींमंमंगंरींगं–, – रीं सां रीं नि सां – –
के ऽ ऽ ऽ बो ले ऽ, माऽऽऽऽऽऽऽ ऽ तु मि अ ब ले ऽऽ

प नि नि नि नि नि–प, पधनिसां –नि सां – – –
ब हु ब ल ऽ ऽ ऽऽ, धाऽऽऽ ऽरि णीम्ऽऽऽ

नि नि – नि धनि, सांसांनिधनि–, – धपध–, – म प – –
न मा ऽ मि ताऽ, ऽऽऽऽऽऽ ऽ ऽऽऽऽ ऽरि णीम्ऽ

री म प ध म – निनिपमप– – –, (ग) री – – –;
रि पु द ल वा ऽ ऽऽऽऽऽऽऽऽ रि णीम्ऽऽ;

रीगमममगरीग– – रीसारी– – – नि सा – – –
माऽऽऽऽऽऽऽ ऽ ऽऽऽऽ ऽ ऽ त रम्ऽऽऽ ||

स्वर रचना : घोष (बैंड नोटेशन) रचनाकार : ह. वि. तथा बापूराव दात्ये

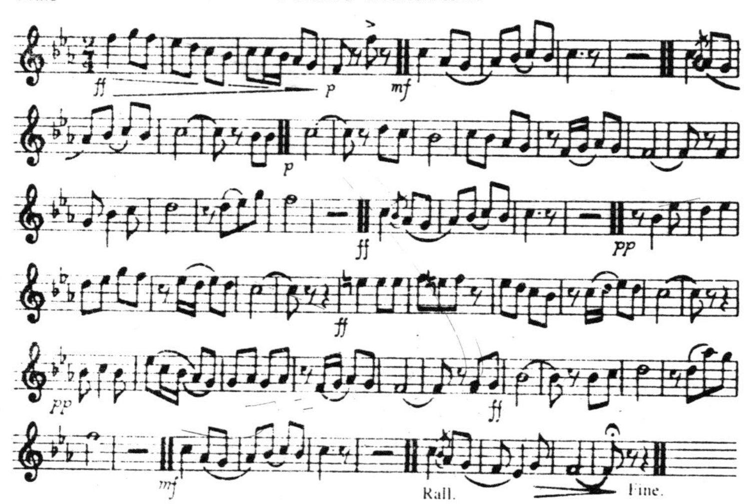

'वंदे मातरम्'
ध्वनि मुद्रिका सूची–१९०५ से १९९९

१. नरेंद्रचंद्र मुखर्जी	Nicole C 465 / C 436 - (१९०५)
२. रवींद्रनाथ ठाकुर	H Boses - 250 - (१९०६) सिलेंडर स्कॉड
३. सेवक संप्रदाय	H Boses - 250 - (१९०६) सिलेंडर स्कॉड
४. रवींद्रनाथ ठाकुर	Pathe - H Boses - 3511 - ह्वर्टिकल कट रेकॉर्ड
५. सेवक संप्रदाय	Pathe - H Boses - 3512
६. रवींद्रनाथ ठाकुर	H Boses Record 36 - 250
७. आर.एन. बोस	Gramophone Monarch Record - (12") 012112
८. नारायण मुखर्जी	Gramophone Concert Record - 5 - 12639, 5 - 12638
९. बाबू सुरेंद्रनाथ बनर्जी	National grand Record - 20290
१०. हेमचंद्र सेन	Beka grand Record - 21125
११. सत्यभूषण गुप्ता	Odeon Record (1914) - (103/4") 94131
१२. देश दास (तिलककामोद)	Viel - O Phone Record - T 6003
१३. हरेंद्रनाथ (गुप्त) दत्ता	H.M.V. - P 5182 (1906) (1922)
१४. प्रोवारॉय, जयादास, धीरेन गुप्ता, हरिपाद चटर्जी, रवींद्रनाथ टैगोर से प्रशिक्षित	Hindustan Record - H 570
१५. भवानीचरण दास	Megaphone Record Company - J.N.G. 5224
१६. मातृसेवक दल–सं. कमल दासगुप्ता	H.M.V. - N 6944
१७. समूह स्वर–संगीत : तिमिर बरन, राग : दुर्गा (दूसरी साइड वाद्यवृंद)	Anand Bazzar Hindustan Record AHR - 1 2 M C 11 731 - 3, 732 - 3
१८. पं. ओंकारनाथ ठाकुर राग : नीलांबरी	Columbia - GE 3132, BEX 201, 7 EPE 4227
१९. सतीदेवी, कमल दास, अजय बिस्वास, सोमेन गुप्ता संगीत सुरसागर	H.M.V. - M 17104
२०. दिलीप कुमार रॉय	H.M.V. - HT 80 (12")

२१. दिलीप कुमार रॉय और
एम.एस. सुब्बलक्ष्मी
राग बिलावल, बागेश्वरी व
कर्नाटकी राग — H.M.V. N 14421
२२. मोगुबाई कुर्डीकर
संगीत : वि.दे. अंभईकर
राग : खंबावती — Columbia - GE 3997
२३. जगनमो मित्र, द्विजेन चौधरी,
देवब्रत बिस्वास, निहारबिंदुसेन
कमल दास, सुचित्रा मुखर्जी,
सुप्रीत घोष, गीता नहा
संगीत : अनादी दस्तीदर — H.M.V. - N 27829
२४. जगनमो मित्र, बेचुदत्ता,
रोमादेवा, सुप्रीत घोष
संगीत : तिमिर बरन — H.M.V. - N 27893
२५. श्रीमती डी. वसंता व
डी. विमला (तमिल) — H.M.V. - N 28000, H.M.V. - N 28002
२६. वरन व्यास व पार्टी — H.M.V. - N 16872
२७. राम आश्रम गर्ल्स स्कूल — H.M.V. - N 16331
२८. पंकज मलिक व अन्य कोरस
तथा ऑर्केस्ट्रा — Hindustan Record - H 1348
२९. गीता रॉय और जी.एम. दुराणी — H.M.V. - N 36170
३०. मा. कृष्णराव (राग झिंजोटी) — Columbia - GE 17512
३१. समूह विश्वभारती ग्रुप — H.M.V. - N 16939
३२. समूह ब्रास बैंड ग्रुप — H.M.V. - N 16985
३३. लता मंगेशकर और अन्य
संगीत : हेमंत कुमार
हिंदी फिल्म : आनंदमठ
राग : भैरवी, मालकौंस — H.M.V. - N 50169
३४. समूह स्वर-संगीत : सुकृति
सेन, बँगला फिल्म :
आनंदमठ — Senola Records - Os 711
३५. हेमंत मुखोपाध्याय और अन्य
बँगला फिल्म : महाबिप्लवी
अरविंदो — H.M.V. - P MLP 1703
३६. बँगला नाटक 'आनंदमठ' से
रूपांतर : मन्मथ रॉय — H.M.V. - N 27606 - 611
३७. समूह गान (आकाशवाणी
कलाकार) — H.M.V. - N 82936, 7 EPE 1006

३८. श्रीमती एम.एस. सुब्बलक्ष्मी (तमिल अनुवाद : सुब्रह्मण्यम भारती) — H.M.V. - (L.P.) ECSD 35518

३९. विष्णुपंत पागनीस
राग : सारंग — H.M.V. - P 13361 80 - 1038

४०. केशवराव भोले
राग : शुद्धकल्याण — ODION - KE 1312, A 245012

४१. शोभा खन्ना, कमला, सुरेश
संगीत : पुरुषोत्तमदास जलोटा — Star Hindustan Record - JSA 5305 K GS 699

४२. सचिन सेनगुप्ता
बँगला नाटक : 'स्वाधिनतार साधना', संगीत : दुर्गा सेन — Columbia - GE 7323 - 29

४३. मन्ना डे, शैलेश कुमार, सुधा मल्होत्रा, पारुल घोष
संगीत : पन्नालाल घोष
हिंदी फिल्म : आंदोलन — (१९५१)

४४. वाद्यवृंद—DANIELON—Conducted by J. Nevmann in collaboration with visva bharati Music Board (white lable) with a charaka instead of usual H.M.V. Lable.

४५. श्री गोस्वामी — V1E1 - 0 - PHONE - VR 1567

४६. महेंद्र कपूर — MUSIC INDIA EP 20671842
(मा. कृष्णराव की संगीत रचना)

४७. संगीत : वसंत देसाई
वाद्यवृंद : झाँझ, ट्रंपेट, पियानो — YOUNG INDIA TM 8474

४८. संगीत : वसंत देसाई
वाद्यवृंद : चौघड़ा, तुरही — YOUNG INDIA TM 8476

४९. संगीतकार व गायक :
वसंत देसाई — YOUNG INDIA TM 8475

५०. एन.आर. भट्टाचार्य
और पार्टी — YOUNG INDIA TM 8463

५१. सावलारामबुवा (राग : कलिंगडा) — PHON - O - PHONE RECORD G 438/1029

५२. सुरश्री ऑर्केस्ट्रा (राजन सरकार) — Columbia GE 7357

५३. गायन और वाद्यवृंद :
सुरसागर जगमोहन — H.M.V. - N 20109

निम्नलिखित रेकॉर्ड बिक्री के लिए नहीं थे

१. सतीश दासगुप्ता, बँगला फिल्म : आनंदमठ, संगीत : सुब्बल दासगुप्ता (१९५१)
२. तपन सिन्हा, संगीत : तपन सिन्हा, बँगला फिल्म : सबुज द्विपेरराज (१९७९)
३. मास्टर कृष्णराव के संगीतबद्ध किए हुए रेकॉर्ड—
  (क) समूह स्वर गायन, राग : झिंजोटी, संसद् में दिए जानेवाले कार्यक्रम का अभ्यास।
  (ख) समूह स्वर गायन : राग भूप।
  (ग) बैंड ध्वजारोहण और ध्वजवंदन के लिए मात्र ४५ सेकेंड।
  (घ) बैंड (सहायक : स्टेनले हिल्स, सी.आर. गार्डनर)।
४. श्री वि.दे. अंभईकर
  (संसद् में प्रस्तुत किए जानेवाले कार्यक्रम के लिए)—
  (क) समूह स्वर,
  (ख) श्री वि.दे. अंभईकर।
५. वाद्यवृंद (नौसेना का बैंड)
  संगीत रचना : श्री ह.वि. और बापूराव दात्ये
६. समूह स्वर-संगीत : नौशाद
  (हिंदी फिल्म : लीडर-१९६४, सिर्फ पार्श्व संगीत के रूप में उपयोग)

सार्वजनिक कार्यक्रमों में गायन या निजी रेकॉर्ड

* पं. विष्णु दिगंबर पलुस्कर
पं. विनायकराव पटवर्धन
संगीत कलानिधि मास्टर कृष्णराव फुलंब्रीकर
पं. राम मराठे (संगीत : मा. कृष्णराव)
* पंडिता हीराबाई बडोदेकर (राग : तिलक कामोद)
पं. जसराज (१५ अगस्त, १९९८ को संसद् में)
पं. भीमसेन जोशी (१४ अगस्त, १९९७ को संसद् में)
* श्री आनंदविहारी तेलंग (राग : देस)
* डॉ. लालमणि मिश्र (राग : मालकौंस)
श्री पु.धों. सिधये (संगीत : मा. कृष्णराव)
* श्री बलवंतराय भट (राग : सारंग)
* उस्ताद रशीद खान
(यह रेकॉर्ड उपलब्ध नहीं हो पाया)

कैसेट

१. स्वामी शंकर शानबाग, 'गीत भारती', बंगलोर
२. चित्रा जोशी (संस्कार भारती, पुणे)
३. श्री अभ्यंकर (पुणे में श्री शंकर अभ्यंकर के वंदे मातरम् पर भाषण के कैसेट से)

४. उषा उत्थुप, संगीत : वनराज भाटिया, फिल्म : Making of Mahatma, १९९६
५. संगीत : ए.आर. रहमान, गायन : अनुराधा, सुजाता, कल्याणी मेनन, सीमा (१९९७-९८) सोनी म्यूजिक-४८८७०९१४
६. श्रीमती शुभा मौद्गल्य, रचना : रणजीत बारोट Bharatbala Production
अंग्रेजी अनुवाद (अरविंद), गीतवाचन : ओमपुरी, कैसेट—H.M.V. TPHVS - 854126
७. अनूप जलोटा ('इंडिया तू है मेरी पूजा' कैसेट में) Polygram 6337763
८. रवींद्र साठे और कोरस
९. पं. शरद सुतावणे (चार रागों में—६० मिनट), क्रिएटिव कैसेट एंड सीडीज, पुणे
१०. श्रीराधा बंदोपाध्याय/हेमंती शुक्ला, जनता ऑडियो, कलकत्ता
११. पं. ओंकारनाथ ठाकुर (महफिल की रिकॉर्डिंग १९६०, समय : ३० मिनट), रिदम हाउस २४०३६१
१२. समूह गान (वंद्य वंदे मातरम्) झपाटा मार्केटिंग-२-८२ (१९९९)
१३. वंदना वाजपेयी और अन्य
(A Little Darting Educational Rhythem (DER नई दिल्ली, १९९७)
१४. कविता कृष्णमूर्ति और अन्य
(अटलजी का संदेश : कदम मिलाकर चलना होगा) DRJ - 147 (1998)
१५. योगिता गोडबोले, प्राजक्ता जोशी व अन्य
(भारत-२०००, TOP 10 देशभक्तिपूर्ण गीत) Fountain FMB S09 (JAN 2000)

□

इस सूची में उल्लिखित अनेक रेकॉर्ड, कैसेट या निजी रिकॉर्डिंग

श्री मिलिंद सबनीस (पुणे)
प्रा. श्री अनंतोकुमार चक्रवर्ती (नैहाटी, कलकत्ता)
श्री राजाभाऊ फुलंब्रीकर, पुणे
श्री वि.दे. अंभईकर, मुंबई
श्री आनंद बोंद्रे, पुणे
श्री सुरेश चाँदवणकर, मुंबई
इनके संग्रह से संकलित की गई हैं

रिकॉर्डों की सूची अद्ययावत करने में सहयोग
श्री अनंतोकुमार चक्रवर्ती,
श्री सुरेश चाँदवणकर
और सोसाइटी ऑफ इंडियन रेकॉर्ड कलेक्टर्स, मुंबई

संदर्भ सूची

देवी चौधुरानी	बंकिमचंद्र, अनुवाद—मामा वरेरकर
आनंदमठ	बंकिमचंद्र, अनुवाद—श्रीपाद जोशी
बंकिमचंद्र चटर्जी	सुबोधचंद्र सेनगुप्त, अनुवाद—श्री बा. जोशी
'वंदे मातरम्' इतिहास कथा	अमरेंद्र गाडगिल
बंकिमचंद्र	एन. के., अनुवाद—प्रा. डॉ. विजय जोशी
खुदीराम बोस	के. शिवशंकर, अनुवाद—गो. शि. भिडे
राष्ट्रभक्त अरविंद	विजया देशमुख
भगिनी निवेदिता	प्रव्राजिका आत्मप्राणा
मुक्तिगाथा महामानवाची (मुक्तिगाथा महामानव की)	प्राचार्य शिवाजीराव भोसले
'वंदे मातरम्'	श्रीमती सुशीला अभ्यंकर
संघ प्रार्थना	स्वामी वरदानंद भारती
मातावळ (मातावल)	द. ग. गोडसे
श्री अरविंद	नवजात, अनुवाद—म. अ. करंदीकर
सावरकर चरित्र	शि. ल. करंदीकर
समग्र सावरकर खंड ४	वि. दा. सावरकर
रवींद्रनाथ	गं. दे. खानोलकर
जन्मदा खंड ३	संपादन—राजा मंगलवेढेकर
रस भाव विचार	अनुवाद—प्रा. र. पं. कंगले
वेचलेले संगीत मोती (चुनिंदा संगीत मोती)	वि. दे. अंभईकर
भारतीय संस्कृति	साने गुरुजी
आधुनिक राष्ट्रवाद : भारत व महाराष्ट्र	डॉ. भा. य. गाडगिल
डॉ. हेडगेवार	नारायण पालकर
नाही चिरा···(डॉ. खानखोजे चरित्र)	वीणा गवाणकर
क्रांतिकारक टिळक नि त्यांचा काळ	अ. ज. करंदीकर
A New History of India	हिंदी अनुवाद व लेखन—ईश्वरी प्रसाद
वंदे मातरम् शताब्दी समारोह स्मरणिका	संपादन—भानुशंकर मेहता, विश्वनाथ मुखर्जी
Story of Song	भारत सरकार
अभिनव गीतमंजरी (भाग २)	श्री ना. रातंजनकर
वंदे मातरम् : इतिहास के पन्नों से	चित्रा जोशी, सेविका प्रकाशन, नागपुर

लेख

लेख	स्रोत
■ त्रिकाळ (त्रिकाल)	
■ वंदे मातरम्‌चे स्फूर्तिदाते वासुदेव बळवंत फडके (वंदे मातरम् के स्फूर्तिदायक वासुदेव बलवंत फड़के)	श्री बा. जोशी, महाराष्ट्र टाइम्स, १४-१-६८
■ रवींद्रनाथांचं वंदे मातरम् (रवींद्रनाथ का वंदे मातरम्)	वि. वा. नावेलकर, महाराष्ट्र टाइम्स, ५ मई, १९९८
■ वंदे मातरम् तेव्हापासून आतापर्यंत (वंदे मातरम् तब से आज तक)	सुरेश चाँदवणकर, महाराष्ट्र टाइम्स, २३ सितंबर, १९९७
■ राष्ट्रगीताचे निकष काय? (राष्ट्रगीत का निष्कर्ष क्या है?)	बी. बी. घोरपडे, नवशक्ति, ३ जनवरी, १९९३
■ राष्ट्रचेतना जागवणारा महामंत्र (राष्ट्र चेतना जगानेवाला महामंत्र)	माधव डोळे, सामना, २९ नवंबर, १९९८
■ संगीत सुधाकर अंभईकर आणि वंदे मातरम् मोहीम (संगीत सुधाकर अंभईकर और वंदे मातरम् आंदोलन)	रामकृष्ण बाक्रे, लोकसत्ता दिवाळी, १९८१
■ वैदिक राष्ट्रगीते (वैदिक राष्ट्रगीत)	प्रा. अजित कुलकर्णी, सकाळ, १९९९

प्रथम दिवस आवरण FIRST DAY COVER

वन्दे मातरम्
बम्बई जी.पी.ओ.
BOMBAY G.P.O.
30-12-76
VANDE MATARAM

वन्दे मातरम् के रचयिता-बंकिम चन्द्र चटर्जी
Bankim Chandra Chatterjee-Composer of Vande Mataram

भारत INDIA
25

भारत सरकार का ३० दिसंबर, १९७६ को प्रकाशित
डाक टिकट व प्रथम दिवस आवरण

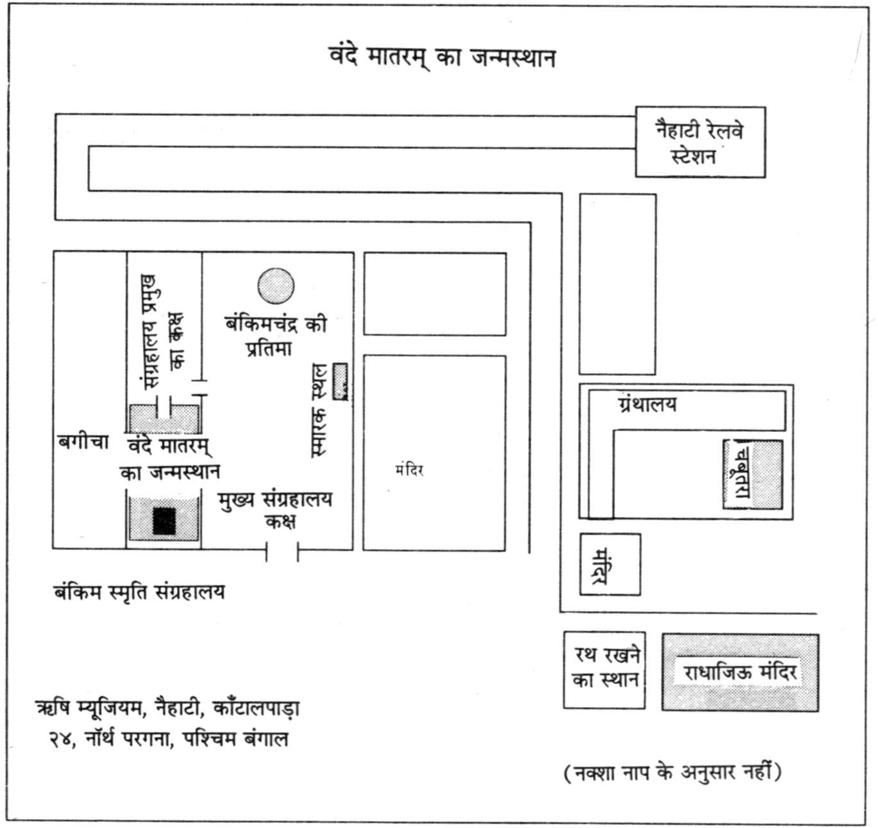